An Rudi mit den
besten Wünschen für 1977,

3. 1. 77   Marc

Forschungsinstitut für
Absatz und Handel an der
Hochschule St. Gallen

Schriftenreihe
des Forschungsinstitutes für
Absatz und Handel
an der Hochschule St. Gallen

16 | Dr. Marc Rutschmann

Werbeplanung

Ein entscheidungsorientierter Ansatz

Verlag Paul Haupt Bern und Stuttgart

ISBN 3-258-02584-3

Vorwort

All jenen, die mich in meiner Arbeit unterstützten und förderten, möchte ich an dieser Stelle meinen herzlichen Dank aussprechen.

Mein Dank richtet sich in erster Linie an Herrn Prof. Dr. H. Weinhold-Stünzi, der mir die bestmöglichen Bedingungen zukommen liess, diese Arbeit auszuführen und von dessen kritischen Einwänden entscheidende Impulse ausgingen. Dank gebührt auch Herrn Prof. Dr. E. Brauchlin für die Übernahme des Koreferates und für seine stete Bereitschaft mit fachlichem Rat beiseite zu stehen.

Auch verdankt diese Arbeit ihr Gedeihen den fruchtbaren Diskussionen mit Freunden und Arbeitskollegen. Die Herren lic. oec. Odd Gisholt, Heinrich Krause und Marc Tichelli regten manche Verbesserungen an. Auch meinen Freunden Herrn Dr. oec. Rudi Bindella und lic. oec. Richard Glass möchte ich an dieser Stelle meine Dankbarkeit ausdrücken. Sie unterstützten meine Arbeit mit vielen wertvollen Hinweisen. Schliesslich sei auch Frau Ruth Wälti für ihre gewissenhafte Reinschrift herzlich gedankt.

Die Vollendung dieser Arbeit gründet wesentlich in der Geduld und Hilfsbereitschaft, die mir meine Eltern und meine Frau Marianne zukommen liessen. Ihnen widme ich dieses Buch.

Inhaltsverzeichnis

0 Einleitung

01 Problemstellung

Die vorliegende Arbeit hat die Verbesserung jener betrieblichen Tätigkeit zum Gegenstand, die wir mit Werbeplanung bezeichnen. Mehr als viele andere unternehmerische Tätigkeiten zeigt die Werbeplanung nicht nur „private" Wirkungen, sondern Werbung tritt öffentlich in Erscheinung und erzielt ihre erhofften Wirkungen in der Öffentlichkeit. Diese Besonderheit stellt die Werbung in ein Spannungsfeld zweier Ansprüche: zum einen hat sie den Anliegen der Unternehmung zu genügen, welche ihre Tätigkeiten den Massstäben rationaler Entscheidung unterwerfen will und zum andern werden gegenüber der Werbung in neuerer Zeit die Anliegen kultureller und gesellschaftlicher Lebensbereiche immer lauter.

Unsere Untersuchung ist primär von unternehmerischen Interessen geleitet. Wir verstehen Werbung als ein absatzpolitisches Instrument, das zur Verwirklichung von Marketingzielen, insbesondere Umsätzen in bestimmten Marktsegmenten, wirkungsvoll eingesetzt werden soll. Durch diese Feststellung wollen wir zunächst einmal unsere erkenntnisleitenden Interessen[1] offenlegen und dem Vorwurf einer versteckten „Ideologisierung" zuvorkommen. Erst im Schlusswort dieser Arbeit werden wir auch kulturelle und gesellschaftliche Anliegen zur Sprache bringen und die Problematik eines sich nur an zweckrationalen Massstäben orientierenden werblichen Tuns in einer kurzen Betrachtung würdigen.

Wir erheben die Werbeplanung zum Gegenstand unserer Betrachtung in der Absicht zu zeigen, wie Werbung nach Gesichtspunkten der Wirtschaftlichkeit sich planen lässt. Die neuere betriebswirtschaftliche Forschung hat sich — aus noch zu erörternden Gründen — relativ wenig darum bemüht, integrierte (d. h. alle werblichen Entscheidungstatbestände miteinbeziehende) Planungssysteme zu entwickeln; sie hat sich vielmehr der Analyse von Einzelproblemen wie Mediaselektion, Festlegung der Werbeziele u. a. m. gewidmet. In die verbliebenen Lücken sind aus der Werbepraxis hervorgegangene Planungskonzepte getreten, die von einfachen Faustregeln bis zu hoch komplexen Procederes reichen.[2]

Bei der Befolgung solcher von der Werbepraxis und der praxisbezogenen Literatur vorgeschlagener Planungsvorgehen befällt einen ein gewisses Unbehagen und eine Unsicherheit, die sich etwa in der Frage ausdrückt: Weshalb gerade so und nicht anders? In der Tat sind solche Planungssysteme weitgehend *apriorisch,* d. h. ohne logische oder empirische Begründung eingeführt worden. Die Folge davon ist, dass sich wohl dies oder jenes Planungssystem in der Praxis recht gut bewährt hat; dass aber einer rationalen Diskussion von vornherein der Boden entzogen ist. Sicherlich liegt darin auch eine der Ursachen, weshalb die Entwicklung auf diesem Gebiet in den letzten Jahren nur langsame Fortschritte zu verzeichnen hatte.

---

1 Habermas (Technik) 165.
2 Vgl. dazu die ausführliche Darstellung bestehender Planungskonzepte bei Anton (Ziele) 21—172.

02   Zielsetzung

Es ist unser Ziel, ein System der Werbeplanung zu entwickeln und seine (meta-) theoretische Begründung explizite darzulegen.

Das bedeutet zweierlei: Es soll vorerst einmal ein formales Gerüst geschaffen werden, das den Planungsträger anzuweisen in der Lage ist, a) welche Probleme und Subprobleme im Rahmen der Werbeplanung zu lösen sind und b) in welcher Reihenfolge diese Probleme anzugehen sind.

Neben diesem formalen Gerüst soll unser Planungssystem aber auch einen Beitrag zur materiellen Problemlösung beisteuern. Die einzelnen Problembereiche werden auf Lösungsalternativen, bzw. Klassen von Lösungsalternativen, untersucht und die Konsequenzen solcher Alternativen — soweit verfügbar — mit empirisch gehaltvollen Wirkungshypothesen abgeklärt. Zweck dieses Vorgehens ist es, Empfehlungen geben zu können, welche Handlungsalternativen im Lichte bestimmter Ziele jeweils vorzuziehen sind.

03   Vorgehen

031   Schwierigkeiten und Probleme

Unseren Bemühungen, ein integriertes Planungssystem zu entwickeln, stellen sich Schwierigkeiten entgegen, die hier nur kurz angedeutet werden sollen. Es sind dies vor allem a) die Suche nach dem Ansatz, d. h. nach dem gemeinsamen Gesichtspunkt, unter welchem die unterschiedlichen Probleme der Werbung untersucht werden sollen; b) das Fehlen einer allgemein anerkannten Theorie der Planung und c) die ausgesprochene Interdisziplinarität des Phänomens Werbung.

031.1   Der Ansatz

Bei der Durchsicht der werbewissenschaftlichen Literatur fällt auf, dass integrierte Gesamtdarstellungen des Phänomens Werbung je länger je mehr den tiefer gehenden, aber isolierten Analysen von Teilproblemen der Werbung gewichen sind. Während noch in den fünfziger und sechziger Jahren einige wenige umfassende Werke das Feld dominierten,[3] ist die heutige Situation gekennzeichnet durch eine Flut fast täglich erscheinender Abhandlungen über engbegrenzte Gegenstände wie z. B. über Mediaselektionsmodelle, die Festlegung der Werbeziele, das Werbetexten, graphische Umsetzung von Werbebotschaften, die Bestimmung des zeitlichen Einsatzes, Budgetbestimmung, u. v. ä. m.

Naturgemäss sind solche Einzelprobleme für die verschiedenartigen wissenschaftlichen Untersuchungsmethoden unterschiedlich gut zugänglich. In der Tat zeigen sich in keiner betriebswirtschaftlichen Disziplin die Gegensätze von wissenschaftstheoretischen Standpunkten so deutlich wie am Beispiel der Werbung. So sind z. B. Mediaselektionsprobleme und in neuester Zeit die Festlegung der Werbeziele für neopositivistische Forschungsansätze und für die Quan-

---

3 In der deutschsprachigen Literatur allen voran die Werke von Seyffert (Werbelehre I und II) und Behrens (Absatzwerbung).

tifizierung gut geeignet. Beide sind mit Erfolg angegangen worden.[4] Demgegenüber sind insbesondere die mit der Wahl der Werbebotschaft und der Botschaftsgestaltung verbundenen Probleme aus phänomenologischer und „wesensschaulicher" Sicht beleuchtet worden.[5] Dies aus sehr verständlichen Gründen, weil es doch bis heute etwelche Schwierigkeiten bereitet, diese letzteren Phänomene mit positivistisch-analytischen Methoden zu durchdringen.

So verständlich und erklärbar der Trend von der Gesamtdarstellung zur Analyse isolierter Einzelprobleme ist, so ist diese Entwicklung für den am praktischen Planen einer Werbekampagne Interessierten bedauerlich. Er kann an den Grenzen der Einzelprobleme nicht Halt machen. Er sieht sich aber gezwungen, Terminologie, wissenschaftlichen Standpunkt und Sichtweise an diesen Problemgrenzen zu wechseln.

Mit den gleichen Schwierigkeiten sieht man sich konfrontiert, wenn — auf theoretischer Ebene — ein System der Werbeplanung entwickelt werden soll. Auch hier müssen Problemgrenzen überwunden werden, weil es nicht Sinn eines Planungssystemes sein kann, aufzuzeigen wie Teiloptima erzielt werden können, sondern weil das Planungssystem die Werbung für ein bestimmtes Objekt zu einem sinnvollen Ganzen führen sollte. Dies bedeutet aber, dass die einzelnen werblichen Problembereiche in einen festen Bezugsrahmen zu stellen sind, der es erlaubt, die verschiedenen Einzelprobleme unter einem einzigen Gesichtspunkt zu vereinheitlichen.

Die angestellten Überlegungen sollten zeigen, dass dem eigentlichen hier zu lösenden Problem der Entwicklung eines Systems der Werbeplanung die Frage nach dem wissenschaftlichen Standpunkt und nach dem einheitlichen Bezugsrahmen vorgelagert ist. Als Bezugsrahmen wurde in der vorliegenden Arbeit im wesentlichen die Entscheidungstheorie und insbesondere die von der Entscheidungslogik hervorgebrachten begrifflichen Instrumente und Modelle gewählt. Mit der Wahl dieses Forschungsansatzes ist auch gleichzeitig die Frage nach dem wissenschaftstheoretischen Standpunkt beantwortet: die Arbeit ist grundsätzlich der neopositivistischen Wissenschaftsauffassung verpflichtet.

Die Enge des Zusammenhanges zwischen der Entscheidungstheorie und der neopositivistischen Wissenschaftsauffassung ergibt sich aus dem Umstand, dass Entscheidungen immer im Hinblick auf zukünftige Wirkungen zu fällen sind und diese Wirkungen aufgrund in der Vergangenheit beobachteten Regelmässigkeiten prognostiziert werden. Mit dem Aufdecken und Überprüfen solcher Regelmässigkeiten befassen sich die am Neopositivismus orientierten Forschungsrichtungen.

Wenn oben gesagt wurde, die vorliegende Arbeit sei „grundsätzlich" dem Neopositivismus verpflichtet, so soll damit nur angedeutet sein, dass wir nicht in der Lage sind, alle Wirkungsprognosen auf exakt beobachtete empirische Regelmässigkeiten abzustützen. Weite Felder für den Werbeplaner höchst relevanter Wirkungszusammenhänge sind immer noch unerforscht. Daraus entstehende Lücken müssen mit Vermutungen, Faustregeln u. a. ausgefüllt werden, welche wohl grundsätzlich überprüfbar sein können, deren exakte Bestätigung aber auf unbestimmte Zeit auf sich warten lässt.

---

4 Vgl. die auf S. 119 ff. und S. 59 ff. zitierte Literatur.
5 Vgl. z. B. Skowronnek (Stil).

031.2   Das Fehlen einer Theorie der Planung

Wir müssen uns hier der weit verbreiteten Klage anschliessen, dass bis zum heutigen Zeitpunkt eine *Theorie der Planung* nicht verfügbar ist.[6] Zwar beginnen sich in der neuesten betriebswirtschaftlichen Literatur gewisse Ansätze zu einer Planungstheorie abzuzeichnen,[7] doch sind wir nicht in der Lage, auf eine konsistente und ausgereifte Konzeption zurückzugreifen.

Es ist ein zentrales Anliegen dieser Arbeit, ein möglichst begründbares Planungskonzept zu entwerfen, d. h. Apriorismen zu vermeiden und den theoretischen Hintergrund — die „Metatheorie" der Werbeplanung — explizite darzulegen. Andererseits hiesse es aber weit über unsere Zielsetzung hinausgehen, eine allgemeine Theorie der Planung entwerfen zu wollen. Einen Ausweg aus diesem Dilemma sehen wir darin, gewissermassen eine Planungstheorie kleinster Reichweite zu skizzieren, nämlich bezogen auf den einen speziellen Unternehmungsbereich der Werbung. Auf diese Bemühungen ist es zurückzuführen, dass die theoretischen Grundlagen relativ breiten Raum in dieser Arbeit einnehmen.[8]

031.3   Die Interdisziplinarität von Werbung

Neben dem Fehlen einer anerkannten Planungstheorie macht sich eine weitere Schwierigkeit bemerkbar: nämlich die Tatsache, dass die wissenschaftliche Durchdringung des Phänomens Werbung auf eine Vielzahl *unterschiedlicher akademischer Disziplinen* angewiesen ist. Neben den „formalen" Disziplinen wie Entscheidungs-, Systemtheorie und Mathematik sind mindestens die folgenden Wissensgebiete für die Werbung direkt von Bedeutung: Kommunikationstheorie, Semiotik, Semantik, Psycholinguistik, allgemeine Psychologie und Soziologie.

Diese ausgesprochene Interdisziplinarität der Werbewissenschaft bringt gewaltige *terminologische Probleme* mit sich. Vor allem die Nahtstelle von der allgemeinen kybernetischen Kommunikationstheorie, der Semiotik und Semantik einerseits und der Psychologie, welche zur Erklärung der Werbewirkung herbeizuziehen ist, andererseits werfen fast unüberwindbare Schwierigkeiten auf.[9] Unterschiedliche Forschungstraditionen und wissenschaftstheoretische Standpunkte machen den Brückenschlag von der einen Disziplin zur anderen höchst

---

6 Vgl. etwa Szyperski (Planungswissenschaft) 670; Stachowiak (Planungstheorie), Wild (Unternehmungsplanung) 25 ff.; Lenk (Erklärung) 63 ff.

7 Vgl. z. B. Jensen (Planung) 115 ff.; Mulvaney (Model); Stachowiak (Planungstheorie); Wild (Aufbauprinzipien); Luhmann (Systemrationalität); Lenk (Erklärung); Berthel (Unternehmungssteuerung); Stählin (Forschung).

8 Dies (meta-) theoretischen Grundlagen einer Fachrichtung werden oft mit *„Propädeutik"* bezeichnet. Dazu schreibt Kutschera: „Zur Propädeutik einer Disziplin gehört aber das, was man eigentlich schon wissen müsste (oft aber nicht weiss), bevor man sich deren Einzelproblemen zuwendet. Man überschätzt die Kraft naturwüchsiger Intuition bei weitem, wenn man glaubt, in komplizierten Kontexten ohne jede Analyse der formalen Strukturen der verwendeten Sprache und der Begriffe auszukommen." Kutschera (Logik) 9.

9 Diese Schwierigkeiten weisen auch Ackoff und Emery anhand einiger Beispiele nach. Vgl. Ackoff/Emery (Systeme) 7 f.

problematisch. Die für den Leser unangenehme Folge davon ist, dass Begriffe — je nachdem, welcher Disziplin man angestammt ist — oft ungewöhnlich definiert werden müssen.

Mit der Interdisziplinarität unserer Untersuchung untrennbar verknüpft, ist auch die Gefahr des Dilettantismus. Es wird schwerlich zu vermeiden sein, dass — aus der Sicht eines einzelnen Fachbereiches — gewisse Problemkreise dilettantisch angegangen scheinen und den nötigen Tiefgang vermissen lassen. Diese Tatsache ist bedauerlich; aber sie gehört wohl zur unvermeidbaren Begleiterscheinung jeder Analyse eines ausgesprochen interdisziplinären Phänomens.

032   Aufbau der Arbeit

Der Zielsetzung entsprechend werden wir uns im *ersten Kapitel* dieser Arbeit der formalen Grundstruktur eines Werbeplanungssystemes zuwenden. Hier wird sich zeigen, dass wesentliches Element jedes Planungssystems die Entscheidungshierarchie ist; d. h. die verschiedenen Entscheidungsbereiche, strukturiert entsprechend den sie verbindenden Ziel-Mittel-Beziehungen.

Im *zweiten Kapitel* werden wir uns dem Werbe-Kommunikations-System zuwenden und analysieren dessen Elemente und Beziehungen. Zweck dieser Analyse ist es, einen abschliessenden Katalog der werblichen Entscheidungsbereiche („Entscheidungstatbestände") zu erhalten und diese Bereiche im formalen Ordnungsschema der Entscheidungshierarchie einzufügen.

Das *dritte Kapitel* befasst sich mit den einzelnen Entscheidungsbereichen. In jedem dieser Bereiche wird versucht, Typen von Lösungsalternativen herauszuschälen und die Erfolgsaussichten dieser Alternativen unter den verschiedensten Bedingungskonstellationen abzuklären. Es handelt sich hier um den eigentlich empirischen Teil der Arbeit, wobei durchwegs auf Sekundärmaterial zurückgegriffen wird.

Im *vierten Kapitel* wird auf die Problematik der Budgetbestimmung eingegangen, um schliesslich im *fünften Kapitel* aufzuzeigen, wie das Instrument der Entscheidungshierarchie zu handhaben ist und inwiefern sie den Planungsprozess in der Organisation einer Werbeagentur oder -abteilung zu strukturieren vermag.

1 Die Werbeplanung im Absatzmarkt-Unternehmungs-System (AMUS)

Das erste Kapitel gibt die „Propädeutik", in der die theoretischen und formalen Grundlegungen erörtert sind. Wir benötigen die Analyse dieser Formalstruktur, um uns später in den komplizierten Kontexten der Planung und der Werbung zurechtzufinden. Die Offenlegung der Grundzusammenhänge soll uns helfen, ein *begründbares* Werbeplanungssystem zu konstruieren und Apriorismen nach Möglichkeit zu vermeiden.

Das Werbeplanungssystem ist als Subsystem des Absatzmarkt-Unternehmungs-Systems (AMUS) aufzufassen. Unsere Analyse nimmt ihren Ausgang beim umfassenden AMUS und nähert sich schrittweise dem eigentlichen Untersuchungsgegenstand, dem Werbeplanungssystem. Auf diesem Wege sind vier Schritte zu unterscheiden:

1. Zunächst wird das AMUS in seinen Grundzügen dargestellt und insbesondere die Systemelemente, die Systemprozesse und das Supersystem (Umsystem) beleuchtet (Kapitel 11).
2. In einem zweiten Schritt engen wir unseren Blickwinkel ein und konzentrieren unsere Analyse auf eines dieser AMUS-Elemente, nämlich auf die eigene Unternehmung. Sie wird nach verschiedenen Gliederungskriterien in weitere Subsysteme zerlegt. Diese fortlaufende Gliederung wird abgebrochen, sobald wir das *Werbe-Entscheidungs-System* (WES) als eigenständiges Subsystem der Unternehmung erkennen (Kapitel 12).
3. Haben wir das WES im AMUS lokalisiert, so werden wir uns eingehend seiner *Formalstruktur* zuwenden (Kapitel 13).
4. Nach der Analyse dieser Formalstruktur verbleibt die Aufgabe, die Verbindung vom Werbe-Entscheidungs-System zum eigentlichen *Werbeplanungssystem* herzustellen (Kapitel 14).

Die einzelnen Analyseschritte haben in dieser Arbeit unterschiedliche Wichtigkeit. So wird die Darstellung des AMUS nur kurz und in geraffter Form ausfallen. Auch die Zerlegung der eigenen Unternehmung nach den verschiedenen Gliederungskriterien dient lediglich dem Zweck, die Verbindung vom umfassenden AMUS bis hin zum Werbeplanungssystem herzustellen und beansprucht entsprechend wenig Raum. Einige konkrete Abgrenzungsfragen bleiben unbeantwortet. Hingegen wird der Darstellung der Formalstruktur des WES die grösstmögliche Sorgfalt zukommen, da hier das begriffliche und formaltheoretische Instrumentarium für die weiteren Untersuchungen bereitgelegt wird. Schliesslich nimmt die Herstellung der Verbindung zwischen dem Entscheidungs- und dem Planungssystem nur wenig Raum in Anspruch, da wir von einem sehr engen Zusammenhang dieser beiden Systeme ausgehen.

11   Das Absatzmarkt-Unternehmungs-System[1]

Vom Absatzmarkt-Unternehmungs-System (AMUS) sind für die uns interessierenden Zusammenhänge folgende Komponenten von Bedeutung:
— Die Systemelemente
— Die Systemprozesse
— Das Supersystem des AMUS.

111   Die Systemelemente

Als Systemelemente des AMUS treten zunächst die *Entscheidungsträger* in Erscheinung, nämlich die
— eigene Unternehmung
— Konkurrenz
— Absatzmittler
— Absatzpartner.

Abbildung 1: Die Entscheidungsträger im AMUS

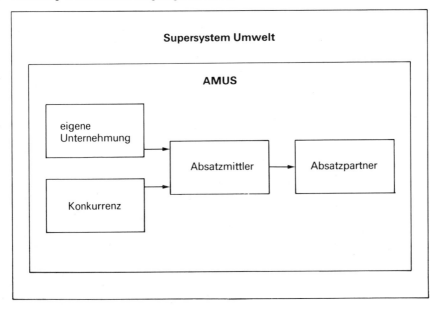

1 Die Darstellung des Absatzmarkt-Unternehmungs-Systems (AMUS) basiert auf den unten angeführten Werken, die anlässlich eines umfassenden Forschungsprojektes unter der Leitung von Prof. Dr. H. Weinhold entstanden sind: Pümpin (Information) 110 ff.; Rütschi (Modelle); Zimmerli (Verkaufsplanung); Meier (Marktleistungsgestaltung); Rüegge (Distributions-Logistik); Gisholt (Marketing-Prognosen) sowie zusammenfassend: Weinhold (System-Marketing).

Die Beziehungen zwischen den Entscheidungsträgern werden durch Austausch von *Kontaktmedien*[2] aktualisiert. Kontaktmedien sind:
— Marktleistungen
— Zahlungsmittel
— Informationen.
Die Kontaktmedien fliessen durch die *Kontaktkanäle,* die ebenfalls als System-elemente des AMUS betrachtet werden können. Entsprechend unterscheiden wir den
— Distributionskanal
— Zahlungsmittelkanal
— Informationskanal.

112   Die Systemprozesse

Betrachten wir das AMUS in seiner dynamischen Dimension, so treten die Systemprozesse in Erscheinung. Mit zwei Arten von Prozessen werden wir uns beschäftigen; mit den
— Entscheidungsprozessen und den
— Realisationsprozessen.
Im Laufe der Entscheidungsprozesse werden Soll-Vorgaben für die Realisie-rungsprozesse erarbeitet. Letztere beinhalten den realen Vollzug der durch die Entscheidungsprozesse vorgegebenen Anweisungen. Auf diese beiden Prozess-typen sowie auf die Subsysteme, in denen diese Prozesse ablaufen, werden wir weiter unten noch ausführlich zu sprechen kommen.[3]

113   Das Supersystem des AMUS

Das AMUS ist seinerseits Element eines Umsystems. Jene Faktoren (Elemente, Prozesse) des Supersystems, welche Auswirkungen irgendwelcher Art auf das AMUS ausüben, nennen wir die Rahmenstruktur des AMUS. Mit Pümpin unter-teilen wir die Rahmenstruktur in zehn Komponenten, wie sie in Abbildung 3 dargestellt sind.[4]

12   Das Werbe-Entscheidungs-System (WES) als Subsystem der eigenen Unternehmung

Im vorangegangenen Kapitel wurde das AMUS in seinen Grundzügen darge-stellt. In den weiteren Analysen konzentrieren wir uns auf ein Element des AMUS, nämlich auf die eigene Unternehmung, versuchen diese nach bestimm-ten Gliederungskriterien in Subsysteme zu zerlegen, um schliesslich den eigent-lichen Gegenstand dieser Arbeit abzugrenzen: das *Werbe-Entscheidungs-System.*

2 Weinhold (Marketing) 27 f.
3 Vgl. S. 27 ff.
4 Pümpin (Information) 114.

Abbildung 2: Die Kontaktmedien im AMUS

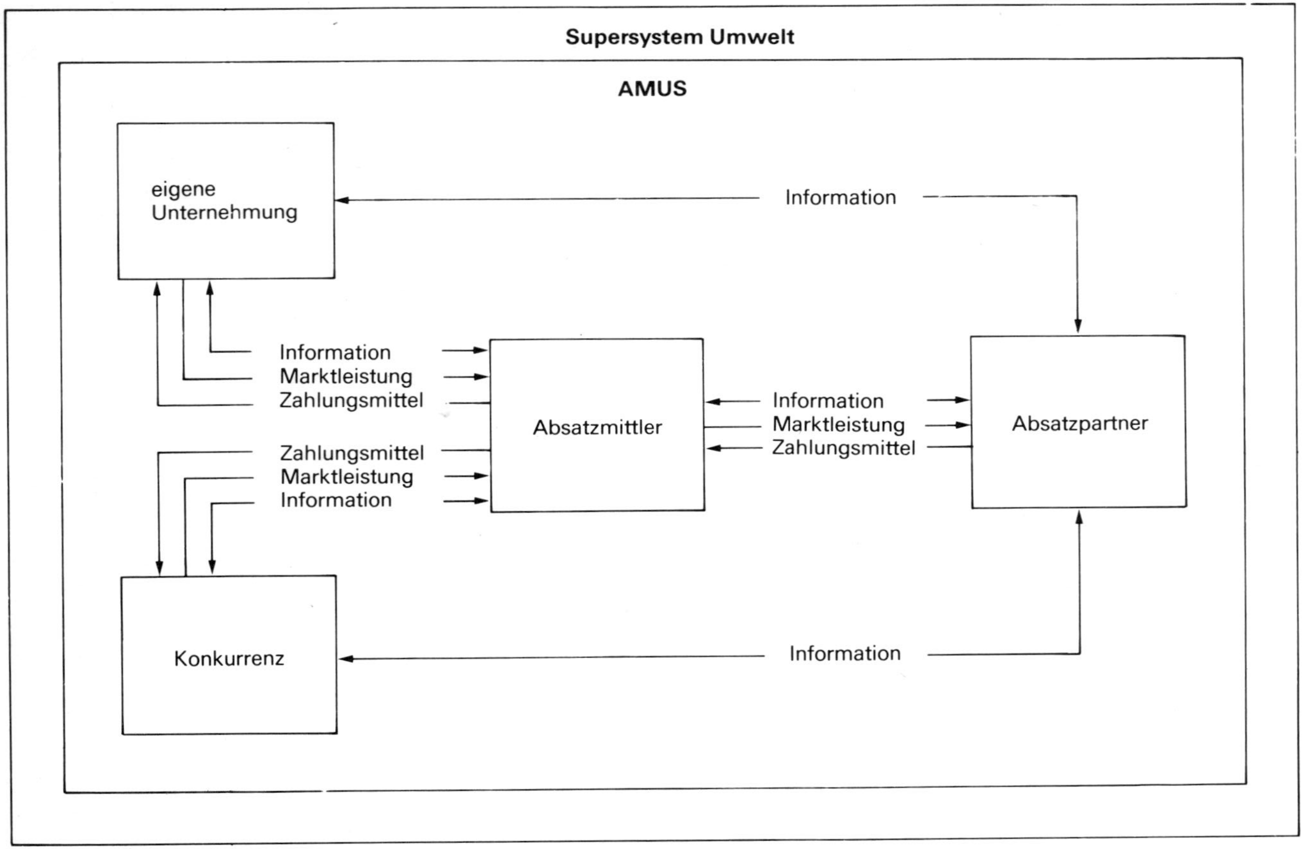

Abbildung 3: Die Rahmenstruktur des AMUS nach Pümpin

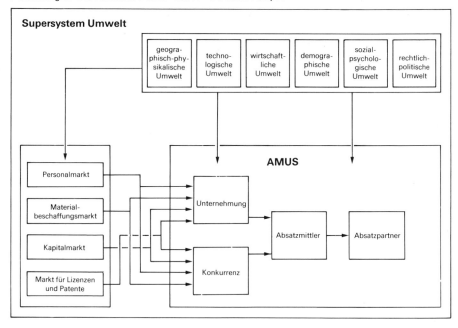

121 Die Unternehmungsprozesse als Gliederungskriterium

Wie alle rational handelnden Systeme, ist auch die Unternehmung durch eine Zweiteilung ihrer Aktivitäten gekennzeichnet: *Entscheidung* und *Realisation*.[5] Unter Entscheidung verstehen wir sämtliche informationsgewinnende und informationsverarbeitende Tätigkeiten, die sich mit dem Feststellen von Soll-Ist-Abweichungen, dem Finden von zielerreichenden Alternativen sowie dem Bewerten und Auswählen dieser Alternativen befassen.[6] Demgegenüber obliegt den nachgelagerten Realisationsprozessen der reale Vollzug, d. h. die Ausführung der Entscheidungsergebnisse.

Entsprechend den in Unternehmungen ablaufenden Prozesse lassen sich zwei Subsysteme abgrenzen: das *Entscheidungssystem* und das *Realisationssystem.* Die Grenzziehung zwischen Entscheidungssystem und Realisationssystem ist im konkreten Fall nicht unproblematisch und zu einem gewissen Grad willkürlich. Dies rührt einerseits von der hierarchischen „Vermaschung" der einzelnen Entscheide und Subentscheide her, indem jede einmal ausgewählte Alternative weitere Entscheide nach sich zieht, die sich wiederum mit der Wahl der geeignetsten Realisierungsmöglichkeit beschäftigen, usf. Damit ist — aus der Sicht der jeweils hierarchisch höher liegenden Ebene — jeder Entscheid als „Realisierung" zu bezeichnen. Auf der andern Seite sind auch jene Tätigkeiten, die wir gemeinhin mit „Ausführung" oder „Realisation" bezeichnen, ständig von Entscheiden, z. B. über die Art des Werkzeuges, des Werkstoffes u. a. m., begleitet.

5 Vgl. Frese (Organisation) 404.
6 Wie ersichtlich, umfasst diese Definition von Entscheidung auch die Tätigkeit der *Kontrolle* (Feststellen von Soll-Ist-Abweichungen).

Wenn wir dennoch eine Grenzziehung zwischen dem Entscheidungs- und dem Realisationssystem vornehmen, so lassen wir uns vor allem von Zweckmässigkeitsüberlegungen leiten. Wir wollen jene Entscheidungsprobleme dem Entscheidungssystem zuweisen, welche im eigentlichen Sinne „problematisch" sind, d. h. für deren vollständige Lösung nicht bereits Ausführungsprogramme oder Lösungsalgorithmen bestehen.[7] Sind dagegen Programme vorhanden, die das betreffende Entscheidungsproblem bis zur vollständigen Ausführung zu lösen in der Lage sind, so sprechen wir von „Ausführungsentscheiden" und ordnen sie dem Realisationssystem zu. In der Werbung handelt es sich hier um Tätigkeiten, wie das sogenannte Einkaufen der Medien, das Reinzeichnen, Herstellung und Versand von Clichés u. a. m. Diese Art von „unproblematischen Entscheiden" wollen wir in dieser Art nicht näher untersuchen.

Die *Beziehungen* zwischen den beiden Unternehmungs-Systemen sind informationeller Art. Sie werden dadurch hergestellt, dass das Entscheidungssystem das Realisierungssystem durch seine Zielvorgaben lenkt.[8] Neben diesen *Lenkungsinformationen* bestehen in umgekehrter Richtung auch *Feedback-Informationen,* anhand deren das Entscheidungssystem die Ergebnisse und Zwischenergebnisse der ausführenden Tätigkeiten kontrollieren und entsprechende Anpassungsentscheide vornehmen kann. In Abbildung 4 ist dieser Sachverhalt graphisch veranschaulicht, wobei das Entscheidungssystem und das Realisationssystem vorläufig als „Black Box" betrachtet sind. Die konkreten Strukturen der beiden Subsysteme werden, bezogen auf den Unternehmungsbereich Werbung, weiter unten noch ausführlich untersucht.[9]

Abbildung 4: Das Entscheidungs- und Realisationssystem

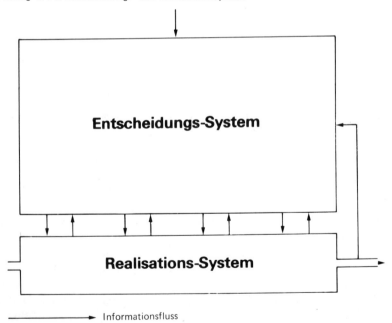

Informationsfluss

7 Vgl. dazu Kirsch (Entscheidungsprozesse II) 141 ff.
8 Zum Begriff der „Lenkung" und seinem Zusammenhang zur „Entscheidung" vgl. z. B.
   Kirsch (Führungsprobleme) 2 ff.
9 Vgl. S. 27 ff. sowie Kapitel 2.

122.1   Die Aufgabenbereiche der Gesamtunternehmung

Sowohl im unternehmerischen Entscheidungssystem, als auch im Realisations-system wird die zu lösende „Gesamtaufgabe" in Sub- und Sub-Sub-Aufgaben aufgegliedert. Diese Aufgabengliederung erfolgt hauptsächlich in der Absicht, der beschränkten quantitativen und qualitativen Arbeitskapazität des Menschen Rechnung zu tragen und Teilaufgaben den jeweils dafür geeigneten Personen oder Personengruppen zuzuweisen.

Verschiedene Untersuchungswege können zu einer Aufgabengliederung führen. Die theoretische Analyse von Ulrich geht von der Betrachtung der Unternehmung als eines Systems aus, das Input in Output verwandelt.[10] Die dazu notwendigen Aufgaben werden aufgrund dieser formalen Analyse des Unternehmungsgeschehens hergeleitet. Dieses von Heinen als *funktionale Analyse* bezeichnete Vorgehen[11] führt zu einer Aufgabenteilung, wie sie auch den heutigen organisatorischen Gegebenheiten mancher Unternehmung entspricht. Die Gliederung nach Aufgabenbereichen führt — kombiniert mit dem Gliederungskriterium „Unternehmungsprozesse" (Entscheidung und Realisation) — zu dem unten angeführten Schema.

Die auf diesem Wege erzielte Aufgabengliederung kann sowohl auf das Entscheidungs- als auch auf das Realisationssystem angewendet werden. In unserer Untersuchung interessieren wir uns aber vordringlich für das Entscheidungssystem; in diesem werden die Aufgabenbereiche zu *Entscheidungsbereichen.*

Abbildung 5: Die Aufgabenbereiche der Unternehmung

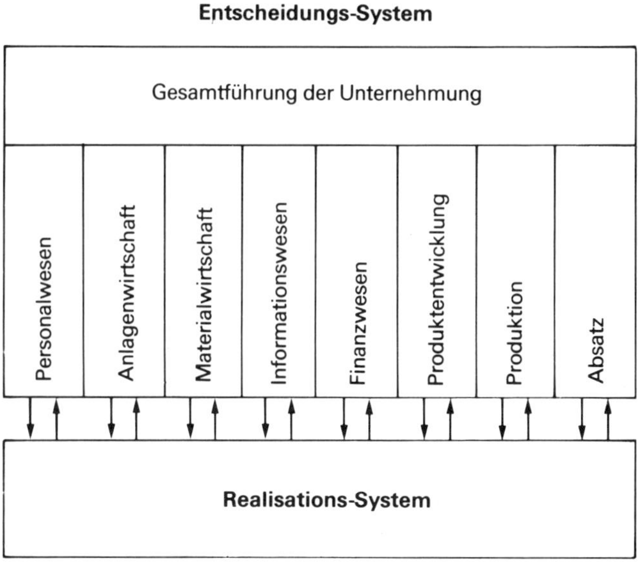

Entscheidungs-System

Gesamtführung der Unternehmung

Personalwesen · Anlagenwirtschaft · Materialwirtschaft · Informationswesen · Finanzwesen · Produktentwicklung · Produktion · Absatz

Realisations-System

10 Ulrich (Unternehmung) 46 ff.
11 Heinen (Betriebswirtschaftslehre) 125.

In einer ersten Aufgabengliederung hat sich der Bereich Absatz als ein selbständiger Aufgabenbereich erwiesen. Inhaltlich können wir den Absatz umschreiben als „Aufgabe und Erfüllung der Veräusserung von Marktleistungen der Unternehmung auf dem Markt"[12]. Dabei umfasst der Absatz sowohl Entscheidungs- als auch Realisationsaufgaben.

Das Absatz-Realisations-System befasst sich mit der Transformation und dem Transfer der drei Kontaktmedien Marktleistung, Information und Zahlungsmittel. Über diese drei Kontaktmedien ist das Absatzsystem mit seiner Umwelt, insbesondere mit den Absatzmittlern und Absatzpartnern, verbunden. Die konkrete Ausgestaltung der Kontaktmedien wird durch das übergeordnete Absatz-Entscheidungs-System gelenkt.

Die drei Kontaktmedien sind für uns Ausgangspunkt für die Gliederung von Entscheidungsbereichen *innerhalb* des Absatz-Entscheidungs-Systems: [13]

Mit Entscheidungen über das Medium Marktleistungen befasst sich der Bereich „Marktleistungsgestaltung" sowie „Distribution"; mit den Zahlungsmitteln der Entscheidungsbereich „Preisgestaltung", und schliesslich befassen sich mit dem Medium Information die „Marktbearbeitungsmassnahmen", die sich ihrerseits in „Werbung" und „Verkauf" gliedern.

In Abbildung 6 ist die Aufgabengliederung des Absatzsystems graphisch veranschaulicht. Den sechs Sub-Entscheidungsbereichen ist ein Bereich übergeordnet, den wir in Anlehnung an Weinhold mit *Absatzführung* bezeichnen. [14] Im Rahmen der Absatzführung geht es im wesentlichen um die Festlegung der Marketingziele und um die Abstimmung der sechs Sub—Entscheidungsbereiche.

Abbildung 6: Die Entscheidungsbereiche im Absatzsystem

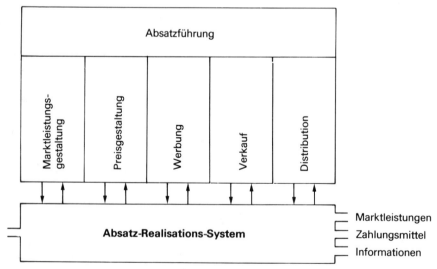

12 Weinhold (Absatzführung) 26.
13 Nach Weinhold (Marketing) 73.
14 Weinhold (Marketing) 14.

13   Die Formal-Struktur des Werbe-Entscheidungs-Systems

Im Laufe der bisherigen Betrachtungen haben wir das Werbesystem von seinem Umsystem abzugrenzen und in diesem zu lokalisieren versucht. Hier soll es darum gehen, den Begriff „Werbung" zu präzisieren und die formale Struktur des Werbe-Entscheidungs-Systems und die in ihm ablaufenden Prozesse unter die Lupe zu nehmen. Nur am Rande soll unter 133 auf die Prozesse des Werbe-Realisations-Systems hingewiesen werden.

131   Die Begriffsbestimmung von Werbung

Von der Werbung haben wir bisher nur den „senderseitigen" Aspekt erfasst, nämlich das Werbeentscheidungs- und das Werberealisationssystem. Erweitern wir unser Blickfeld, so rücken aber auch die Werbekanäle, die Werbeempfänger und die in diesen ausgelösten Prozesse ins Zentrum der Betrachtung und es zeigt sich, dass in eine Definition von Werbung auch diese Komponenten aufzunehmen sind.

Werbung wird in der Literatur meist als eine bestimmte Form eines *Prozesses* definiert. So ist bei Seyffert Werbung eine „Form seelischer Beeinflussung"[15], ähnlich bei Behrens[16], während Haseloff Werbung als einen Kommunikationsprozess[17] auffasst.

Unserem Standpunkt im AMUS entsprechend, d. h. von der eigenen Unternehmung aus gesehen, sind wir aber weniger an objektiven Ursache-Wirkungs-Beziehungen oder an Prozessen interessiert. Wir betrachten die Unternehmungsumwelt quasi durch die Optik des agierenden Subjektes, das die Elemente seiner Umwelt, je nach Möglichkeit der Einflussnahme, entweder als unveränderliche Gegebenheiten oder als (beeinflussbare) Instrumentalvariablen betrachtet. Werbung wollen wir aus diesem Grunde nicht als Prozess, sondern — da es sich um eine von der Unternehmung handhabbare Erscheinung handelt — als Massnahme, bzw. absatzpolitisches Instrument definieren.[18]

Werbung als absatzpolitisches Instrument, bedient sich — wie oben gezeigt wurde — des Mediums Information, oder genauer: es geht ihr um die Übermittlung von Information an einen bestimmten Empfänger. Der Vorgang der Informationsübermittlung wird als *Kommunikation* bezeichnet.[19]

Wie wir gesehen haben, befasst sich auch der Verkauf mit der Übermittlung von Information. Das artspezifische Merkmal der Kommunikation „Werbung" besteht hingegen darin, dass sie sich sowohl *unpersönlicher Kanäle,* als auch *unpersönlicher Signale*[20] bedient. Werbung wollen wir deshalb kurz als *„unpersönliche Kommunikation"* charakterisieren.[21]

Im weitern ist das Instrument Werbung Bestandteil der Unternehmung, zu deren hervorragenden Merkmalen zählt, dass sie *zielgerichtet* ist. Auch Werbung

15 Seyffert (Werbelehre I) 7.
16 Behrens (Absatzwerbung) 12.
17 Haseloff (Werbung) 158.
18 Vgl. auch Weinhold (Absatzführung) 29.
19 Vgl. z. B. Flechtner (Kybernetik) 13.
20 Unter „Signale" verstehen wir die physische Erscheinung der Information, vgl. S. 47.
21 Weinhold (Marketing) 113.

verfolgt Ziele, nämlich die Beeinflussung des Marktes, um bestimmte *Wirkungen* zu erzeugen („Marktbearbeitungsmassnahme"). Das gezielte Beeinflussen eines Systems wird in der Kybernetik als *Steuern* bezeichnet. [22]

Das durch Werbung zu beeinflussende System ist der Markt. Dies entspricht einer makro-analytischen Auffassung der Werbewirkung. Aus mikro-analytischer Sicht besteht das Ziel der Werbung darin, das (äussere und innere) *Verhalten* eines Absatzpartners oder Absatzmittlers zu beeinflussen. Damit ist die Werbewirkung in einer sehr allgemeinen, fast tautologischen Form umschrieben.

Nach der Darstellung der Werbewirkungsmodelle werden wir in der Lage sein, die Werbewirkung konkreter zu definieren. [23]

Fassen wir das oben Gesagte zusammen und halten wir uns an eine mikro-analytische Betrachtungsweise, so erhalten wir die folgende vorläufige Definition von Werbung: Unter „Werbung" werden alle unpersönlichen Kommunikationsmassnahmen einer Unternehmung verstanden, welche bei bestimmten Personen die Steuerung äusseren oder inneren Verhaltens beabsichtigen.

132   Das Werbe-Entscheidungs-System (WES)

Das Entscheidungssystem der Unternehmung haben wir bisher gewissermassen als „Black Box" betrachtet und lediglich festgestellt, dass es sich um ein Rahmensystem handle, in dem eine Vielzahl miteinander verknüpfter Entscheide zu treffen sind.

Beim Versuch, das Phänomen Werbung zu definieren, wurde offensichtlich, dass dieser einen Entscheidungstatbestand umschliesst, der eine amorphe Menge von Einzelentscheiden umfasst. Schon auf den ersten Blick zeigt es sich, dass Entscheide darüber zu fällen sind, welche Personen und Personengruppen als Empfänger zu gelten haben; welches äussere oder innere Verhalten zu beeinflussen ist (sind es Handlungen, Einstellungen, Images, Bedürfnisse, Wahrnehmungen, usw.); in welche Richtung diese Verhaltensweisen zu beeinflussen sind; mit welchen Botschaftsinhalten; mit welchen Werbemitteln, Kanälen, zu welchen Zeitpunkten, u. v. a. m.

Im zweiten Kapitel dieser Arbeit soll der Versuch unternommen werden, die für die Werbung relevanten Entscheidungsbereiche in concreto herzuleiten. Ziel der Analyse in jenem Kapitel ist es, einen möglichst vollständigen und abschliessenden Katalog von Entscheidungsbereichen zu erhalten. In einem weiteren Schritt werden diese Werbe-Entscheidungsbereiche zu einem Ordnungsschema zusammengefügt, welches wir als Ziel-Mittel-Hierarchie oder als *Entscheidungshierarchie* bezeichnen wollen. An dieser Stelle sollen, entsprechend der Zielsetzung des ersten Kapitels, lediglich die *formal- und entscheidungslogische Grundstruktur des WES untersucht werden.* Die Offenlegung dieser Struktur soll uns bei der Konstruktion der Entscheidungshierarchie im zweiten Kapitel helfen, Fehlschlüsse oder Apriorismen zu vermeiden und die logischen von den empirischen Zusammenhängen sauber zu trennen. Ein Blick in die gegenwärtige Literatur über sogenannte entscheidungstheoretische Analyseansätze der Wer-

---

22 Vgl. z. B. Krieg (Grundlagen) 72 f. und die dort zitierte Literatur.
23 Vgl. S. 59 ff.

bung zeigt, wie nötig eine Klarstellung dieser „bloss formalen" Zusammenhänge ist.

132.1   Die Entscheidungshierarchie

Entscheidungsbereiche stellen einen „Weltausschnitt" dar, dessen Ausprägung von einem handelnden Subjekt nach seinen Absichten verwirklicht werden kann. Es sind Zustände, Ereignisse oder Gegenstände, welche vom Entscheidungsträger dispositiv beeinflusst werden können [24] und bei denen eine Wahl zwischen konkreten Ausprägungen getroffen werden muss.
Als Beispiel eines Entscheidungsbereiches werden wir die Form der Werbebotschaft kennen lernen. Die Botschaftsform ist eine Variable, die vom Entscheidungsträger nach seinem Ermessen konkret ausgestaltet werden kann: er kann seine Mitteilung graphisch oder verbal kommunizieren, mehrfarbig oder schwarz/weiss, humorvoll oder sachlich, usw. Unendlich viele Ausprägungsgrade sind denkbar.
Zwischen den werblichen Entscheidungsbereichen bestehen verschiedenartigste Beziehungen. Jene Beziehungen, welche für die Planung der Werbung von vordringlicher Bedeutung sind, sind die *Ziel-Mittel-Beziehungen.* [25] Eine solche ist immer dann anzunehmen, wenn die Entscheide in einem Bereich die Realisierung der Entscheide in einem andern Bereich sicherstellen sollen. Ein Beispiel soll diesen Sachverhalt verdeutlichen:
Die Vorstellung des Konsumenten über die Eigenschaften einer angebotenen Marktleistung („Image") kann als werblicher Entscheidungsbereich aufgefasst werden. Ebenso die Form der Werbebotschaft. Zwischen diesen beiden Bereichen ist insofern eine Ziel-Mittel-Beziehung anzunehmen, als die Wahl der Botschaftsform ausschliesslich im Dienste der Erzielung einer gewollten Produktvorstellung steht.
Die Ordnung aller werblichen Entscheidungsbereiche entsprechend den zwischen ihnen anzunehmenden Ziel-Mittel-Beziehungen führt zur Entscheidungshierarchie der Werbung.
Nach der Erstellung eines Kataloges werblicher Entscheidungsbereiche werden wir mit dem Problem konfrontiert sein, diese Bereiche zu einer Entscheidungshierarchie zu ordnen. Diesem Problem vorgelagert steht aber die Frage: Wie sind diese Ziel-Mittel-Beziehungen feststellbar? Handelt es sich um einen logischen oder um einen im Einzelfall empirisch feststellbaren Sachverhalt? Um darauf eine Antwort geben zu können, muss kurz auf die Natur dieser Ziel-Mittel-Beziehung eingegangen werden.
Die Aussage, der Entscheid in einem Bereich A sei „Mittel" zur Realisierung eines Entscheides im Bereiche B, bedeutet nichts anderes, als dass B eine (er-

24 Von Heinen als „Aktionsparameter" oder „Instrumentalvariablen" bezeichnet. Vgl. Heinen (Entscheidungen) 53, sowie Heinen (Wissenschaftsprogramm) 219.
25 Häufig wird auch von einer *finalen Beziehung* gesprochen. Zu diesem Problemkreis vgl. z. B. Berthel (Unternehmungssteuerung); Brauchlin (Problemlösen) 30; Chmielewicz (Formalstruktur) 249.

Abbildung 7: Beispiel einer Ziel-Mittel-Beziehung zwischen zwei Entscheidungsbereichen

Produktvorstellung

Botschaftsform

Abbildung 8:   Beispiel einer Ordnung der Entscheidungsbereiche entsprechend den Ziel-Mittel-Beziehungen [26]

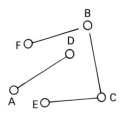
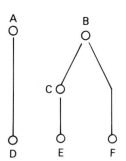

wünschte) *Wirkung* der gewählten Alternative in A ist. Das Entscheidungsergebnis in A ist entsprechend als *Ursache* zu bezeichnen.

Die Ursache und Wirkung verbindende Beziehung wird gemeinhin als *Kausalitätsbeziehung* bezeichnet. Worin liegt nun aber der Unterschied zur Ziel-Mittel-Beziehung?

Die Antwort ist die, dass wir mit zwei verschiedenen Fragestellungen an den gleichen Sachverhalt treten. Bei der kausalen oder *erklärenden Betrachtung* interessieren wir uns für objektive Ursache-Wirkungsbeziehungen. [27] Nehmen

---

26 In Anlehnung an Heinen (Entscheidungen) 105.

27 ,,Einen Vorgang ,kausal erklären' heisst, einen Satz, der ihn beschreibt, aus *Gesetzen und Randbedingungen* deduktiv ableiten." Popper (Logik) 31. In den weiteren Ausführungen werden wir anstelle von ,,Gesetzen" von *,,Hypothesen"* sprechen, anstelle von ,,Randbedingungen" von *,,Antecedenzbedingungen"*. Als ,,Ursache" werden wir im allgemeinen jene Antecedenzbedingungen bezeichnen, welche von der agierenden Unternehmung dispositiv beeinflusst werden können. Zum Begriff der ,,Ursache" und seine Variationen vgl. z. B. Stegmüller (Erklärung) 433 ff., sowie Ingarden (Struktur).

Abbildung 9: Die Ziel-Mittel-Beziehung als Ursache-Wirkungsbeziehung

wir hingegen den Standpunkt des handelnden Subjektes ein, welche die Umwelt nach seinen Wünschen zu gestalten trachtet, so können Wirkungen zu Zielen werden und Ursachen — soweit sie dispositiv beeinflusst werden können — zu zielerreichenden Mitteln. Dieser letztere Standpunkt wird oft als *techno-logischer Standpunkt* bezeichnet. [28]

Ursache-Wirkungsbeziehungen werden durch empirisch gehaltvolle Hypothesen beschrieben. Die gleiche Hypothese beschreibt aber auch eine Ziel-Mittel-Beziehung; oder umgekehrt formuliert: *Ziel-Mittel-Beziehungen basieren auf überprüfbaren und wirklichkeitsbezogenen Hypothesen.*

Damit sind wir am Ziel unserer Analyse angelangt: Durch die Einsicht in die logische Struktur einer Entscheidungshierarchie ist der Weg ihrer Herleitung vorgezeichnet. Eine Entscheidungshierarchie entsteht durch Anordnen der Ent-scheidungsbereiche entsprechend den sie verbindenden *Kausalbeziehungen*. [29] Kausalbeziehungen ihrerseits sind durch gehaltvolle Hypothesen beschrieben, die grundsätzlich der empirischen Überprüfung bedürfen.

Bei der Herleitung der Werbe-Entscheidungshierarchie werden wir auf solche überprüfbaren Hypothesen zurückgreifen, soweit sich dies als nötig erweist. In einigen Fällen wird es sich allerdings zeigen, dass die Ursache-Wirkungs-beziehungen soweit mit unserer Alltagserfahrung übereinstimmen, dass sich eine exakte und durch Zählen und Messen gestützte Überprüfung erübrigt und es ausreicht, sie anhand einiger Beispiele plausibel zu machen.

Die Ausführungen in diesem Kapitel dürften einige terminologische Fragen auf-geworfen haben, insbesondere was die Abgrenzung der Begriffe „Entschei-dungsbereiche", „Ziele", „Mittel" und „Alternativen" betrifft. Die Präzisierung dieser Begriffe kann aber nur auf dem Hintergrund einiger noch weiter unten aufzuführender, recht komplexer und abstrakter Zusammenhänge gelingen. Sie scheint mir aber notwendig, da diese Begriffe in der planungswissenschaftlichen und speziell in der werbewissenschaftlichen Literatur häufig Anlass zu Konfu-sion gegeben haben. Aus didaktischen Gründen soll aber vorerst auf die Pro-blematik des *Entscheidungsprozesses* näher eingegangen werden.

---

28 Vgl. z. B. Albert (Wertfreiheit) 192, sowie die umfassende Darstellung dieser Zusammen-hänge bei Stählin (Forschung).

29 Vgl. dazu auch Berthel (Unternehmungssteuerung) 99.

Abbildung 10: Ursache-Wirkungsbeziehungen und Ziel-Mittel-Beziehungen

Kausale Betrachtung: **Finale Betrachtung:**

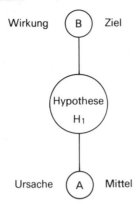

Wirkung (B) Ziel

Hypothese
H_1

Ursache (A) Mittel

*132.2 Der Entscheidungsprozess und die Elemente des entscheidungs-
logischen Kalküls*

Menschliche Entscheidungsprozesse können von verschiedenen Seiten her
untersucht werden. Für unsere Zwecke ist vor allem eine klare Trennung der
Entscheidungslogik von der *erklärenden und verhaltenswissenschaftlichen Ent-
scheidungslehre* von grosser Bedeutung. Erstere befasst sich mit den (deduktiv
abgeleiteten) Implikationen des axiomatisch verankerten Rationalprinzips. Sie
erlaubt, die Rationalität von Wahlhandlungen zu beurteilen.[30] Demgegenüber
setzt sich die erklärende und deskriptive Entscheidungstheorie mit dem *tatsächlichen Ablauf* menschlicher Entscheidungshandlungen auseinander oder − in
ihrer technologischen Verwendung − gibt sie Regeln vor, wie diese Entscheidungen abzulaufen hätten, um bessere Resultate zu erbringen. Wie Stegmüller
m. E. zu Recht hervorhebt, wird in der Literatur eine klare Grenzziehung
zwischen diesen beiden Ansätzen nur selten vorgenommen.[31] Eine Folge davon
ist, dass aus entscheidungslogischen Kalkülen unzulässige Schlüsse z. B. auf den
zweckmässigen Ablauf von Entscheidungsprozessen abgeleitet werden. So ist
z. B. das sich immer noch grosser Beliebtheit erfreuende sogenannte *Phasenschema des Entscheidungsprozesses* aus der Verwechslung des logischen und des
empirischen Standpunktes hervorgegangen.
Das Phasenschema in seiner ursprünglichen Form behauptet, dass rationale Entscheide in gewissen zeitlich zu trennenden Phasen ablaufen, wie z. B. Problem-
erkennung, Informationsgewinnung, Generierung von Lösungsalternativen,
Alternativenbewertung und Wahl der geeignetsten Alternativen.[32]

30 Mit diesem Gegenstand befasst sich die in neuerer Zeit aufgekommene sog. deontische
   Logik. Vgl. dazu ausführlich Kutschera (Logik). Zur Entscheidungslogik vgl. auch z. B.
   Koch (Betriebswirtschaftslehre) 22; Knapp (Logik); Chmielewicz (Formalstruktur); Bierfelder (Entscheidungslogik).
31 Stegmüller (Hauptströmungen II) 204.
32 Vgl. z. B. Brun/Glass/Lavin/Goodmann, zit. in: Witte (Phasen-Theorem) 626.

In neuerer Zeit hat insbesondere Witte mit seinen empirischen Untersuchungen die Möglichkeit, gewisse Entscheidungsphasen zu unterscheiden, in Frage gestellt. [33] Seine Untersuchungen belegen zum einen, dass Entscheidungsverläufe in den seltensten Fällen in inhaltlich voneinander unterscheidbaren Phasen ablaufen. Zum andern weist er nach, dass ein ,,korrektes'' Vorgehen nach dem Phasenschema *nicht* zu besseren Entscheidungsergebnissen führt.

Wenn wir uns zum Ziel gesetzt haben, ein praktikables Werbeplanungskonzept zu entwickeln, so muss den Ergebnissen von Witte's Untersuchungen Rechnung getragen werden. Angesichts dieser Befunde würde es nicht angehen, für das Treffen von Werbeentscheiden einen gewissen Phasen-Ablauf zu postulieren, oder gar einen solchen als einzig richtige Lösung hinzustellen. Da auf der andern Seite bis heute erst wenige, z. T. sehr komplexe und empirisch auch kaum bestätigte Problemlösungsverfahren vorliegen, [34] soll darauf verzichtet werden, ein solches hier einzuführen.

Aus den genannten Gründen gehen wir bei der Analyse des Werbe-Entscheidungs-Systems vom *entscheidungslogischen Kalkül* aus und fragen uns, welche Elemente dieses Kalküls als gegeben vorausgesetzt werden müssen, damit eine rationale Entscheidung [35] überhaupt möglich wird. Folgende drei Elemente sind von Bedeutung:

1. Ziele
2. Alternativen
3. Wirkungsmodell.

Der *Entscheidungsprozess* ergibt sich aus einem wechselseitigen Inbeziehungtreten dieser drei Elemente. Er kann beispielsweise wie folgt ablaufen: ausgelöst kann er werden durch eine prognostizierte oder bereits eingetroffene *Ziel-Abweichung* (Soll-Ist-Abweichung). [36] Es erfolgt die Suche nach zielerreichenden Alternativen und die *Bewertung* dieser Alternativen. Für die Bewertung müssen zwei Voraussetzungen gegeben sein: zum einen ist der *Zielerreichungsgrad* und die entsprechende *Wahrscheinlichkeitsverteilung* mit Hilfe eines *Wirkungsmodelles* zu prognostizieren. Zum andern sind — beim Vorliegen mehrerer Ziele — die Ziele zu *gewichten*. Die eigentliche Bewertung der Alternativen erfolgt durch die Verrechnung der Zielgewichte mit den Zielerreichungsgraden und den Wahrscheinlichkeiten. Die Art dieser mathematischen Verrechnung kommt in der sogenannten *Entscheidungsregel* zum Ausdruck. [37] Über die Entscheidungsregeln kann wenig Allgemeingültiges ausgesagt werden; sie sind durch die subjektiven Präferenzen des Entscheidungsträgers, durch seine Risikofreudigkeit, usw., geprägt.

33 Witte (Phasen-Theorem) 625 ff.
34 Vgl. z. B. Treichler/Jacob (Problemlösungsmethodik); Gomez/Malik/Oeller (Systemmethodik).
35 Zum Begriff der Rationalität und seinen Variationen vgl. Gäfgen (Entscheidung) 18 ff. Zur Rationalität in betriebswirtschaftlichen Entscheiden und deren Evidenz vgl. Hundt (Rationalprinzip).
36 In einigen Modellen wird auch der Ist-Zustand als eigenständiges Element aufgefasst. Vgl. z. B. Brauchlin (Probleme) 13. 2.—6. Da dieser Ist-Zustand in den gleichen Kategorien definiert und gemessen wird, wie die Ziele und zudem häufig mit (mehr oder weniger erreichten) Zielen der Vorperiode identisch ist, soll hier darauf verzichtet werden, den Ist-Zustand als Kalkülelement einzuführen.
37 Zum Begriff ,,Entscheidungsregel'' vgl. z. B. Heinen (Entscheidungen) 57 f. und 160 ff.; Kirsch (Entscheidungsprozesse I) 40 ff.

Sind die Ziele, Zielgewichte, Zielerreichungsgrade, die Wahrscheinlichkeitsverteilungen sowie die Entscheidungsregeln gegeben, so ist das Problem gewissermassen gelöst; d. h. die Wahl der geeignetsten Alternative ist nur noch Ergebnis einer logischen Schlussfolgerung. Diese Aufgabe kann z. B. von einem Rechenautomaten übernommen werden.

Die oben genannten drei Elemente des entscheidungslogischen Kalküls sollen nun noch etwas näher präzisiert werden:

1. *Ziele:* Ziele sind erwünschte Wirkungen des Handelns.[38] Anders ausgedrückt sind Ziele Soll-Zustände der realen Wirklichkeit.[39]

   Ziele werden auch oft von ihrer Funktion her, die sie in Entscheidungsprozessen erfüllen, definiert. Werden nämlich Ziele mit den sogenannten Beurteilungskriterien[40] ergänzt, d. h. wird speziziert, dass die Zielerreichung z. B. nach dem Wirtschaftlichkeitsgesichtspunkt zu erfolgen habe, so nehmen Ziele die Funktion von *Kriterien* wahr, anhand deren Lösungsalternativen ausgewählt werden.[41]

   Ein weiterer wesentlicher Aspekt ist, dass Ziele nicht nur die Funktion von Auswahlkriterien in Entscheidungsprozesse wahrnehmen, sondern dass sie ihrerseits *Ergebnis* eines (hierarchisch übergeordneten) Entscheidungsprozesses sind.

2. *Alternativen:* Mit „Alternativen" bezeichnen wir sämtliche in Betracht gezogenen Aktivitäten, die geeignet sind, bestimmte Ziele zu erreichen. Dabei kann es sich um den Einsatz physischer Mittel, Verfahren, oder lediglich um bestimmte Verhaltensweisen handeln.

3. *Wirkungsmodelle:* Unter den Wirkungsmodellen verstehen wir ein System von Informationen, das die Konsequenzen von Alternativen im Hinblick auf zu erreichende Ziele zu *prognostizieren* erlaubt. Jede rationale Entscheidung stellt implizite oder explizite auf Wirkungsmodelle ab.

   Wirkungsmodelle setzen sich aus zwei Komponenten zusammen: aus den Daten und den Hypothesen.

   Daten: Als Daten definieren wir alle jene Informationen, die über (raum-zeitlich fixierte) Zustände oder Ereignisse der Umwelt Auskunft geben. Sie lassen sich, entsprechend den AMUS-Elementen, unterteilen in Daten über die Absatzpartner, über die Absatzmittler, die eigene Unternehmung sowie über die Rahmenstruktur.[42]

   Hypothesen: Demgegenüber handelt es sich bei den Hypothesen um mehr oder weniger allgemeingültige, empirisch gehaltvolle Aussagen von der Form „wenn . . ., dann . . ."[43].

   In der Wenn-Komponente einer Hypothese sind die Bedingungen (sog. Antecedenzbedingungen) angeführt, die erfüllt sein müssen, damit die Folge, die Dann-Komponente, eintritt. Über das Erfülltsein oder Nicht-

38 Luhmann (Systemrationalität) 216.
39 In diesem Sinne Brauchlin (Probleme) 13.9.
40 Weinhold (Marketingkonzepte) 47.
41 Vgl. dazu Simon (Concept) 309 ff.; auch Heinen (Entscheidungen) 48.
42 Vgl. Pümpin (Information) 181.
43 Die Zusammenhänge sollen hier nur in geraffter Form dargestellt werden; für eine eingehendere Beschäftigung vgl. z. B. Popper (Logik) 32 ff.; Stegmüller (Logik) 86 ff.; Seiffert (Wissenschaftstheorie).

erfülltsein dieser Antecedenzbedingungen im konkreten Fall informieren die *Daten.*

Für die Bereiche der Werbeplanung stehen vor allem Hypothesen über Wirkungszusammenhänge, d. h. über Wirkungen der eigenen Aktivitäten auf das Marktgeschehen im Zentrum des Interesses.[44] Eine für die Werbung relevante Hypothese könnte z. B. lauten: Die Verbesserung der Einstellung des Konsumenten gegenüber dem beworbenen Produkt, erhöht den Umsatz dieses Produktes.[45]

Es muss hervorgehoben werden, dass wir den Begriff „Wirkungshypothese", bzw. „Wirkungsmodell" nicht nur auf „wissenschaftliche", d. h. falsifizierbare oder überprüfbare Hypothesen, begrenzt haben wollen. Vielmehr sollen darunter auch sämtliche sogenannte *inneren Modelle*[46] fallen, die sich der Entscheidungsträger von seiner Umwelt macht. Solche inneren Modelle umfassen eine Vielzahl unstrukturierter, halbbewusster, „inexakter"[47] oder sogar objektiv falscher Hypothesen über Ursache-Wirkungsbeziehungen. Fest steht lediglich, dass auch sie letztlich die gleiche logische Struktur wie die „wissenschaftlichen" Hypothesen aufweisen. Die inneren Modelle spielen aber in der Werbepraxis die weit grössere Rolle als die durch Zählen und Messen überprüften Hypothesen. Sie finden ihren Niederschlag in der „Erfahrung" des Entscheidungsträgers, in seinem „Fingerspitzengefühl", in der sogenannten „Agenturphilosophie", u. ä. m.

Eine Theorie der Werbeplanung darf diese inneren Modelle der Aussenwelt keinesfalls übersehen, sondern hat sie zweckmässig in ihr Planungssystem zu integrieren. Der Planer einer Werbekampagne ist bis heute nicht in der Lage, auf genügend empirisch überprüfte Hypothesen zurückzugreifen; die Qualität seiner inneren Modelle entscheidet weitgehend über den Erfolg seiner Kampagne. Die Komplexität der Wirkungszusammenhänge im Bereich der Werbung lassen auch nicht die Hoffnung zu, dass in absehbarer Zeit angemessene, umfassende und insbesondere quantifizierte Wirkungsmodelle verfügbar sein werden. Dieser Tatsache soll in dem in dieser Arbeit vorgeschlagenen Planungssystem Rechnung getragen werden, indem die Möglichkeit besteht, auch intuitiv gewonnene Wirkungsprognosen zur Geltung zu bringen. Hier liegt der Grund, weshalb wir das theoretische Ideal eines voll strukturierten und kalkülisierten Planungsmodelles als nicht erstrebenswert erachten.

Wenn oben gesagt wurde, dass alle rationalen Entscheidungen implizite oder explizite Wirkungshypothesen voraussetzen, so könnte eingewendet werden, dass Wirkungen von Alternativen auch mittels *Tests* in Erfahrung gebracht werden können. Speziell in der Werbung sind die sogenannten Pretests von Gestaltungsalternativen sehr verbreitet. Wir können aber die in Pretests ermittelten Wirkungszusammenhänge als ad-hoc-Hypothesen bezeichnen.[48] Dafür spricht vor allem die Überlegung, dass auch diese Aussagen auf die für Hypothesen typische Formalstruktur (wenn . . ., dann . . .) zurückgeführt werden können. Der Unterschied besteht einzig in

---

44 Vgl. Weinhold (Absatzführung) 117; Weinhold (Werbeplanung) 107.
45 Diese Hypothese findet sich in operationaler Form auf S. 59 ff.
46 Zu diesem Begriff vgl. z. B. Krieg (Grundlagen) 121 und Steinbuch (Automat) 137.
47 Über die Zulässigkeit „inexakter" Methoden und Aussagen vgl. Köhler (Methoden) 22 ff.
48 In Anlehnung an Wild (Deduktion) 561.

ihrer „Reichweite"; d. h. der Geltungsbereich von ad-hoc-Hypothesen ist auf diese spezifische geprüfte Alternative beschränkt. Mit den Hypothesen höherer Reichweiten hat sie aber gemeinsam, dass auch sie die Erfahrung transzendiert und Aussagen über Ereignisse der Zukunft abzuleiten erlaubt.

132.3   Die begrifflichen Präzisierungen

Vom Absatz-Entscheidungs-System haben wir drei Aspekte beleuchtet, die wir in räumlichem Analogiedenken als *Dimensionen* bezeichnen könnten:
1. die Entscheidungsbereiche
2. die Entscheidungshierarchie
3. die Elemente des entscheidungslogischen Kalküls.

Abbildung 11: Das Absatzsystem

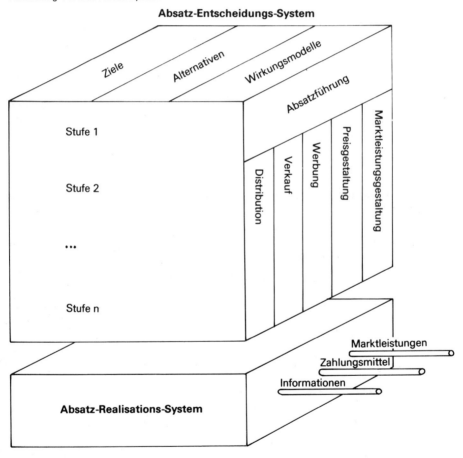

Die in obiger Abbildung wiedergegebenen drei Dimensionen sind aufgrund relativ abstrakter Zusammenhänge miteinander verknüpft. Diese Zusammenhänge zu verdeutlichen, dienen die folgenden begrifflichen Präzisierungen.

36

132.31 „Entscheidungsbereiche" und „Ziele"

Weiter oben wurde der Begriff „Entscheidungsbereich" definiert als ein Zustand, Ereignis oder Gegenstand, bei dem der Entscheidungsträger eine Wahl zwischen verschiedenen konkreten Ausprägungen zu treffen hat. Stellen wir diesen Begriff demjenigen der „Ziele" gegenüber, die wir als Soll-Zustände der realen Wirklichkeit verstehen, so fällt die Verwandtschaft der beiden Termini auf. Bei näherem Zusehen zeigt es sich, dass der Entscheidungsbereich eine *Klasse von Zielen* umfasst.[49] Oder anders ausgedrückt: Der Begriff „Entscheidungsbereich" ist Ergebnis einer durch Verallgemeinerung von Einzelfällen gewonnenen Abstraktion; nämlich der Abstraktion von „Zielen". Dieser Zusammenhang soll gleich anhand eines Beispiels verdeutlicht werden:

Einen werblichen Entscheidungsbereich werden wir mit „Zielpersonen" bezeichnen. Der Entscheidungsträger hat im konkreten Planungsfall eine Wahl zwischen alternativen Ausprägungsgraden (a_1, a_2, ... a_n) zu treffen (vgl. Abbildung 12).

Der Planer einer Werbekampagne kann beispielsweise weibliche Jugendliche von fünfzehn bis zwanzig Jahren mit Werbung erreichen wollen; eine Teilmenge dieser Jugendlichen, z. B. die Raucher oder jene einer bestimmten Region, usw. Die alternativen Zielgruppen stellen,— aus der Sicht des Mediaberaters — *Ziele* dar, anhand derer er die Eignung verschiedener Werbeträger (Zeitungen, Zeitschriften, TV, usw.) prüft.

Abbildung 12: Der Entscheidungsbereich „Zielpersonen" mit alternativen Ausprägungsgraden

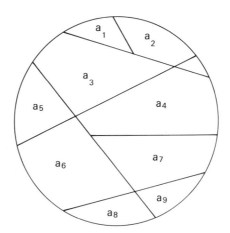

Zur begrifflichen Unterscheidung zwischen Zielen einerseits und Entscheidungsbereichen andererseits zwingt uns unsere Zielsetzung, nämlich ein *allgemeingültiges Werbeplanungssystem,* zu entwerfen, welches für die Planung der Werbung beliebiger Unternehmen und für beliebige Produkte Gültigkeit beanspruchen kann. Wir benötigen hier Zielkategorien, die *formaleren Charakter* haben als jene, die in einem konkreten Planungsfall einer bestimmten Unternehmung zur Anwendung gelangen. Diese „formalen" Zielkategorien nennen wir Entscheidungsbereiche; die „inhaltlichen" hingegen Ziele.

49 Anstelle von „Klasse" kann auch von „Menge" gesprochen werden. Vgl. zu dieser Terminologie Kamlah/Lorenzen (Propädeutik) 93 f.

Für das Verhältnis von „inhaltlich" und „formal" gilt aber, was Piaget treffend sagt: „Jedes Element ist Inhalt für das höhere und eine Form für das niedere Element". [50] Diese Relativität von formal und inhaltlich bedeutet aber für uns, dass wir zwischen den Termini „Entscheidungsbereich" und „Ziel" eine auf beiden Seiten ins Unendliche reichende „Konkretisierungstreppe" anzunehmen haben. [51] Damit taucht aber bei der Entwicklung eines allgemeingültigen Werbeplanungssystems eine neue Frage auf: auf welcher Stufe dieser endlosen Konkretisierungstreppe sollen wir unsere Entscheidungsbereiche ansiedeln? Oder anders ausgedrückt: wie abstrakt oder wie konkret sollen wir unsere Entscheidungsbereiche abgrenzen? Die Antwort könnte so gegeben werden, dass wir jene Stufen zu wählen hätten, bei welcher unsere Ziele so konkret als möglich, um gerade noch der Forderung nach Allgemeingültigkeit zu genügen, zu formulieren wären.

Die oben aufgeworfene Frage hat nun keineswegs — wie es zunächst scheinen könnte — nur akademische Bedeutung: Zahlreiche in der Literatur zu findende Planungssysteme kranken daran, dass — um in obiger Metapher zu sprechen — die Stufe auf der Konkretisierungstreppe unzweckmässig gewählt wurde. Zum einen werden in vielen Fällen Werbeziele postuliert, welche auf einer *zu niederen* Konkretisierungsstufe liegen und welche eher einer — nie abgeschlossenen — Kasuistik ähneln. Ein extremes Beispiel finden wir bei Hülf, dessen Aufzählung von Werbezielsetzungen unter anderem die Räumung des Lagers, die Verdrängung von Konkurrenzfabrikaten, Bekanntmachung und Einführung einer Standortveränderung, Werbung für Sonderangebote, Werbung anlässlich von Geschäftsjubiläen, Steigerung des Umsatzes, umfasst. [52]

Auch das Gegenteil ist in Planungssystemen der Literatur häufig anzutreffen; Zielkategorien werden allgemeiner als nötig formuliert und sind daher kaum noch echte Entscheidungshilfen. Dies ist z. B. der Fall, wenn als Zielkategorie die Beeinflussung von Personen, die Steuerung inneren oder äusseren Verhaltens oder die Erzielung eines „günstigen" Images u. a. m. postuliert wird.

132.32 Die Relativität der Beziehungen „Ziele" und „Alternativen"

Die Beziehung, welche Ziele und zielerreichende Alternativen („Mittel") miteinander verbindet, haben wir als Ziel-Mittel-Beziehung bezeichnet. Sie beruht, wie wir festgestellt haben, auf einer Ursache-Wirkungsbeziehung, die ihrerseits durch eine empirisch gehaltvolle und prinzipiell überprüfbare Hypothese („Wirkungshypothese") beschrieben werden kann.

Die Zusammenhänge werden etwas kompliziert durch den Umstand, dass Ursachen ihrerseits als Wirkungen weiter zurückliegender Ursachen aufgefasst werden können usf. Daher rührt die Relativität der Bezeichnung eines Ereignisses als Ursache oder als Wirkung (bei einer kausalen Betrachtung) und entsprechend die Relativität der Bezeichnung als Ziel oder als zielerreichende Alternative („Mittel") (bei einer technologischen Betrachtung). [53] Die Zusammenhänge sind in Abbildung 13 veranschaulicht.

---

50 Piaget (Strukturalismus) 28.
51 Piaget (Strukturalismus) 29 f.
52 Hülf (Bestimmungsfaktoren) 29 f., zitiert in: Bidlingmaier (Werbeziele) 406; ähnliche Kasuistiken führen z. B. auch Nieschlag/Dichtl/Hörschgen (Marketing) 296 an oder Hanrieder (Werbeziel) 497 f.
53 Vgl. dazu auch Ackoff/Emery (Systeme) 37 und das dort angeführte Beispiel.

Abbildung 13: Die Relativität von Ursache und Wirkung; bzw. von Ziel und zielerreichender Alternative

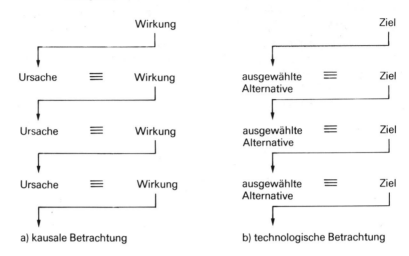

a) kausale Betrachtung

b) technologische Betrachtung

Abbildung 13 b) zeigt die Entscheidungshierarchie in einem planspezifischen, konkreten Fall. In einem allgemein verwendungsfähigen Planungssystem werden hingegen Ziele zu Entscheidungsbereichen. Die Entscheidungshierarchie nimmt hier folgende Struktur an (vgl. Abbildung 14):

Abbildung 14: Die Entscheidungshierarchie in allgemeiner Form

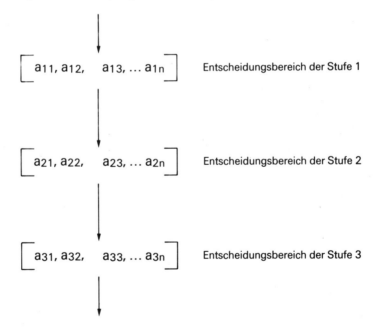

Bei der Abklärung der kausalen Struktur des Werbeprozesses werden wir naturgemäss auf innerseelische Prozesse bzw. auf den an Endpunkten solcher Prozesse stehende *psychische Zustände* stossen. Da solche psychischen Zustände

nur indirekt der Beobachtung zugänglich sind, werden sie häufig als *intervenierende Variablen* bezeichnet.[54] Insofern solche intervenierende Variablen für die Werbung „Zwischenstationen" auf dem Weg zum Endziel markieren, sind sie — aus der Sicht des Werbeplaners — Entscheidungsbereiche.

Es mag zunächst paradox klingen, psychische Zustände als Entscheidungsbereiche zu bezeichnen; der Gedanke soll aber anhand eines Beispiels plausibel gemacht werden: Die *Produktvorstellung* („Image") wird häufig als intervenierende Variable in Werbewirkungsmodellen eingeführt. Sie kann über sogenannte Indikatoren der Beobachtung zugänglich gemacht und einigermassen exakt gemessen werden. Für den Werbeplaner stellt diese Variable insofern einen Entscheidungsbereich dar, als er zwischen verschiedenen Ausprägungen wählen muss: Soll z. B. der zu bewerbende Personenwagen als kraftvoll oder als konfortabel; als luxuriös oder preisgünstig; usw. wahrgenommen werden? Gleiches gilt für intervenierende Variablen, welche der Variable „Produktvorstellung" kausal vorgelagert sind.

Die Verwendung von solchen psychologischen Grössen als Entscheidungsbereiche wirft aber erhebliche Probleme auf, sobald man die Forderung der *Messbarkeit* an die Werbeziele stellt. Im Zusammenhang mit Zielen wird anstelle von Messbarkeit häufiger der Terminus *Operationalität* gebraucht. Im folgenden Kapitel soll auf diese Problematik näher eingegangen werden.

132.33 Die Operationalität von Zielen

In der neueren Planungs- und Entscheidungstheorie wird zunehmend die Forderung laut, Ziele „operational" zu formulieren. Mit dem Begriff der Operationalität werden aber sehr unterschiedliche Sachverhalte bezeichnet. Vor allem zwei, sehr gut unterscheidbare Bedeutungen sind häufig anzutreffen. Einerseits wird „operational" — in Anlehnung an den Sprachgebrauch der Wissenschaftstheorie — mit *messbar* gleichgesetzt.[55] Zum andern werden Ziele operational genannt, wenn sie für den betreffenden Entscheidungsträger „handlungsreif" sind; d. h. von ihnen direkt in Handlungen umgesetzt werden können.[56]

Ein Beispiel möge den Unterschied der beiden Bedeutungsinhalte verdeutlichen: Das Ziel „Umsatzsteigerung von 10 % innerhalb eines Jahres" ist streng operational im Sinne von *messbar:* die Erreichung oder Nicht-Erreichung dieses Zieles ist am Ende der Planungsperiode eindeutig überprüfbar. Vom Standpunkt des Werbe-Verantwortlichen impliziert dieses Ziel aber in keiner Weise eine Handlungsanweisung und ist in diesem Sinn *nicht* operational. Ein handlungsanweisendes („handlungsreifes") Werbeziel wäre beispielsweise: „Die Erzeugung eines genau definierten Imageprofils X bei der Zielgruppe Y, innerhalb des Zeitraumes $\triangle$t."

In den folgenden Ausführungen wollen wir ein Ziel als operational bezeichnen, wenn seine Erreichung oder Nicht-Erreichung am Ende der Planperiode eindeutig überprüfbar ist.

---

54 Vgl. S. 55 ff.

55 In diesem Sinne z. B. Luhmann (Systemrationalität) 216; Köhler (Marketingziele) 22. Zur Verwendung dieses Begriffes in der Wissenschaftstheorie vgl. Mayntz/Holm/Hübner (Methoden) 18 ff., sowie Kerling (Sozialwissenschaften I) 77 ff.

56 In diesem Sinne z. B. Heinen (Entscheidungen) 111 ff.; Berthel (Unternehmungssteuerung) 24 ff.

Diese Definition impliziert zwei Komponenten. Einerseits setzt die Operationalität eines Zieles seine *Messbarkeit* voraus. D. h. es müssen präzise Anweisungen gegeben werden, mit Hilfe welcher Instrumente oder Tätigkeiten entscheidbar ist, ob das Ziel realisiert worden ist oder nicht, bzw. in welchem Ausmass eine Realisierung vorliegt.

Die zweite Bedeutungskomponente unserer Definition von Operationalität ist jene des zeitlichen Bezugs, d. h. der *Terminierung* von Zielen. Ziele können auf ihre Erreichung nur überprüft werden, wenn spezifiziert wird, in welchem Zeitraum diese Soll-Ist-Abweichung behoben werden soll.[57]

Unsere Definition verzichtet darauf, den Aspekt der „Handlungsreife", d. h. der Umsetzbarkeit in konkrete Aktivitäten, einzuschliessen. Der Grund liegt darin, dass wir diesem Postulat ja bereits dadurch Rechnung tragen, indem wir eine Zielhierarchie der Werbung erarbeiten. Diese Ziel-, bzw. Entscheidungshierarchie bezweckt ja nichts anderes als die generellen Oberziele einer Unternehmung sukzessive in handlungs- und ausführungsnähere Unterziele zu transformieren.

Die von uns postulierte Anforderung der Messbarkeit wirft speziell für die Ziele in der Werbung sehr erhebliche Probleme auf. Dies liegt, wie schon gezeigt wurde, am Umstand, dass ein Teil der werblichen Zielvariablen im psychischen Bereich des Menschen anzusiedeln sind. Da es sich bei solchen Zielen um grundsätzlich nicht beobachtbare und gewissermassen um „erfundene"[58] Kategorien handelt, müssen sie erst über den Umweg sogenannter Indikatoren der sinnlichen Wahrnehmung zugänglich gemacht werden.[59]

In diesem Zusammenhang stellt sich die Frage, ob *„quantifizierbar"* mit „messbar" und damit mit „operational" begrifflich gleichzusetzen sei. Eine solche Gleichsetzung wird aber im allgemeinen abgelehnt und ist aus folgendem Grunde *unzweckmässig:*

Von „quantifizierbar" ist es nur dann sinnvoll zu sprechen, wenn auch mathematische Operationen ausgeführt werden können. Für die Operationen der Addition und Subtraktion muss aber mindestens eine Messung auf einer Intervall-Skala[60] vorausgesetzt werden; für jene der Multiplikation und Division die Messung auf einer Ratio-Skala.[61] Die blosse Messbarkeit von Zielen fordert dagegen lediglich die eindeutige Überprüfbarkeit der Zielerreichung; diese ist aber bereits auf *nominalem Messniveau* gegeben. So z. B. wenn in Erfahrung gebracht wird, ob die Zielperson X mit dem Werbemittel Y Kontakt hatte oder nicht.[62]

---

57 Vgl. auch Berthel (Unternehmungssteuerung) 45 f.

58 Kerlinger spricht in diesem Zusammenhang von „erfundenen Begriffen". Kerlinger (Sozialwissenschaften I) 91.

59 Vgl. dazu S. 55 ff.

60 Bei einer Intervall-Skala müssen die Abstände zwischen zwei Punkten bekannt sein.

61 Bei einer Ratio-Skala existiert ein natürlicher Nullpunkt.

62 Zur Problematik des Messens vgl. z. B. Mayntz/Holm/Hübner (Methoden) 38 ff.; auch Heinen (Entscheidungen) 114 ff.

In der Werbeplanung geht es um die Steuerung und Lenkung der im Realisationssystem ablaufenden Prozesse. Mit dem Realisationssystem selbst werden wir uns nur am Rande beschäftigen.

Bei der theoretischen Abgrenzung des Absatzentscheidungssystem vom Absatz-Realisations-System hielten wir fest,[63] dass es im Realisationssystem um die Transformation oder den Transfer der drei Kontaktmedien Marktleistung, Zahlungsmittel und Information gehe. Das WRS befasst sich — abstrakt formuliert — mit der Transformation und dem Transfer des Mediums Information. Konkret umfassen diese Tätigkeiten: die Reinzeichnung, die Produktion der Werbemittel, das „Einkaufen" und Disponieren der (im WES ausgewählten) Werbeträger und den Transfer dieser Werbemittel zu den Werbeträgerinstitutionen.

14   Das Werbeplanungssystem

141   Die Werbeentscheidung und Werbeplanung

In der Literatur wird gelegentlich diskutiert, ob die Planung von der Entscheidung zu trennen sei, etwa dass Planung als Entscheidungsvorbereitung im „Sinne des gedanklichen Antizipierens der Wirkungen bestimmter Handlungen und Unterlassungen"[64] aufzufassen wäre,[65] während der eigentlichen Entscheidung neben den vorbereitenden Tätigkeiten auch die *Wahl* unter verschiedenen Handlungen und Unterlassungen obliegen würde. In diesem Sinne könnte Planung etwa als „Probehandeln" bezeichnet werden.

Die Grenzziehung zwischen Entscheidung und Planung ist letztlich eine Frage der Definition. Wenn wir hier eine solche Abgrenzung vornehmen, so lassen wir uns vor allem von Zweckmässigkeitsüberlegungen leiten und orientieren uns an den spezifischen Gegebenheiten, wie sie für die *Werbung* zutreffen. Die gleichen Zweckmässigkeitsüberlegungen können, werden sie auf andere Unternehmungsbereiche bezogen, durchaus zu abweichenden Ergebnissen führen.

Für den Bereich *Werbung* haben wir von folgenden Gegebenheiten auszugehen: Es wird sich zeigen,[66] dass sich mindestens sechs Entscheidungsbereiche voneinander isolieren lassen. Diese Bereiche weisen *erhebliche Interdependenzen* auf. Solche Interdependenzen haben zur Folge, dass der „Gesamterfolg" der Werbung bei gegebener Entscheidung in einem Bereich auch vom Ausgang des Entscheides in anderen Bereichen abhängt und umgekehrt.[67] Berücksichtigen wir auch noch die Tatsache, dass in den meisten Entscheidungsbereichen praktisch unendlich viele Alternativen verfügbar wären, so erkennt man sogleich, dass jeder Entscheid — und auch jede Entscheidungsvorbereitung — von ge-

---

63 Vgl. S. 26.
64 Sandig (Führung) 10, zitiert in: Weinhold (Absatzführung) 48.
65 In diesem Sinne Weinhold (Absatzführung) 48; auch Rühli (Beiträge) 15 f.; Wild (Unternehmungsplanung).
66 Vgl. dazu 2. Kapitel.
67 Zum Problem der Interdependenz vgl. Klein/Wahl (Koordination) 56 ff., sowie Hax (Koordination) 44 ff.

sicherten Entscheidungsergebnissen in anderen Bereichen ausgehen muss. Nur vertrauend auf die mehr oder weniger definitive Gültigkeit von Entscheiden in andern Bereichen kann eine beschränkte Auswahl von Alternativen beurteilt und schliesslich die geeignetste gewählt werden.

Die Überlegungen zeigen, dass ein Gesamtwerbeplan gar nicht anders entstehen kann, als durch Treffen von zunächst verbindlich gedachten Zwischenentscheiden. Dies führt uns dazu, den Begriff „Planung" für den Unternehmungsbereich Werbung nicht nur auf die Entscheidungsvorbereitung zu beschränken, sondern auch den eigentlichen Wahlakt miteinzubeziehen.

Diese Auffassung scheint zunächst mit der Tatsache in Widerspruch zu stehen, dass in der Werbung häufig alternative Gesamtpläne zur Beurteilung vorgelegt werden und dass ein Werbeplan erst gewissermassen durch einen Entscheid höherer Ordnung zur Durchführung gelangen kann.[68]. Diesen Entscheid höherer Ordnung wollen wir mit *Verbindlichkeitsentscheid* benennen und im übrigen Planen und Entscheiden gleichsetzen.[69]

142   Das Werbe-Entscheidungs-System und das Werbeplanungssystem

Entscheiden und Planen haben wir gleichgesetzt und die Zweckmässigkeit dieser terminologischen Festlegung im vorangegangenen Kapitel begründet. Es erhebt sich nun die Frage, ob wir das Entscheidungssystem schlechterdings mit dem Werbeplanungssystem gleichsetzen sollen, oder ob hier eine Differenzierung angebracht wäre. Wir wollen die Schlussfolgerungen unserer Betrachtung gleich vorweg nehmen und festhalten, dass das Werbeplanungssystem das Entscheidungssystem *umfasst,* ein Planungssystem aber gleichzeitig *mehr* ist als nur das ihm zugeordnete Entscheidungssystem.

Bei der Betrachtung des WES haben wir zwei Dimensionen unterschieden: Zum einen die in ihm ablaufenden *Entscheidungsprozesse* (bzw. die diesen Prozessen zugrundeliegenden Elemente des entscheidungslogischen Kalküls) und die *Entscheidungshierarchie* (bzw. Entscheidungsbereiche, strukturiert entsprechend den sie verbindenden Ziel-Mittel-Beziehungen)[70].

Bei der Entwicklung des Werbeplanungssystems gehen wir von der zentralen These aus, dass eine gewisse universale *logische Struktur* existiert, die allen Planungssystemen zugrundeliegt. Diese formale Grundstruktur ist durch das Werbe-Entscheidungs-System gegeben.[71]

Das Werbeplanungssystem ist aber durch das ihm zugeordnete WES nicht erschöpfend umschrieben; ein Planungssystem hat nebst dem Entscheidungs-

---

68 Vgl. dazu auch Pümpin (Marketingplanung) 6.

69 Dem Unterschied könnte terminologisch auch dadurch Rechnung getragen werden, dass zwischen *„Planungsentscheid"* und *„Entscheid"* (i. e. S.) differenziert würde. Die nachteiligen Folgen einer solchen Festlegung wären aber eine höchst ungeläufige Terminologie: der Entscheidungsbereich würde zum Planungs(entscheidungs)bereich, Entscheidungskriterien zu Planungskriterien, das Entscheidungsfeld zu Planungsfeld usw.

70 Vgl. Abbildung 11 auf S. 36.

71 Eine ähnliche Auffassung vertritt Mulvaney (Model) 234.

system noch weitere Gesichtspunkte miteinzubeziehen. Insbesondere zwei Aspekte scheinen uns wesentlich:

1. *Organisatorischer Aspekt:* Dem oben analysierten WES lag eine Betrachtung zugrunde, die vom *Entscheidungsträger abstrahierte.* Wir sind lediglich von der Fragestellung ausgegangen, welche Elemente des entscheidungslogischen Kalküls gegeben sein müssen, um rationale Entscheidungsergebnisse zu erzielen und welche Art von Beziehungen die verschiedenen Entscheidungsbereiche miteinander verbinden. Ein Planungssystem hat dagegen von der Tatsache auszugehen, dass Entscheide von Menschen getroffen werden und dass der Ausgang von Entscheiden ebenso psychologischen und sozialpsychologischen Gesetzmässigkeiten unterworfen ist. Diesem letzteren Gesichtspunkt ist vor allem dann Rechnung zu tragen, wenn es im letzten Kapitel dieser Arbeit darum geht, einen zweckmässigen Ablauf des Planungsgeschehens in der Organisation vorzuschlagen.

2. *Aspekt der Formalisierung:* Von einem formalisierten Planungssystem sprechen wir dann, wenn der Ablauf der Planung nach bestimmten Regeln und Richtlinien vollzogen und diese z. B. in einem Planungshandbuch schriftlich festgelegt sind. Die gleichen Anforderungen sind an die Ergebnisse (und Zwischenergebnisse) des Planungsprozesses zu stellen: Pläne und Plandokumente müssen in bestimmter Form schriftlich vorliegen.

Das im folgenden zu entwickelnde System schlägt ein nach gewissen Regeln abzuwickelndes Planungsvorgehen vor. Ebenso ist für die Ergebnisse und Zwischenergebnisse des Planungsprozesses eine, allerdings recht formale Strukturierung vorgesehen.

Die Forderung nach einer formalisierten Planung dürfte — vor allem in Werbekreisen — den Verdacht erwecken, Bürokratismus und Sterilität in eine Branche hineintragen zu wollen, die als Domäne des kreativen, phantastischen und intuitiven Einfalls gilt. Der Verfasser ist jedoch der Ansicht, dass ein massvoll systematisiertes Planungsvorgehen effizienter oder — um es mit einer Schlagzeile einer deutschen Fachzeitschrift zu sagen — gelenkte Kreativität billiger ist.[72]

Die Gründe hierfür sind mannigfaltiger Art.[73] Im Vordergrund steht aber die Tatsache, dass der Werbeentscheid ein höchst komplexer Entscheid ist. Das Vorliegen einer Vielzahl von Entscheidungsbereichen, die in hochgradiger gegenseitiger Interdependenz stehen und jeder für sich praktisch unendlich viele Ausprägungsgrade annehmen kann, bedingt diese Komplexität. Auch wenn es gerade ein Merkmal intuitiven Vorgehens ist, solche komplexe und schwerüberblickbare Tatbestände mit oft erstaunlich guten Ergebnissen zu bewältigen, ist der Werber in der Regel angesichts dieser Komplexität *gewaltig überfordert.* Das systematische und schrittweise Vorgehen, wie es im folgenden beschrieben werden soll, *entlastet den Entscheidungsträger von übermässiger Komplexität.* Das Werbegesamtproblem werden wir in relativ isolierbare Teilprobleme aufgliedern, die ihrerseits einfacher zu handhaben sind.[74] Durch bestimmte organisatorische Vorkehrungen soll wiederum sichergestellt werden, dass diese Teillösungen zu einem sinnvollen und befriedigenden Ganzen zusammengefügt werden können.

---

72 Hübner (Kreative).
73 Vgl. dazu auch Pümpin (Marketingplanung) 10.
74 Diese Methodik wird vor allem von Luhmann postuliert und theoretisch begründet. Vgl. Luhmann (Systemrationalität).

2 Die Entscheidungshierarchie im Werbe-Entscheidungs-System

Im vorangegangenen Kapitel wurde dargelegt, dass eine gewisse logische Struktur existiert, die allen Planungssystemen zugrundeliegt. Für den Bereich der Werbung ist diese Grundstruktur durch das Werbe-Entscheidungs-System (WES) beschrieben. Als ein wesentlicher Bestandteil dieses WES haben wir die *Entscheidungshierarchie* erkannt. Die Entscheidungshierarchie ihrerseits setzt sich aus relativ isolierbaren Entscheidungsbereichen zusammen, die entsprechend den sie verbindenden Ziel-Mittel-Beziehungen strukturiert sind.

Die im zweiten Kapitel zu lösende Aufgabe besteht nun darin, diese Entscheidungshierarchie zu konkretisieren, d. h. a) namentlich festzustellen, aus welchen Entscheidungsbereichen sich die Werbeplanung konstituiert und b) diese einzelnen Bereiche zur Entscheidungshierarchie der Werbung zu ordnen.

Die Herleitung der Entscheidungshierarchie erreichen wir in drei Schritten:

1. Wenn Werbung Kommunikation ist, dann ist Werbeplanung die Planung dieser Kommunikation. Diese triviale Feststellung führt dazu, uns vorerst einmal für die elementare Struktur eines Kommunikation vollziehenden Systemes zu interessieren. Ausgehend vom einfachen Schema zweier kommunizierender mechanischer Apparate werden wir unser Kommunikationssystem schrittweise dahingehend erweitern, dass es zu einem für unsere Zwecke ausreichenden Abbild des komplexen Werbephänomens wird (Kapitel 21).

2. In diesem Werbe-Kommunikations-System versuchen wir in einem zweiten Schritt jene Elemente zu identifizieren, welche der Sender — in der Rolle eines die Kommunikation planenden Subjektes — dispositiv beeinflussen kann. Solche Elemente, welche dem Entscheidungsträger die Freiheit lassen, zwischen verschiedenen konkreten Ausprägungen zu wählen, bezeichnen wir als die *Entscheidungsbereiche der Werbung*[1] (Kapitel 22).

3. Schliesslich werden wir in einem dritten Schritt die zwischen den einzelnen Entscheidungsbereichen bestehenden Ziel-Mittel-Beziehungen feststellen und die einzelnen Bereiche zur *Entscheidungshierarchie der Werbung*[2] ordnen (Kapitel 23).

---

1 Zum Begriff des Entscheidungsbereiches vgl. S. 27 ff.
2 Vgl. dazu die Ausführungen auf S. 29 ff.

Betrachten wir lediglich jene Elemente und Beziehungen im AMUS, welche für die Werbung der eigenen Unternehmung relevant sind, so erhalten wir die untenstehende Graphik:

Abbildung 15: Die Werbebeziehungen im AMUS

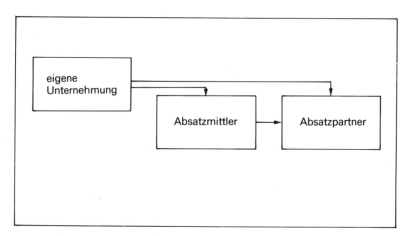

Wir entnehmen diesem Schema, dass sich — bei Vernachlässigung der Konkurrenz — Kommunikationsbeziehungen zwischen folgenden Elementen abspielen können:

1. Eigene Unternehmung   → Absatzpartner
2. Eigene Unternehmung   → Absatzmittler
3. Absatzmittler   → Absatzpartner

Im vorliegenden Kapitel wollen wir diese drei Kommunikationsbeziehungen auf ihre Gemeinsamkeiten reduzieren, d. h. jene Struktur auffinden, die allen drei Kommunikationsbeziehungen im AMUS zugrundeliegt. Soweit wir aber mit Beispielen auf die konkrete Wirklichkeit Bezug nehmen, fassen wir vor allem die Kommunikationsbeziehung von der *eigenen Unternehmung zu den Absatzpartnern* ins Auge. Auf die spezifischen Besonderheiten der übrigen Werbebeziehungen werden wir an anderer Stelle zu sprechen kommen.[3]
Wenn die Werbung „. . . ein Kommunikationsphänomen ist und nach den Schemata erklärt werden kann, die jedem Kommunikationstatbestand zugrundeliegen, dann muss man die elementare Struktur der Kommunikation dort aufsuchen, wo Kommunikation sozusagen minimal stattfindet, d. h. auf der Ebene der Übertragung von Information zwischen zwei mechanischen Apparaten."[4] Mit diesem Tatbestand befasst sich vorwiegend die kybernetisch orientierte Kommunikations- und Informationstheorie. Auf den folgenden Seiten wollen wir uns diesem Grundmodell zuwenden und es dann schrittweise den komplexeren und spezielleren Gegebenheiten des Phänomens Werbung anpassen.

3 Vgl. Kapitel 3.4.
4 Eco (Semantik) 47.

Gleichzeitig wollen wir versuchen, die Verbindung der Terminologie der Kommunikationstheorie mit jener der Werbetheorie herzustellen. Um eventuell später auftretenden Widersprüchen zu entgehen, werden wir die Begriffe der Werbetheorie ausschliesslich *aus der Sicht der Kommunikationstheorie und der Semiotik* definieren.

211   Das Grundmodell der Kommunikation

Ein Kommunikationsvorgang ist dadurch gekennzeichnet, dass ein *Sender* einem *Empfänger* eine *Botschaft* übermittelt:

Die Botschaft selbst ist ein abstraktes Phänomen und erscheint erst dadurch in der Wirklichkeit, dass sie sich in energetischer oder materieller Form manifestiert: die Botschaft bedarf eines energetischen oder materiellen Trägers. Die physische Manifestation, der Botschaftsträger, wird *Signal* genannt;[5] die Botschaft wird in der Form eines Signales vom Sender zum Empfänger transferiert.
Wie aber können Materie und Energie zum Träger einer Botschaft werden? Materie und Energie müssen, um als Träger zu wirken, mit bestimmten *Zeichen* markiert werden: mit Punkten, Strichen, Farbe, Schwingungen, magnetischen Feldern, usw.[6] Zeichen haben eine bestimmte Bedeutung, das will heissen, Zeichen sind immer Zeichen *von* etwas. Es sind Zeichen von materiellen oder immateriellen Gegenständen, Eigenschaften, Ereignissen, usw. Es wird deshalb auch gesagt, Zeichen hätten eine „Vertretungsfunktion''.
Die Beziehung zwischen den Zeichen und dem bezeichneten Objekt kann verschiedenartiger Natur sein:

Zeichen und Objekt können in einer *Ähnlichkeitsbeziehung* zueinander stehen, d. h. sie haben mindestens ein Merkmal miteinander gemeinsam. Ist dies der Fall, so wird von den Zeichen als von *Ikonen* gesprochen.[7] Ein Beispiel ist die Bezeichnung ♀ an Toilettentüren. Aber auch sämtliche Zeichnungen, Bilder, Photographien oder Skulpturen sind Ikone.
Dagegen bestehen zwischen den sogenannten *konventionellen Zeichen* und dem bezeichneten Objekt keinerlei Ähnlichkeiten. Die Beziehung ist eine reine Zuordnung. Die Bedeutung von konventionellen Zeichen beruht auf einer willkürlichen Festlegung der die Zeichen benützenden Individuen. Ein Beispiel ist das Zeichen ♂ für „männlich''.

5 Vgl. Flechtner (Kybernetik) 17.
6 Vgl. Flechtner (Kybernetik) 16.
7 Vgl. z. B. Walther (Zeichenlehre) 61; Eco (Semiotik) 200 ff.; Gombrich (Bild) 73 ff.

Der weitaus grösste Teil der modernen Zeichensysteme besteht aus konventionellen Zeichen, wie z. B. die Sprache oder die Schrift. Genetisch betrachtet sind aber manche konventionellen Zeichensysteme aus ikonischen Systemen hervorgegangen und weisen z. T. noch heute ikonische Reste auf, wie z. B. die chinesische Schrift oder das römische Zahlensystem.

Das Verstehen der Bedeutung eines Zeichens beruht auf einem *Lernprozess.* Dass konventionelle Zeichen nur aufgrund eines vorangegangenen Lernprozesses verstanden werden können, ist weiter nicht erstaunlich, es verwundert zunächst, dass dies auch für Ikone zutrifft. Führt man sich aber vor Augen, dass selbst Ikone im Grenzfall nur ein einziges Merkmal mit dem bezeichneten Gegenstand gemeinsam haben, so wird die Vielzahl möglicher Interpretationsarten deutlich. Die richtige von den falschen Interpretationen zu unterscheiden, bedarf eines *Codes,* d. h. gelernter Zuordnungsregeln.[8]

Damit sind die Begriffe „Zeichen" und „Signal" vorläufig gekennzeichnet und gegeneinander abgegrenzt.[9] Es ist aber zu beachten, dass in der Literatur betreffend der Abgrenzung von „Zeichen" und „Signal" grosse Uneinigkeit besteht. Die hier vertretene Auffassung entspricht den Werken von Flechtner[10], Meyer-Eppeler[11] und Stachowiak[12]. Eine von hier abweichende Begriffsverwendung findet sich bei Brönnimann[13], Cherry[14], Schaff[15], u. a.

Die drei Begriffe „Botschaft", „Zeichen" und „Signal" können mit den in der Werbeliteratur üblichen Begriffen wie folgt in Verbindung gebracht werden:

Die Botschaft wird mit „Werbebotschaft" bezeichnet und entspricht der Menge aller Zeichen, die dem Empfänger übermittelt werden sollen. Die Wahl dieser Zeichen entspricht der *Botschaftsgestaltung.* Der Werbegestalter wählt eine bestimmte Sprache, Worte, eine Schrift, Bild oder Ton, um der intendierten Bedeutung Ausdruck zu verleihen. Anders ausgedrückt: Die Botschaftsgestaltung ist die Antwort auf die Frage, *wie* die beabsichtigte Bedeutung in Zeichen übersetzt (codiert) werden soll.

„Signale" wurden oben definiert als die Zeichenträger, d. h. die physische Erscheinung der Zeichen. Es handelt sich hier um die in der Werbelehre mit *„Werbemittel"*[16] bezeichneten Phänomene, wie Anzeigen, Plakate, TV-Spots, Filme, usw.

---

8 Die Unmöglichkeit, ohne gelerntes Interpretationsmuster (Code) zu kommunizieren, belegt Gombrich anhand einiger Beispiele besonders anschaulich. Vgl. Gombrich (Bild) 91 ff.; vgl. dazu auch Eco (Semiotik) 200 ff.

9 Auf das komplexe Phänomen „Zeichen" wird im Zusammenhang mit Wahrnehmung und Bedeutung noch näher eingetreten. Vgl. S. 69 ff.

10 Vgl. Flechtner (Kybernetik) 16 ff.

11 Vgl. Meyer-Eppeler (Informationstheorie) 250.

12 Vgl. Stachowiak (Denken) 13.

13 Vgl. Brönimann (Aufbau) 18.

14 Vgl. Cherry (Kommunikationsforschung) 17.

15 Vgl. Schaff (Semantik) 139 ff.

16 Vgl. z. B. Behrens (Absatzwerbung) 69 f.

Um reale Kommunikationsprozesse zu beschreiben, erweist sich das oben dargestellte Modell als noch nicht ausreichend. Die Botschaft, die der Sender zu übermitteln beabsichtigt, liegt vorerst in Gedanken, Entwürfen, usw. vor. Um die Botschaft „übermittlungsfähig" zu machen, bedarf sie einer *spezifischen Übertragungsform.* Wir gelangen damit zum erweiterten Kommunikationsmodell:

Abbildung 16: Das erweiterte Kommunikationsmodell

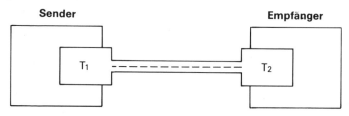

T_1 und T_2 sind *Transformationssysteme.* Die Funktion von T_1 besteht darin, die Botschaft in ein Signal zu übersetzen, derart, dass sie durch einen bestimmten Kanal dem Empfänger überbracht und von diesem aufgenommen und verstanden werden kann. Dieser Vorgang wird als *Codieren* bezeichnet.
Beim Codieren sind zweierlei Bedingungen zu berücksichtigen: Erstens hat die codierte Botschaftsform *kanalgerecht* zu sein. Farbphotographien können i. d. R. nicht durch Tageszeitungen gestreut werden und Filme nicht durchs Radio. Zweitens muss die neue Botschaftsform so beschaffen sein, dass sie vom Transformationssystem des Empfängers (T_2) auch tatsächlich decodiert werden kann.
„Decodieren" ist ein Begriff, der hauptsächlich in der kybernetisch orientierten Kommunikationstheorie anzutreffen ist und der in den Analogieschlüssen von technischen Systemen auf andere Systeme seinen Ursprung hat. In diesem engeren und kybernetischen Sinne heisst Decodieren nichts anderes als Umwandlung (Rückwandlung) von einem Signal in ein anderes Signal.[17] Setzen wir hingegen als letztes Glied der Kommunikationskette den *Menschen* ein, so zeigt sich die Enge der Definition von „Decodieren" im kybernetischen Sinne. Was wir hier anstelle von Decodieren vorfinden, ist vielmehr das, was in der Umgangssprache mit „Verstehen" bezeichnet wird, d. h. gewissermassen ein Umsetzen des empfangenen Signales in „Bedeutung".
Wir sind hier an der bereits angekündigten „Nahtstelle" zweier akademischer Disziplinen mit unterschiedlichen Traditionen und wissenschaftlichen Standpunkten angelangt, nämlich an der Grenze von der Kommunikationstheorie und der Psychologie. Der Übergang von der einen Disziplin auf die andere wird sich als unausweichlich erweisen. Denn einerseits hält derzeit nur die Psychologie ein ausgereiftes begriffliches und wissenschaftliches Instrumentarium bereit, um die Prozesse der Botschaftsaufnahme und Verarbeitung (Werbe-

17 Vgl. z. B. Flechtner (Kybernetik) 18 ff.

wirkung) angemessen zu behandeln. [18] Darüber hinaus ist gerade die Einsicht in diese seelischen Wirkungszusammenhänge aus der Sicht des Werbeplaners von zentraler Bedeutung, sind doch hier — im Bereiche der psychologischen Wirkung — die letzten Ziele der Werbung angesiedelt.

Auf die spezifischen Probleme der menschlichen Informationsverarbeitung, insbesondere auf die Werbewirkung, wird noch zurückzukommen sein. An dieser Stelle sollen noch einige weitere kommunikationstheoretische Zusammenhänge erörtert werden und schliesslich der terminologische „Brückenschlag" von der Kommunikationstheorie zur Werbetheorie vollzogen werden. Dazu hilft uns insbesondere die Betrachtung des Kommunikationsprozesses in seinen drei Dimensionen, in der syntaktischen, semantischen und pragmatischen Dimension: [19]

1. Auf der Ebene der *Syntaktik* wird sowohl von den Benützern, als auch von der Bedeutung der Signale und Zeichen abstrahiert. Die Syntaktik befasst sich mit den Zeichen selbst, ihren Kombinationen und Regeln, die diese Kombinationen beherrschen. [20] Probleme dieser Art sind weitgehend statistisch-mathematischen Analysen zugänglich.

2. Auf der Stufe der *Semantik* interessiert die *Bedeutung* der Zeichen; die Beziehung von den Zeichen, dem Bezeichneten und dem Interpreten.

3. Die *Pragmatik* stellt die *Absicht* des Senders und die *Wirkung* der Botschaft beim Empfänger in den Vordergrund der Betrachtung. Gegenstand der Pragmatik ist die Psychologie und das Verhalten der Benützer von Zeichen.

Die Begriffe „Information", „Botschaft" und „Botschaftswirkung" lassen sich diesen drei Betrachtungsebenen zuordnen:

Information: Der Begriff „Information" ist äusserst schillernd und wird in den verschiedensten Zusammenhängen gebraucht. In seiner ursprünglichen, von Shannon und Weaver verstandenen Bedeutung ist die Information das Mass für die Unwahrscheinlichkeit des Auftretens von Zeichen, bzw. für die statistische Seltenheit von Zeichen. [21] In diesem kybernetischen Sinn berücksichtigt die Information ausschliesslich die genannten Wahrscheinlichkeitseigenschaften der Zeichen und wird damit zu einem Begriff der *syntaktischen* Dimension. Dagegen besteht in der betriebswirtschaftlich orientierten Literatur die Tendenz, den Informationsbegriff in einem *pragmatischen* Sinn zu verwenden. Information wird hier häufig als „die Beseitigung von Nichtwissen" definiert. [22]

Für die Zwecke der Werbung erweist sich der Begriff der Information überhaupt als *ungeeignet.* Die Shannon'sche Auffassung des Informationsbegriffes ist für eine Analyse der Werbung zu eng, denn er erfasst lediglich einen (ziemlich unbedeutenden) Teilaspekt dessen, was uns interessiert. Dies wird besonders deutlich, wenn man sich vor Augen führt, dass z. B. zwei in ihrer Wirkung völlig unterschiedliche Werbebotschaften im mathematischen Sinn exakt den gleichen Informationsgehalt aufweisen können und somit als identisch zu behandeln wären.

18 Das Bedürfnis nach einer die Kommunikationstheorie, Systemtheorie und Psychologie umfassenden Forschungskonzeption zeichnet sich in neuerer Zeit deutlich ab (vgl. z. B. Graumann (Interaktion) 1242 f.). Diesbezügliche Lösungsansätze sind neuerdings von Ackoff/Emery (Systeme) sowie von Kuhn (Logic) vorgelegt worden.

19 Vgl. dazu z. B. Flechtner (Kybernetik) 54; Cherry (Kommunikationsforschung) 254 ff.

20 Vgl. Flechtner (Kybernetik) 54.

21 Vgl. Shannon/Weaver (Theory) 18 ff.

22 Vgl. z. B. Ulrich (Unternehmung) 128 f.

Die pragmatische Auffassung des Informationsbegriffes ist für eine Werbetheorie ebenfalls wenig ergiebig. Information, verstanden als die Beseitigung von Nichtwissen, hätte die Konsequenz, dass die gesamte sogenannte „Suggestivwerbung", oder auch die Erinnerungswerbung ausserhalb unseres Betrachtungsfeldes zu liegen käme.

In den weiteren Ausführungen wird auf den Informationsbegriff verzichtet und ausschliesslich von *„Botschaft"* gesprochen. Darunter verstehen wir die Gesamtheit übermittelter Zeichen, welche für den Empfänger sinnvoll sind, d. h. für ihn eine Bedeutung haben. Es wird der *semantische* Aspekt in den Vordergrund gestellt.

213   Das auf die Werbung adaptierte Kommunikationsmodell

213.1   Allgemeines

Das oben beschriebene Kommunikationsmodell ist ein auf jene Grundstruktur reduziertes Abbild, das für alle Kommunikation vollziehenden Systeme zutrifft. Werbung ist nun aber ein sehr spezieller Fall von Kommunikation und hebt sich durch einige *Besonderheiten* von anderen kommunizierenden Systemen ab. Es ist die Absicht dieses Kapitels, das Grundmodell dahingehend zu erweitern, dass es den spezifischen Gegebenheiten, wie wir sie in der Werbung vorfinden, Rechnung trägt. Dabei werden wir nie aus den Augen verlieren, dass die Werbung, wie sie sich in der Realität abspielt, einen um vieles komplexeren Sachverhalt darstellt und auch unser adaptiertes Kommunikationsmodell nur ein stark vereinfachtes Abbild sein kann. Diese Vereinfachung wird besonders drastisch zu Tage treten, wenn es darum geht, die psychologischen Prozesse der Werbewirkung zu analysieren. Der Zwang zur Vereinfachung rührt von zwei Seiten her:

1. Wenn wir die Forderung erhoben haben, nur operationale, d. h. vor allem messbare Entscheidungsbereiche in unser Planungssystem aufzunehmen, so heisst dies, auf die heute verfügbaren Instrumente der Messung Rücksicht zu nehmen. Dass dieses Instrumentarium gewissermassen ein grobmaschiges Netz darstellt und gewisse psychologische Nuancen nicht einzufangen erlaubt, wird vor allem der an phänomenologische und „verstehensmässige" Vorgehensweisen Gewohnte feststellen. Mit der damit verbundenen Enge der Betrachtungsweise erkaufen wir uns aber einen Gewinn an Überprüfbarkeit der Aussagen und vollziehen damit einen ersten Schritt, um Wirkungszusammenhänge zu *quantifizieren.*

2. Die modellhafte Vereinfachung des Phänomens Werbung kann vom Standpunkt des die Werbung planenden Entscheidungsträgers erwünscht sein, weil sie ihn von übermässiger Komplexität entlastet und die Probleme überschaubarer und handhabbarer macht und der begrenzten menschlichen Informationsverarbeitungskapazität Rechnung trägt. [23]

---

23 Luhmann schreibt in diesem Zusammenhang: „Die ‚konkreten' Reduktionen der Praxis — wenn etwa ein Praktiker auf sein Fingerspitzengefühl oder auf langjährige Erfahrungen schwört — sind um vieles einschneidender und sichtverkürzender als die Abstraktionen der Wissenschaft." Luhmann (Systemrationalität) 239.

Wenn wir nun unser allgemeines Kommunikationssystem zum eigentlichen Werbe-Kommunikations-System ausbauen, so wollen wir in einem ersten Schritt die senderseitigen Besonderheiten, einschliesslich jene der Kanäle und Signale, untersuchen und in einem zweiten Schritt uns dem Prozess der menschlichen Botschaftsaufnahme und Verarbeitung annehmen.

213.2 Senderseitige Besonderheiten

Auf der Seite des Senders fällt vor allem der Umstand in Betracht, dass wir hier nicht ein einzelnes Individuum vorfinden, sondern eine Gruppe von Individuen und Organisationen. Häufig sind drei Organisationen an der Funktion des Senders beteiligt: die werbende Unternehmung, die Werbeagentur und eine Mediums-Institution (Post, Zeitung, Radio, TV, usw.).[24])

Der Prozess des Codierens der Botschaft umfasst eine Vielzahl von Tätigkeiten und Entscheiden, die kurz wie folgt umschrieben werden können: Ausgehend von bestimmten Zielen oder Absichten des Senders wird vorerst nach der geeigneten Botschaft und Botschaftsform gesucht; die Entwürfe in einen kanalgerechten Botschaftsträger (Signal) umgesetzt (Cliché, Film, Tonband, usw.) und den Mediums-Institutionen überbracht, die nun ihrerseits die Streuung der Werbemittel übernehmen.

213.3 Empfängerseitige Besonderheiten

213.31 Allgemeines

Bei der Betrachtung des Grundmodelles zweier kommunizierenden Systeme haben wir festgestellt, dass ein Transformationssystem (T_2) die empfangenen Signale decodiert und gewisse Reaktionen im empfangenen System auslöst. Wenn wir diese sehr allgemein gehaltene Feststellung konkretisieren und auf die spezifischen Gegebenheiten des Werbe-Kommunikations-Systems Bezug nehmen wollen, so gilt es, *zwei Besonderheiten* zu berücksichtigen:

1. Auf der Seite des Empfängers steht ein Mensch; beim Prozess des Decodierens und Auslösens von Reaktionen handelt es sich um seelische, d. h *psychologische Vorgänge.*
2. Der ganze Kommunikationsvorgang ist von bestimmten — weiter unten noch zu spezifizierenden — vom Sender *beabsichtigten Wirkungen* getragen. Durch die Art dieser Absichten unterscheidet sich Werbung von den meisten übrigen Kommunikationsphänomenen.

Zu 1.: Das Decodieren im Sinne eines *psychologischen Prozesses* ist relativ wenig erforscht. Verschiedene psychologische Einzeldisziplinen befassen sich zwar teilweise mit dem uns hier interessierenden Gegenstand: Die *Psycholinguistik* bemüht sich um die Erforschung von Vorgängen, die sich beim Aufnehmen und Verarbeiten von Sätzen abspielen. Doch geht es ihr ausschliesslich um das Decodieren verbaler Zeichen, und zudem ist diese Wissenschaft relativ

---

24 Vgl. dazu Aaker/Myers (Advertising) 255.

jung und hat noch wenig gesicherte Erkenntnis aufzuweisen. [25] Schliesslich befasst sich auch die *Wahrnehmungspsychologie* mit den Vorgängen der Informationsaufnahme und Verarbeitung, doch beschäftigt sie sich nur am Rande mit dem eigentlichen Decodieren von *symbolischen* Stimuli. [26]

Daneben macht sich bei der Analyse der psychologischen Werbewirkung die Tatsache bemerkbar, dass die sich damit beschäftigenden Disziplinen wie Kommunikationstheorie, Semiotik, Psycholinguistik und Wahrnehmungstheorie sehr unterschiedlichen akademischen Traditionen verpflichtet sind und der terminologische Brückenschlag von der einen Disziplin zur andern höchst problematisch ist. Die Folge davon ist, dass wir verschiedentlich sogenannte *„Nominaldefinitionen"*, d. h. neue und eigens unseren Zwecken dienliche Festlegungen von Begriffen, [27] vorzunehmen gezwungen sind. Solche Festlegungen erschweren zwar die Verständlichkeit dieser Arbeit, sind aber notwendig, um ein konsistentes und eindeutiges Begriffssystem zu wahren.

Zu 2.: Wir haben festgehalten, dass sich die Werbung durch die Absichten des Senders von anderen Kommunikationsarten unterscheidet. Wir wollen versuchen, diese Absichten, oder genauer: die Ziele des Senders etwas präziser zu umschreiben.

Die Werbung wird oft als absatzpolitisches Instrument [28] oder Marketing-Instrument bezeichnet. Damit soll zum Ausdruck gebracht werden, dass Werbung im Dienste der Erreichung von Marketingzielen steht, d. h. vor allem in der Erzielung von *Umsätzen.* [29] Da Umsätze durch die Akkumulation einzelner Kaufhandlungen zustande kommen, können wir daraus schliessen, dass die Absicht des Werbe-Senders in der Herbeiführung von Kaufhandlungen der Absatzpartner bestehe.

Die Werbung führt im Erfolgsfalle den Kommunikations-Empfänger zu einer Kaufhandlung. [30] Damit kann aber nicht gemeint sein, dass die Werbung dieses Verhalten *allein* bewirkt. Im Gegenteil, wir lehnen die Handlungsauslösung als Werbeziel ausdrücklich ab, mit dem Argument, dass in ihr nicht ein spezifisches Werbeziel erblickt werden darf, sondern die Kaufhandlung Endresultat *sämtlicher Marketingaktivitäten* (Marktleistungsgestaltung, Preisgestaltung, Verkauf, Werbung und Distribution) darstelle und eben deshalb als *Marketingziel* zu betrachten ist. Der Werbung selbst müssen spezifischere Ziele zugewiesen werden: Sie soll auf jene Komponenten des Kaufentscheidungsprozesses Einfluss nehmen, die mit dem Mittel der unpersönlichen Kommunikation tatsächlich beeinflusst werden können. Colley drückt diesen Gedanken treffend aus, wenn er sagt: „Advertising should not be assigned tasks that it is not capable of

---

25 Einen Überblick über die Entwicklung und den Stand der psycholinguistischen Forschung liefert Hörmann, aus dessen Ausführungen sehr deutlich hervorgeht, wie kontrovers die Lehrmeinungen in dieser Disziplin sind. Vgl. Hörmann (Sprache) sowie die neuesten Entwicklungen bei Engelkamp (Psycholinguistik).

26 Vgl. dazu die Ausführungen auf S. 69 ff.

27 Zum Begriff der Nominaldefinition vgl. z. B. Stegmüller (Hauptströmungen I) 368.

28 Vgl. Weinhold (Absatzführung) 19.

29 Der Umsatz ist m. W. bei den weitaus meisten Autoren Bestandteil der Marketingzielsetzung. Vgl. z. B. Weinhold (Marketing) 15, sowie Pümpin (Marketingplanung) 28 f.

30 Von anderen in speziellen Fällen anzutreffenden „Handlungszielen" wollen wir vorderhand absehen.

fulfilling. Advertising is a communication force. It should be assigned a communication task."[31] Es ist das Hauptanliegen des folgenden Kapitels, diese Kommunikationsaufgabe näher zu spezifizieren und die Möglichkeit ihrer Operationalisierung aufzuzeigen.

213.32 Erklärungsansätze der psychologischen Werbewirkung

Es kann hier nicht darum gehen, einen Überblick über zahlreichen möglichen Ansätze zur Analyse der Werbewirkung zu geben. [32] Wenn wir uns auf das Ziel unserer Analyse besinnen — nämlich Entscheidungsbereiche für die Planung der Werbung zu isolieren —, so erweisen sich manche dieser Analyseansätze zum vornherein als für diesen speziellen Zweck ungeeignet. Wir wollen an dieser Stelle lediglich zwei grundsätzliche Möglichkeiten zur Sprache bringen, nämlich die Methode der Black Box-Analyse und das Konzept der intervenierenden Variablen. [33]

213.321 Die Kommunikationswirkung als Black Box

Die Kommunikationswirkung und ihre Gesetzmässigkeiten werden häufig auf der Basis einer Black Box-Analyse untersucht. Die menschliche Psyche wird hier als ,,schwarzer Kasten'' betrachtet, womit man andeuten will, dass über die inneren Vorgänge keine Informationen bestehen und nach solchen auch nicht gefragt ist. In einer Black Box-Analyse interessieren lediglich die Input-Variablen, die Output-Variablen sowie deren korrelativen Zusammenhänge.

Auf das Problem der Werbewirkung bezogen, bestünde die Input-Variable einmal aus den *exogenen Einflussfaktoren,* d. h. aus den für die eigene Unternehmung unbeeinflussbaren Gegebenheiten sowie aus den *endogenen Einflussfaktoren,* d. h. jene, die im Einflussbereich der eigenen Unternehmung liegen. [34]

Als Output-Variable käme vor allem die *Kaufhandlung* in Frage.

Die Methode der Black Box-Analyse zielt auf die Erhebung korrelativer Zusammenhänge ab, z. B. zwischen verschiedenen Arten von Werbesignalen einerseits und Kaufhandlungen andererseits. Solche Zusammenhänge lassen sich durch (lineare oder nichtlineare) Regressionsgleichungen beschreiben. Dieses Vorgehen entspricht dem klassischen Konzept des Behaviorismus.

Zahlreiche Untersuchungen wurden nach diesem Schema durchgeführt. [36] Im Vordergrund standen die Bemühungen, den quantitativen Werbeeinsatz (gemessen z. B. in Franken Werbeausgaben) mit den erzielten Umsätzen in Beziehung zu bringen und Korrelationen aufzudecken. Die Tatsache aber, dass die Kaufhandlung neben den Werbesignalen noch von einer Vielzahl, z. T. schwer kontrollierbarer Faktoren mitbeeinflusst ist, vermindert die Effizienz dieser

---

31 Colley (Goals) 7.

32 Vgl. dazu z. B. Topritzhofer (Modelle), sowie Weinhold/Tichelli (Kaufentscheid).

33 In neuerer Zeit zeichnen sich auch gewisse *hirnphysiologisch orientierte Erklärungsansätze* ab (vgl. z. B. Behrens (Werbewirkungen); Weinhold/Tichelli/Rutschmann (Wirkungen)). Die Erklärung der Werbewirkung auf ausschliesslich physiologischer Basis ist bis heute kaum gelungen. Die zitierten Arbeiten basieren noch hauptsächlich auf dem Konzept der intervenierenden Variablen und sind in diesem Sinne als *Mischformen* zu bezeichnen.

34 Zu den Begriffen der exogenen und endogenen Faktoren vgl. Weinhold (Absatzführung) 89 f.

35 Weinhold (Absatzführung) 90.

36 Vgl. z. B. die in Kapitel 42 zitierten Untersuchungen.

Abbildung 17: Das Käuferverhalten als Black Box

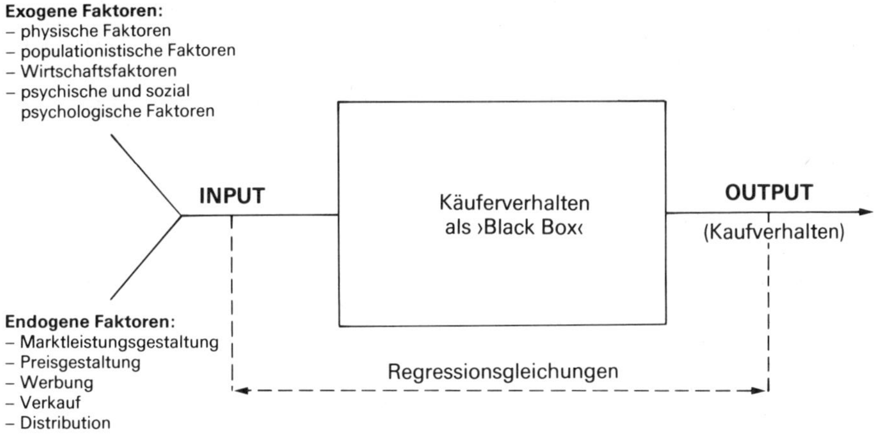

Exogene Faktoren:
– physische Faktoren
– populationistische Faktoren
– Wirtschaftsfaktoren
– psychische und sozial
  psychologische Faktoren

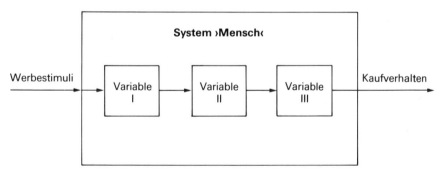

Endogene Faktoren:
– Marktleistungsgestaltung
– Preisgestaltung
– Werbung
– Verkauf
– Distribution

Methode beträchtlich. Man versucht nun diesem Mangel beizukommen, indem man Licht auf die Vorgänge *innerhalb* der Black Box-Analyse wirft und zwischen dem Input und dem Output sogenannte intervenierende Variablen einschiebt. Dieses Analysevorgehen wird als *neobehavioristisch* bezeichnet.

213.322 Das Konzept der intervenierenden Variablen
Intervenierende Variablen sind gedankliche Konstrukte, die man in psychologischen Erklärungsmodellen einführt und die gewissermassen Zwischenstationen der Input und Output verbindenden Kausalkette markieren. Solche Variablen tragen verschiedenartigste Namen wie: Aufmerksamkeit, Wahrnehmung, Bedürfnisse, Motive, Einstellungen, Kaufabsicht, u. v. a. m. [37]

Abbildung 18: Analyse des Käuferverhaltens mit Hilfe intervenierender Variablen

---

37 Gewisse Autoren unterscheiden begrifflich zwischen „intervenierenden Variablen" und „hypothetischen Konstrukten" (vgl. z. B. Atteslander (Methoden I) 179; hier soll auf eine solche Differenzierung verzichtet werden.

Für das Verständnis des Konzeptes der intervenierenden Variablen ist es wesentlich, sich ständig zu vergegenwärtigen, dass es sich um rein *gedankliche Konstrukte* handelt, die zudem für den Analytiker erlebnismässig oft schwer nachvollziehbar sind. Intervenierende Variablen zielen nicht auf einen „an sich existierenden" Gegenstand ab und sind in diesem Sinne weder „wahr" noch „falsch".[38] Es sind erfundene Begriffe,[39] die aber dazu beitragen können, beobachtbares Verhalten besser zu erklären, oder umgekehrt betrachtet: zukünftiges Verhalten besser zu prognostizieren.

Eine Prognose von Verhalten (z. B. Kaufverhalten) kann aus solchen Modellen insofern abgeleitet werden, als im Einzelfall abgeklärt wird, ob eine solche Variable die gewünschte Ausprägung angenommen habe und damit auf eine Erhöhung der Wahrscheinlichkeit des Eintretens der Endwirkung geschlossen werden kann. Ist es beispielsweise gelungen, die in Werbewirkungsmodellen häufig vorzufindende intervenierende Variable „Einstellung" in der gewünschten Richtung zu verändern, so kann damit mit einer erhöhten Kaufwahrscheinlichkeit gerechnet werden.

Die *Kausalitätsbeziehung* zwischen dem Input, den intervenierenden Variablen und dem Output werden im allgemeinen durch Pfeile angedeutet, weshalb die graphische Darstellung solcher Modelle einem Flowchart gleicht. Über die *Richtung* dieser Pfeile (Kausalitätsrichtung) können zunächst nur Hypothesen aufgestellt werden.

Die empirische Überprüfung solcher Hypothesen ist mit dem Problem verbunden, die intervenierenden Variablen zu *messen.* Eine direkte Messung dieser Variablen ist aber nicht möglich, da es sich grundsätzlich um nicht wahrnehmbare Phänomene handelt (z. B. die Produktvorstellung). Man sucht deshalb nach gewissen Tatbeständen — nach sogenannten Indikatoren —, welche das Vorhandensein der Variablen anzeigen, mit diesen aber nicht identisch sind. Wenn schliesslich noch die genauen Forschungsoperationen spezifiziert werden, wie die betreffenden Indikatoren zu messen sind, liegt das vor, was wir als eine *operationale Definition* bezeichnet haben (z. B. die verbale Reaktion auf einem bestimmten semantischen Differential).[40]

213.323 Modelle mit intervenierenden Variablen der Literatur

Die zahlreichen in der Literatur vorzufindenden Werbewirkungsmodelle sollen hier nicht im einzelnen dargestellt werden; wir wollen uns darauf beschränken, zwei Gruppen von Modellen auseinanderzuhalten und diese kurz zu charakterisieren: die reinen Stufenmodelle und die komplexeren Wirkungsmodelle.

Die *reinen Stufenmodelle* unterstellen eine Abfolge gewisser Variablen wie z. B.: Attention → Interest → Desire → Action;[41] Awareness → Knowledge → Liking → Preference → Conviction → Action;[42] Awareness → Comprehension → Conviction → Action;[43] u. a. m.

---

38 Haseloff (Psychologie) 103.
39 Kerlinger (Sozialwissenschaften) 91.
40 Vgl. S. 47. Zur Problematik der Operationalisierung von intervenierenden Variablen vgl. die ausführliche Darstellung bei Mayntz/Holm/Hübner (Methoden) 18 ff.
41 Sog. AIDA-Formel von E. St. E. Lewis. Vgl. z. B. Jacobi (Werbepsychologie) 54 f.
42 Vgl. Lavidge/Steiner (Model) 61 ff.
43 Vgl. Colley (Goals) 37 f.

Das Charakteristische von Stufenmodellen ist deren Annahme, dass die Erreichung einer Stufe quasi automatisch (d. h. mit einer gewissen Wahrscheinlichkeit) die Erreichung der nächsten Stufe nach sich ziehe. Diese globale Hypothese wird bei den *komplexeren Wirkungsmodellen* aufgegeben. Diese neueren Modelle versuchen explizite die Antecedenzbedingungen (,,Einflussfaktoren'') zu spezifizieren, welche erfüllt sein müssen, damit die nächste Stufe erreicht wird. [44] Graphisch kann der Unterschied etwa folgendermassen veranschaulicht werden:

Abbildung 19:   Struktur a) reiner Stufenmodelle und
                Struktur b) komplexerer Wirkungsmodelle

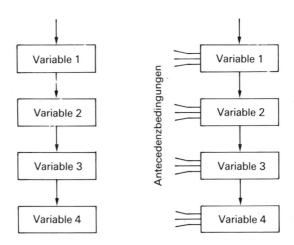

Die Werbewirkungsmodelle der Literatur, die auf dem Konzept der intervenierenden Variablen basieren, weisen Variablen auf, die sich sowohl hinsichtlich ihrer Art als auch ihrer Zahl stark voneinander unterscheiden. [45] Wir müssen also eine *Wahl* zwischen den zahlreichen möglichen Variablen treffen. Wie oben gezeigt wurde, lassen sich aber solche Variablen grundsätzlich nicht als ,,richtig'' oder ,,falsch'' kennzeichnen, sondern müssen hinsichtlich des mit dem Modell beabsichtigten *Zweckes* beurteilt werden. [46] Auf unser Problem bezogen heisst das: Um die geeigneten Variablen zu finden, ist auf den spezifischen Zweck des Wirkungsmodelles im Werbeplanungssystem abzustellen.

213.324 Die Funktion eines Werbewirkungsmodelles im System der Werbeplanung

Wir haben in Kapitel 211 begonnen, das Werbekommunikationssystem bezüglich seiner Elemente und Prozesse zu analysieren und sehen uns nun vor der

44 Vgl. z. B. die Modelle von: Amstutz (Computer) 185 ff.; Howard/Sheth (Thery) 338 f.; Klenger/Krautter (Werbewirkung) 78 und 85; Weinhold/Tichelli (Kaufentscheid).

45 Die Anzahl der verwendeten Variablen reichen von 1 (z. B. das Fishbein-Modell) bis zu über 20 (z. B. Weinhold/Tichelli (Kaufentscheid); Howard/Sheth (Theory)).

46 Stählin sagt in diesem Zusammenhang: ,,Damit wird erneut deutlich, dass der Versuch zu einer Abbildung der Wirklichkeit nur dann Aussicht auf Erfolg haben kann, wenn er selektiv, d. h. unter einem besonderen Aspekt, unter Bezug auf ein ausgewähltes Problem angestellt wird.'' Stählin (Forschung) 41.

Aufgabe, das letzte Glied in diesem Wirkungsgefüge, die intrapersonale Kommunikationswirkung, zu untersuchen. Betrachten wir den Empfänger als Subsystem des Kommunikationssystems, so treten die Werbesignale als Input in dieses System ein und erwirken über eine uns vorläufig unbekannte Kausalkette den Output des Systems, die *Kaufhandlung*. Fügen wir zwischen Input und Output eine Anzahl intervenierender Variablen ein, so ist jede Variable zugleich *Wirkung* der vorangehenden und *Ursache* der auf ihr folgenden. Die Bezeichnung als „Wirkung" und „Ursache" entspricht einer *kausalen Betrachtung*.

In dieser Arbeit geht es aber nicht darum, solche Kausalbeziehungen aufzuzeigen und den intrapersonalen Werbewirkungsprozess zu *erklären*. Vielmehr sind wir entscheidungsorientiert und suchen eine Antwort auf die Frage: Was können wir tun, um bestimmte Wirkungen zu erzielen? Diese Fragestellung entspricht einer *technologischen Betrachtung*. Sie lässt angestrebte Wirkungen zu Zielen werden und die Ursachen dieser Wirkungen — soweit sie vom handelnden Menschen dispositiv beeinflusst werden können — zu zielerreichenden Alternativen. Von diesem Standpunkt aus sind die intervenierenden Variablen nicht als Ursache-Wirkungs-Kategorien, sondern als *Entscheidungsbereiche* aufzufassen.[47]

Entscheidungsbereiche und ihre Stellung in der Hierarchie ergeben sich demnach direkt aus einem empirisch gehaltvollen Werbewirkungsmodell. Damit lösen wir eines der Grundprobleme dieser Arbeit, nämlich das Erstellen eines Kataloges werblicher Entscheidungsbereiche und ihre Ordnung zur Entscheidungshierarchie. Denn wir haben in der Zielsetzung dieser Arbeit gefordert, dass dies nicht apriorisch oder nach Gutdünken des Verfassers geschehen dürfe. Eine Entscheidungshierarchie habe vielmehr als *Ergebnis* einer für den Leser gedanklich nachvollziehbaren Herleitung anzufallen.

Gehen wir davon aus, dass ein Werbewirkungsmodell einen sinnvollen Katalog werblicher Entscheidungsbereiche liefern sollte, so erweisen sich die meisten Modelle der Literatur als *unzweckmässig*. Zum einen ist die Anzahl der verwendeten intervenierenden Variablen zu hoch, und dementsprechend würde die Entscheidungshierarchie zu komplex, um von den die Planung vollziehenden Personen überblickt und sinnvoll gehandhabt werden zu können. Zum andern muss berücksichtigt werden, dass eine Entscheidungshierarchie häufig als Ausgangspunkt zur Bildung von Aufgaben und Teilaufgaben dient: „Die Erfassung und Einteilung der betriebswirtschaftlichen Entscheidungen sind sehr eng mit der Aufgabenverteilung und Verantwortungsabgrenzung in der Organisation verbunden."[48]

Bei der Wahl der intervenierenden Variablen des nun folgenden Modelles waren solche organisatorischen Überlegungen wegleitend. Selbstverständlich muss unser Modell darüber hinaus sämtlichen Anforderungen genügen, die an ein Erklärungsmodell der Werbewirkung zu stellen sind: die intervenierenden Variablen müssen Glieder der Input und Output verbindenden Kausalkette darstellen und die einzelnen Kausalbeziehungen auf grundsätzlich überprüfbaren empirisch gehaltvollen Hypothesen beruhen.

47 Diese Zusammenhänge wurden ausführlich dargelegt auf S. 29 ff. und 37 ff.
48 Heinen (Betriebswirtschaftslehre) 123; vgl. auch Berthel (Unternehmungssteuerung) 81.

213.41   Die Struktur des Modelles

Das hier vorgestellte Werbewirkungsmodell berücksichtigt zwei intervenierende Variablen, die *Bedeutung* und die *Einstellung*. Inputvariablen sind die Werbesignale, Outputvariable ist die Kaufhandlung. Die Beziehung zwischen allen Variablen ist eine Kausalbeziehung, die darin zum Ausdruck kommt, dass die Änderung einer Variable — unter noch zu spezifizierenden Bedingungen — die Änderung der ihr folgenden Variable mit einer bestimmten Wahrscheinlichkeit nach sich zieht.

Die *Kaufhandlung* als Modell-Output wollen wir nicht näher untersuchen: Auslösen von Kaufhandlungen und damit Erzielen von Umsätzen ist Bestandteil der Marketingzielsetzung und damit vorgegebener „Endzweck" aller Werbeaktivitäten.

Abbildung 20: Die Struktur unseres Werbewirkungsmodelles

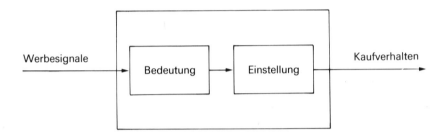

Im obigen Schema sind lediglich jene Variablen eingezeichnet, welche — über die Gestaltung der Werbestimuli — dispositiv beeinflusst werden können. Nicht eingezeichnet sind alle übrigen Bestimmungsfaktoren (Antecedenzbedingungen), welche auf die Wirkung von Werbemassnahmen ebenfalls Einfluss ausüben, aber als unbeeinflussbare Grössen hingenommen werden müssen (z. B. bestehende Gedächtnisinhalte, Motive, Stimmungen, soziodemographische Faktoren, usw.). Diese letzteren Bestimmungsfaktoren gilt es, im dritten Kapitel dieser Arbeit — soweit empirisches Material verfügbar ist — genauer zu spezifizieren.

213.42   Die Einstellung

In den fünfziger und sechziger Jahren wurden in der Marktpsychologie zur Erklärung des Käuferverhaltens mit Vorliebe „tief" in der Psyche verwurzelte Variablen herbeigezogen. Allgemeine menschliche Motive, Persönlichkeitsmerkmale, generelle Einstellungen wie Konservatismus, Risikofreudigkeit usw., setzte man mit der Marken- oder Produktwahl in Beziehung. [49] Die unbefriedigende prognostische Relevanz solcher Variablen liess in den letzten Jahren — vorwiegend in den USA — eine neue Richtung aufkommen, die auf *„kaufnähere"* und *produktgebundene* Variablen abstellt und in den sogenannten *mehrdimensionalen Einstellungsmodellen* (multiattribute attitude models) ihren Niederschlag findet.

49 Vgl. Freitag (Einstellungsmodell) 157, sowie Sheth (Marktsegmentierung) 135.

Die Anfänge der Einstellungsforschung gehen vor, allem auf Bemühungen der Sozialpsychologie zurück. Stellvertretend für deren Auffassung des Einstellungs-Konstruktes wird häufig die von Allport stammende Definition zitiert: „Eine Einstellung ist ein mentaler und neuraler Bereitschaftszustand, der durch die Erfahrung strukturiert ist und einen steuernden oder dynamischen Einfluss auf die Reaktionen eines Individuums gegenüber allen Objekten und Situationen hat, mit denen dieses Individuum eine Beziehung eingeht." [50]

Die *Messung* der Variable in oben definiertem Sinne kann durch einfache Einstufung auf einer sogenannten Rating-Skala erfolgen. Die Versuchsperson wird beispielsweise gefragt: „Wie schätzen Sie die Marke x ein? ", und wird gebeten, ihre Antwort auf einer z. B. 5-stelligen Skala, die von sehr gut (1) bis zu sehr schlecht (5) reicht, zu markieren.

Die neuere und vor allem in der Marktpsychologie sich abzeichnende Tendenz entfernt sich zunehmend von dieser globalen Einstellungserfassung. Das Konstrukt der Einstellung wird hier in *Komponenten* aufgelöst, diese Komponenten isoliert gemessen, um sie anschliessend wieder zu einem Einstellungs-Gesamtwert (Index) zu verrechnen. Diese als „mehrdimensional" bezeichneten Modelle unterscheiden zwischen einer

— kognitiven Komponente und einer

— bewertenden Komponente. [51]

Die kognitive Komponente umfasst die *Vorstellungen* einer Person über die Merkmale (Eigenschaften) eines Objektes. Aus der Sicht des Marketing interessieren vor allem die Vorstellungen der Konsumenten über das Vorhandensein oder Nichtvorhandensein gewisser Merkmale der Marktleistung. [52]

Dabei interessiert nicht das gesamte Wissen über die Marktleistung, sondern lediglich die Vorstellung über jene Merkmalsdimensionen, die *kaufentscheidungs-relevant* sind. [53] Im Falle einer Zahncrème könnte sich z. B. die „karieshemmende Wirkung", der „angenehme Geschmack", usw., als kaufentscheidungs-relevante Merkmalsdimension erweisen. Die Messung der Vorstellung würde durch Einfstufung der zu untersuchenden Marken auf einem semantischen Differential mit den betreffenden Dimensionen erfolgen. [54]

---

50 Allport (Attitude) 8, übersetzt nach: Triandis (Einstellung) 4.

51 Betreffend der begrifflichen Abgrenzung dieser beiden Komponenten bestehen z. B. Abweichungen in der Literatur. Vgl. z. B. Cohen/Fishbein/Ahtola (Nature); Sheth (Reply); Day (Models).

52 Häufig wird in diesem Zusammenhang der Ausdruck „Image" verwendet. Wir wollen hier diesen Terminus vermeiden, weil er häufig nicht nur als Ausdruck für eine reine kognitive Grösse verwendet wird, sondern auch eine *bewertende, emotionale* Komponente umfasst. Dies kommt etwa in der Image-Definition von Weinhold zum Ausdruck: „Das Image ist die subjektive bewusst und unbewusst, rational und emotional wahrgenommene, verassoziierte und demgemäss in der Vorstellungs- und Gefühlswelt gespeicherte Erinnerung sowie der damit verbundene Eindruck über einen Meinungsgegenstand." Weinhold (Image).

53 Vgl. auch Howard/Sheth (Theory) 130.

54 Vgl. dazu die illustrativen Beispiele bei Freitag (Einstellungsmodell) 158 ff. sowie Zaltman/Burger (Marketing) 212 ff.

Die bewertende Komponente [55] ist ein Ausdruck für die relative Wichtigkeit der einzelnen Merkmalsdimensionen aus der Sicht des Käufers. Diese Komponente wird häufig auch mit dem Begriff *Bedürfnis* umschrieben, [56] womit das Bedürfnis, bezogen auf bestimmte Merkmale der Marktleistung gemeint ist. Was mit dem Begriff bewertende Komponente gemeint ist, lässt sich am besten durch die Art seiner Operationalisierung verdeutlichen: Anknüpfend an das obige Beispiel könnte das Bedürfnis nach ,,karieshemmender Wirkung'' einer Zahncrème durch folgende Fragestellung gemessen werden: ,,Wie wichtig ist es für Sie, dass eine Zahncrème karieshemmend wirkt? '' Die Antwort wäre z. B. auf einer 7-stufigen Skala zu markieren.

Am zitierten Beispiel des Produktbereiches Zahncrème wird deutlich, dass es sich bei den Vorstellungen und bei den Bedürfnissen *inhaltlich um die gleichen Dimensionen* handelt: Bei der Vorstellungskomponente interessiert das Ausmass des Vorhandenseins dieser Merkmalsdimension bei einem bestimmten Produkt; bei der Bedürfniskomponente wird die subjektive Wichtigkeit dieser Merkmalsdimension in Erfahrung gebracht.

Um ein einheitliches Mass für die Einstellung eines Konsumenten gegenüber einem Produkt zu erhalten, müssen die Komponenten Vorstellung und Bedürfnis zu einem *Gesamtindex* verrechnet werden. Über die genaue Form der mathematischen Verknüpfung dieser beiden Komponenten besteht in der Literatur Uneinigkeit. [57] Häufig wird aber eine multiplikative und additive Verknüpfung der folgenden Art angenommen: [58]

$$E_o = \sum_{i=1}^{n} V_i \cdot B_i \, ,$$

wobei E_o = Einstellung gegenüber dem Produkt o,

        V_i = Vorstellung über das Vorhandensein
            des Merkmals i am Objekt o,

        B_i = Bedürfnis nach dem Merkmal i,

        n = Anzahl relevanter Merkmale.

Für eine Zahncréme der Marke x würde dies bedeuten: Die Einstellung eines Konsumenten gegenüber dieser Marke käme zustande aufgrund der *Vorstellung* über das Vorhandensein von Merkmalen, wie z. B. ,,karieshemmende Wirkung'', ,,angenehmer Geschmack'', usw. Diese Vorstellungskomponenten würden gewichtet mit den *Bedürfnissen* nach karieshemmender Wirkung, angenehmem Geschmack, usw. und anschliessend zu dem Einstellungs-Gesamtwert E_o aufaddiert.

Weitere Möglichkeiten der Errechnung eines Gesamtindex ergeben sich durch die modellhafte Darstellung des Einstellungskonstruktes anhand eines *eukli-*

---

55 Häufig wird auch von ,,affektiver'' oder ,,motivationaler'' Komponente gesprochen.

56 Z. B. Freitag (Einstellungsmodell) 158 ff.

57 Sheth untersuchte zehn verschiedene Arten der mathematischen Verknüpfung dieser beiden Komponenten und fand nur geringfügige Abweichungen, bezogen auf die Fähigkeit, Kaufhandlungen zu prognostizieren. Vgl. Sheth (Beliefs) sowie Sheth (Investigation).

58 Diese weit verbreitete Formulierung stammt ursprünglich von Fishbein (Attitude) und Rosenberg (Structure).

dischen Raumes. [59] Auf diese Möglichkeit werden wir im Zusammenhang mit der Operationalisierung von Einstellungen zu sprechen kommen.

213.422 Hypothesen der Einstellungsmodelle

Bei der Beschreibung des multidimensionalen Einstellungsmodelles wurde deutlich, dass es sich hier um eine Grösse handelt, die über die „Wertschätzung" Auskunft gibt, welche eine Person einem Objekt (z. B. Produkt) entgegenbringt. Wie man zu vermuten geneigt ist, dürfte diese Wertschätzung gewisse Rückschlüsse auf zukünftig zu erwartende Handlungen (z. B. Kaufhandlungen) zulassen. Oder anders ausgedrückt: es ist anzunehmen, dass zwischen den Variablen Einstellung und Kaufhandlung eine *Kausalbeziehung* besteht und demzufolge über die Beeinflussung der Einstellung die Wahrscheinlichkeit einer Kaufhandlung erhöht werden kann.

Zahlreiche Untersuchungen wurden nach dieser oder ähnlichen Methoden durchgeführt. Im Vordergrund stehen die Arbeiten von Cowling [60], Bass und Talarzyk [61], Bass, Pessemier und Lehmann [62] und Freitag [63], Achenbaum [64], Day [65] u. a.

Häufig geschieht die Überprüfung der Resultate durch die Gegenüberstellung der Rangfolge der Einstellungswerte verschiedener Produkte mit der Rangfolge der Marktanteile der betreffenden Produkte. Die Existenz eines Kausalzusammenhanges wird bejaht, wenn das Produkt mit dem höchsten Einstellungswert den grössten Marktanteil aufweist; das Produkt mit dem zweithöchsten Einstellungswert den zweitgrössten Marktanteil, usw. Bass und Talarzyk fanden eine Übereinstimmung von 75 bis 90 Prozent, abhängig von der jeweiligen Produktkategorie. [66]

Durch die Aufdeckung solcher korrelativer Zusammenhänge zwischen Einstellung und Kaufhandlung ist natürlich die Frage noch nicht schlüssig geklärt, ob es sich nun tatsächlich um eine Kausalbeziehung in der angenommenen Richtung handelt, oder ob diese Korrelationen auf Scheinkorrelationen oder sogar auf eine Kausalbeziehung in der umgekehrten Richtung zurückzuführen sind (Phänomen der kognitiven Dissonanz). Eingehendere und methodisch sehr anspruchsvolle kausalanalytische Untersuchungen von Aaker und Day [67] sowie von Sheth [68] konnten aber bestätigen, dass eine *starke kausale Abhängigkeit* der Kaufhandlung von der Einstellung angenommen werden kann.

Die genaue *Quantifizierung* des kausalen Zusammenhanges zwischen Einstellung und Kaufverhalten bereitet Schwierigkeiten. Korrelationskoeffiziente wurden zwar in allen oben zitierten Untersuchungen ausgerechnet, doch dürfen diese aus den genannten Gründen nicht direkt als Mass der kausalen Abhängigkeit interpretiert werden. Auch Aaker und Day wagen es nicht, aus ihren Unter-

---

59 Vgl. S. 94 ff.
60 Vgl. Cowling (Purchase Decision).
61 Vgl. Bass/Talarzyk (Attitude).
62 Vgl. Bass/Pessemier/Lehmann (Attitudes) 532 ff.
63 Vgl. Freitag (Einstellungsmodell) 157 ff.
64 Vgl. Achenbaum (Knowledge).
65 Vgl. Day (Models).
66 Vgl. Bass/Talarzyk (Attitude).
67 Vgl. Aaker/Day (Model).
68 Vgl. Sheth (Investigation), zitiert in: Kroeber-Riel (Konsumentenverhalten) 87.

suchungen quantifizierte Aussagen abzuleiten und belassen es mit der Feststellung: „Relatively strong support for the hypothesis that attitude change precedes behavior change was found in this study." [69]

Allgemein muss festgestellt werden, dass einerseits bis heute keine Variable gefunden wurde, welche Kaufhandlungen besser zu erklären vermag, als jene der Einstellung. Auf der andern Seite kann ebenfalls als gesichert gelten, dass die Einstellungs-Variable Kaufverhalten nicht hundertprozentig erklären kann und das Wirksamwerden weiterer Faktoren angenommen werden muss. Aus der Sicht des Werbeplaners, der über die Beeinflussung psychischer Grössen Kaufverhalten steuern möchte, drängen sich damit zwei Fragen auf:

1. Ist die Veränderung der Einstellung eine *notwendige Bedingung* zur Auslösung von Kaufhandlungen, d. h. konkret: Gibt es Kaufhandlungen, welche *ohne* positive Einstellung gegenüber der betreffenden Marktleistung zustande kommen?

2. Ist die Erzeugung einer positiven Einstellung eine *hinreichende Bedingung* oder müssen noch *andere* Bedingungen erfüllt sein, damit eine Kaufhandlung eintritt?

Zu 1.: Empirisch abgesicherte Erkenntnisse zu dieser Frage sind m. W. nicht verfügbar. Hingegen ist es plausibel anzunehmen, dass bei einem sogenannten *Probierkauf,* insbesondere bei ausgesprochen niederpreisigen Gütern, eine positive Einstellung gegenüber dem Kaufobjekt *nicht* vorausgesetzt werden muss.

Für die Werbeplanung ist daraus folgende praktische Konsequenz ableitbar: Geht es darum, Werbezielpersonen zu einem Probierkauf zu animieren, so ist die Einstellungsbeeinflussung *nicht die adäquate Zielkategorie.*

Zu 2.: Einhellig wird die Ansicht vertreten, dass gewisse Nebenbedingungen erfüllt sein müssen, damit eine positive Einstellung auch zur Kaufhandlung führt. Howard und Sheth nennen in diesem Zusammenhang fünf sogenannte Inhibitors (verhindernde Faktoren): 1. zu hoher Preis, 2. Produkt nicht verfügbar, 3. Zeitdruck beim Kauf, 4. finanzielle Situation sowie 5. soziale Einflüsse. [70]

Die fünf genannten Faktoren [71] können trotz Bestehen einer positiven Einstellung einen Kauf und damit die angestrebte „Endwirkung" der Werbung vereiteln. Die ersten vier dieser Faktoren müssen dazu vom Standpunkt der Werbung als *unbeeinflussbare Gegebenheiten* hingenommen werden. [72] Einzig auf die sogenannten sozialen Einflüsse kann Werbung in gewissen speziellen Fällen einwirken. [73]

Welches sind die praktischen Konsequenzen für die Werbeplanung, insbesondere für das Formulieren adäquater Werbeziele?

---

69 Aaker/Day (Model) 113.
70 Howard/Sheth (Theory) 35.
71 In unserer Terminologie müssten sie als *Antecedenzbedingungen* bezeichnet werden.
72 Sie sind dagegen über die Preisgestaltung und die Distribution beeinflussbar.
73 Beispielsweise wenn die Meinung der Ehefrau den Mann — trotz seiner positiven Einstellung — vom Kauf eines Sportwagens abhält. Diesem Umstand könnte bei der Wahl der Werbeargumentation Rechnung getragen werden oder es könnte sogar die Ehefrau als Werbezielperson anvisiert werden.

Geht man davon aus, dass die Aufzählung dieser Nebenbedingungen von Howard und Sheth vollständig ist und zudem — von gewissen Einzelfällen abgesehen — mit Werbung kein Einfluss auf sie genommen werden kann, so ist *die Einstellung einzige „Dispositionsvariable"*. Die Einstellung muss aus dieser Sicht als sinnvolle Kategorie zur Formulierung von Werbezielen bezeichnet werden. [74]

Die obigen Überlegungen führen uns dazu, unsere Betrachtungen vorderhand auf die Beeinflussung der *Einstellung als eigentliche Werbewirkung* zu beschränken. Dabei wollen wir nie aus den Augen verlieren, dass in dieser Arbeit von einem mehrdimensionalen Einstellungs-Konstrukt ausgegangen wird, das sowohl eine kognitive Vorstellungs-Komponente, als auch eine bewertende Komponente miteinschliesst.

Vom Standpunkt des Werbeplaners wird mit der Auflösung des Einstellungskonstruktes in seine beiden Komponenten Vorstellung und Bedürfnisse die „technologische Verwertbarkeit" dieser Theorie in hohem Masse verbessert: das mehrdimensionale Einstellungsmodell gibt dem Werbeplaner die empirisch erhärtete Information, dass eine Erhöhung der Kaufwahrscheinlichkeit über die Einflussnahme auf die

— kognitive Komponente (*Vorstellung* über das Vorhandensein bestimmter Merkmale der Marktleistung und/oder
— bewertende Komponente (*Bedürfnisse,* bezogen auf bestimmte Merkmale der Marktleistung)

erzielt werden kann.

213.423 Operationalisierung der Einstellung

Grosse Fortschritte konnte die Einstellungsforschung in jüngster Zeit vor allem in bezug auf Methoden der Operationalisierung verzeichnen. Insbesondere die Methoden der sogenannten *multidimensionalen Skalierung,* d. h. die Möglichkeit, die Einstellung durch einen n-dimensionalen euklidischen Raum abzubilden, verbessern die Praktikabilität dieses Konstruktes enorm.

Aus zwei Gründen sollen aber vorerst die traditionellen Methoden der Einstellungsmessung kurz dargestellt werden: zum einen haben diese Verfahren auch im heutigen Forschungsinstrumentarium zweifellos ihren berechtigten Platz. Dies nicht zuletzt wegen ihres relativ geringen kostenmässigen Aufwandes. Zum andern stellen diese Verfahren aber auch in gewissem Sinne eine Vorstufe zu den komplexeren Modellen dar, die im darauffolgenden Abschnitt zur Sprache kommen sollen.

a) Traditionelle Methoden

Im Zusammenhang mit der Formel von Fishbein und Rosenberg [75] wurde bereits auf Möglichkeiten der Operationalisierung hingewiesen. Hier soll dieses Verfahren nochmals in Kürze dargestellt und hinsichtlich seiner Mängel diskutiert werden.

Theoretisch bietet sich die Möglichkeit, die Einstellung E_o einer Versuchsperson gegenüber der Marke o folgendermassen zu messen: Eine Anzahl i polarer Produktmerkmale werden der Versuchsperson vorgelegt, wobei sie gebeten

---

74 Vgl. Kapitel 312.
75 Vgl. S. 61.

wird, Produkt o sowie einige Konkurrenzprodukte zwischen diesen Merkmals-polen einzustufen. Gleichzeitig wird die Versuchsperson gebeten, ein Urteil über die *Wichtigkeit* jedes einzelnen Merkmals abzugeben. Aus den erhaltenen Antworten wird nach der Formel auf Seite 61 die Einstellung der Versuchs-person gegenüber der Marke o errechnet und mit Einstellungswerten von Kon-kurrenzprodukten verglichen.

Abbildung 21: Ergebnis einer Einstellungs-Untersuchung für Zahncrème (nach Freitag)

Variable:	Bedürfnis-score:	
erhält Zähne gesund	6.72	
schützt vor Zahnfleisch-krankheiten	6.67	
reinigt gründlich	6.58	
schützt vor Karies	6.58	
beseitigt Zahnbelag	6.45	
pflegt Zähne schonend	6.34	
verhindert Mundgeruch	6.12	
ist nicht zu teuer	4.91	
schäumt gut	3.43	
hat eine schöne Farbe	2.63	
schmeckt scharf	2.34	
ist crèmig	2.02	

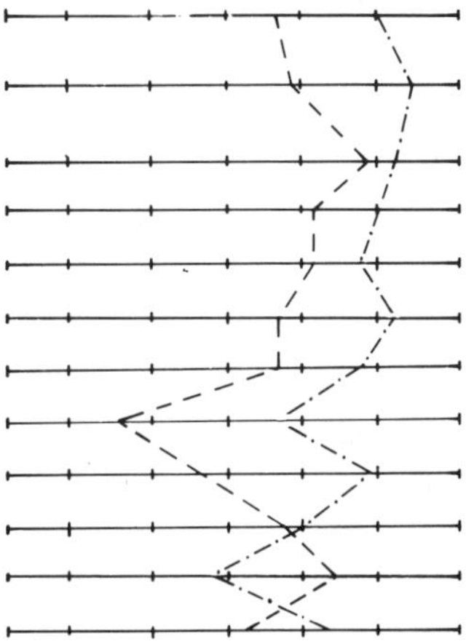

– – – – Testmarken-Einstufung

– · – · – · – Einstufung der vorher verwendeten Marke

In der vorstehenden Tabelle ist beispielhaft das Ergebnis einer solchen Unter-suchung über den Produktbereich „Zahncreme" angeführt. [76] Der „Bedürfniss-core" ist hier ein Ausdruck für die Wichtigkeit des betreffenden Produkt-merkmals.
Die praktischen Schwierigkeiten bei der Durchführung einer solchen Einstel-lungsmessung liegen auf der Hand. Zum einen muss Gewähr bestehen, dass schon *vor* der Untersuchung auch wirklich alle für den Kaufentscheid relevan-ten Merkmalsdimensionen dem Analytiker bekannt sind. Zum andern setzt diese Methode voraus, dass der Konsument in der Lage ist, genau angeben zu können, wie wichtig für ihn die einzelnen Produktmerkmale tatsächlich sind. Diese zweite Bedingung ist aber bei Produkten, die vorwiegend sogenannten Zusatznutzen [77] stiften, selten erfüllt. So ist der Konsument z. B. noch in der Lage, angeben zu können, wie wichtig für ihn bei einem Autokauf die Pferde-stärke des Motors sei. Problematisch wird es aber im Bereich sogenannten „psychologischen Nutzens", wenn der Befragte Aussagen über die Wichtigkeit

76 Das Beispiel stammt von Freitag (Einstellungsmodell) 168.
77 Zum Begriff *Zusatznutzen* vgl. Weinhold (Marketing) 84 f.

von den mit dem Produkt gefühlsmässig verbundenen Attributen machen sollte, wie z. B. „aktiv — passiv", „weich — hart", usw. Hier wird die Grenze dieser Methode besonders deutlich.

Ein weiterer diesem Vorgehen inhärenter Nachteil ist der Umstand, dass mehrere Bedürfniskomponenten *untereinander korrelieren* können und damit Wirkungen von Marktbearbeitungsmassnahmen schwierig zu prognostizieren sind. Wird im obigen Fall beispielsweise mit dem Argument geworben, „erhält Zähne gesund", so ist — wegen der Interdependenz der Komponenten — kaum absehbar, inwieweit diese Argumentation auch Wirkungen auf andere Produktvorstellungskomponenten zeitigt. Dieser Nachteil wiegt vor allem dann schwer, wenn solche Nebenwirkungen unerwünscht sind. [78]

b) Räumliche Darstellung von Einstellungsmodellen

Die Datenauswertung von Untersuchungen, wie sie oben beschrieben wurden, kann unter Zuhilfenahme faktorenanalytischer Techniken verfeinert werden. Die Faktorenanalyse ist in der Lage, z. B. dem auf Seite 65 angeführten „Bedürfniskatalog" auf die diesen Bedürfnissen zugrundeliegenden *gemeinsamen Faktoren* zu reduzieren. D. h. sie kann die zahlreichen und miteinander hoch korrelierenden Variablen auf eine überschaubare Zahl von Faktoren „verdichten", die ihrerseits nicht mehr untereinander korrelieren. [79]

Die aufgrund einer solchen Analyse erhaltenen Faktoren können zur Beschreibung der Dimensionen eines *euklidischen Raumes* verwendet werden. [80] Die Dimensionen dieses Raumes stehen für die (statistisch voneinander unabhängigen) Faktoren, aufgrund derer die Versuchspersonen die einzelnen Produkte einer bestimmten Produktgattung beurteilen. Diesen Raum werden wir fortan als *Merkmalsraum* bezeichnen.

In einem solchen Raum lassen sich nun sämtliche in der Untersuchung miteinbezogenen Produkte „positionieren". Gleichzeitig kann in diesem Raum aber auch ein (fiktives) *Idealprodukt* eingezeichnet werden; d. h. ein Produkt, das jene Kombination von Merkmalsausprägungen aufweist, welche von den Konsumenten als ideal bezeichnet wird. Dieses Idealprodukt ist ein Ausdruck für die Bedürfnisse der betreffenden Konsumenten.

Das Idealprodukt ist — gemäss seiner Definition — das in den Augen der Versuchspersonen am meisten bevorzugte Produkt. Mit der *euklidischen Distanzformel* lässt sich die Distanz jeglicher untersuchten Produkte zu diesem Ideal-

---

78 Diesen Mangel heben vor allem Aaker und Myers hervor. Vgl. Aaker/Myers (Advertising) 222 ff.

79 Zur Anwendung der Faktorenanalyse in diesem Zusammenhang vgl. z. B. Dichtl (Multivariantenanalyse) 75 ff.; Roth (Faktorenanalyse) 282 ff.

80 Ob eventuell andere als euklidische Raumformen besser in der Lage sind, Ähnlichkeitsrelationen von Stimuli adäquat abzubilden, ist umstritten. Eingehender befasst sich damit Ahrens (Skalierung). Behrens schreibt in diesem Zusammenhang: „Es spricht einiges dafür, dass der euklidische Raum gut geeignet ist, die Ähnlichkeit von Gegenständen zu beschreiben, die durch die differenzierende Eigenschaften charakterisiert sind. Dagegen können Gegenstände, die durch leicht zu differenzierende Eigenschaften charakterisiert sind, genauer in nichteuklidischen Räumen abgebildet werden." Behrens (Werbewirkungen) 55.
Da in unserem Zusammenhang jeweils Produkte einer Produktklasse, d. h. eng konkurrierende Produktalternativen untersucht werden, dürfte, gemäss der oben zitierten Regel von Behrens, die Verwendung des euklidischen Raumes angemessen sein.

produkt errechnen. Die Distanz kann als Mass der Einstellung zu dem betreffenden Produkt interpretiert werden. Je kleiner die Distanz, je höher der Einstellungswert E_0 und desto höher die Kaufwahrscheinlichkeit.

Modellen dieser Art liegt die vereinfachende Annahme zugrunde, dass sämtliche Merkmalsdimensionen für den Kaufentscheid gleichermassen ausschlaggebend seien. Theoretisch liesse sich ein solches Modell natürlich verfeinern, indem die *Gewichtung* der Dimensionen ebenfalls berücksichtigt würden, wie das J. D. Carroll vorgeschlagen hat. [81] Abgesehen von den Schwierigkeiten, die mit der empirischen Ermittlung der Dimensionengewichte verbunden wären, belegen die Untersuchungen von Sheth und Talarzyk, dass damit keine wesentlich besseren Prognosen erzielt werden. [82]

Die faktorenanalytischen Techniken haben die Entwicklung von Marktmodellen der oben beschriebenen Art eingeleitet. In neuester Zeit werden jedoch — vor allem in der amerikanischen Literatur — statistische Methoden diskutiert, die unter der Bezeichnung „nichtmetrische multidimensionale Skalierung" (kurz: NMS) zusammengefasst werden. Dieses Verfahren, das im folgenden kurz charakterisiert werden soll, weist gegenüber der Faktorenanalyse eine Reihe von Vorteilen auf, und es scheint gegenwärtig, dass die Faktorenanalyse von der NMS mehr und mehr verdrängt wird.

Es kann hier nicht darum gehen, diese Methode im einzelnen darzustellen; [83] es soll — ohne auf die weitere Problematik einzugehen — lediglich der Grundgedanke kurz umrissen werden:

Das Charakteristische der NMS-Methode besteht darin, dass nichtmetrische, d. h. ordinale Inputdaten in metrische Outputdaten transformiert werden. Der Output ist vergleichbar demjenigen der Faktorenanalyse und erlaubt die Darstellung (Positionierung) von Produkten in einem n-dimensionalen Raum. Die Dimensionen dieses Raumes stehen für die relevanten Merkmale, aufgrund derer die Konsumenten, bewusst oder unbewusst, konkurrierende Produkte beurteilen.

Das grosse Interesse, das dieser Methode entgegengebracht wird, ist wohl vor allem auf die *Einfachheit der erforderlichen Inputdaten* zurückzuführen: als Inputdaten dienen lediglich ordinale Aussagen über subjektiv wahrgenommene Produktähnlichkeiten, z. B. von der Form: $\overline{AB} < \overline{BC} < \overline{DE} < \overline{CD}$ (lies: Produkte A und B sind sich ähnlicher als Produkte B und C; Produkte B und C ähnlicher als D und E, usf.). Nach Gründen für die wahrgenommene Ähnlichkeit oder Unähnlichkeit wird nicht gefragt. Mittels dieser ordinalen Eingabedaten errechnet das Programm der NMS die räumliche Positionierung der untersuchten Produkte, bei der a) die Wahl der Dimensionen möglichst klein ist und b) die von den Versuchspersonen angegebenen Ähnlichkeitsrelationen nicht verletzt sind.

---

81 Cgl. Carroll (Multidimensional Scaling) 253 ff.

82 Vgl. Sheth/Talarzyk (Instrumentality) 6 ff.

83 Für eine vertiefte Beschäftigung mit der nichtmetrischen multidimensionalen Skalierung vgl. z. B. Green/Tull (Research) 212 ff.; Green/Christopher (Positioning); Carroll (Scaling) 235; Neidell (Scaling) 270 ff.; Zahltman/Burger (Marketing) 217 ff., sowie in der deutschsprachigen Literatur: Spickschen (Werbeplanung) 101 ff. Green und Carmone wendeten diese Methoden an für die Analyse von zahlreichen Meinungsgegenständen wie Computern, TV-Programmen, medizinischen Fachzeitschriften, Wirtschaftshochschulen, Marketingzeitschriften, Investmentfonds u. ä. m. Vgl. Green/Carmone (Scaling).

Die Errechnung der Koordinaten des *Idealproduktes* ist mit der NMS-Methode ebenfalls möglich. Als Eingabedaten dienen hier aber nicht Ähnlichkeitsurteile, sondern *Präferenzurteile* von der Form: A > B; C > D; D > E, usw. (lies: Produkt A ziehe ich Produkt B vor; Produkt C ziehe ich Produkt D vor, usw.).

Bei der Ermittlung von Idealprodukten wird sich in den meisten Fällen herausstellen, dass jede in die Untersuchung einbezogene Person ihre eigenen Vorstellungen vom „idealen" Produkt hat oder m. a W : dass soviele Idealprodukte existieren wie Versuchspersonen.

Die Einbeziehung sämtlicher Idealprodukte würde aber zu einer höchst unübersichtlichen Darstellung führen. Eine häufig gewählte Lösung besteht in der Zusammenfassung von im Raume nahe beieinander liegenden Idealprodukten zu einer überschaubaren Anzahl von Gruppen. Solche Gruppen sind dadurch charakterisiert, dass Individuen innerhalb einer Gruppe ähnlichere Bedürfnisse (Idealproduktvorstellungen) aufweisen, als Individuen verschiedener Gruppen. Das statistische Verfahren zur Auffindung dieser Gruppen ist unter dem Namen „Cluster-Analyse" bekannt. [84]

Zur Illustration der NMS-Methode seien die Ergebnisse der von Neidell vorgenommenen Untersuchungen angeführt. [85] Fünf konkurrierende Marken von Medikamenten waren Gegenstand dieser Studie. Als Inputdaten dienten die Ergebnisse von Paarvergleichen durch Ärzte. Die Analyse mittels der NMS-Methode ergab, dass der Beurteilung dieser Marken *zwei Dimensionen* zugrundlagen. Die Positionen der fünf Marken sowie des Idealproduktes im zweidimensionalen Raum waren wie folgt:

Abbildung 22: Zweidimensionaler Merkmalsraum von Medikamenten (nach Neidell)

84 Das Verfahren ist ausführlich beschrieben bei Green/Tull (Research) 432 ff. und Johnson (Segmentation) 259 ff.
85 Vgl. Neidell (Scaling) 270 ff.

Das Programm der nichtmetrischen multidimensionalen Skalierung errechnet selbständig die Zahl der dieser Produktbeurteilung zugrundeliegenden Dimensionen sowie die Koordinaten der untersuchten Produkte. Die *Interpretation* dieser Dimensionen wirft aber bei der NMS-Methode einige Probleme auf. Anders als bei der Faktorenanalyse, können hier keine Faktorladungen der Vorstellungskomponenten (Variablen) zur Interpretation herbeigezogen werden. Im oben zitierten Beispiel von Neidell erfolgte die Interpretation der beiden Dimensionen durch Einbeziehung einiger weniger Zusatzfragen während der Datenerhebung sowie durch Beurteilung von Experten, die mit den Verhältnissen auf dem pharmazeutischen Markt vertraut waren. Weitere Behelfe zur Interpretation der Dimensionen schildern die unten zitierten Autoren. [86]

c) Kritische Würdigung der Methode der nichtmetrischen multidimensionalen Skalierung (NMS)

Die grossen *Vorteile* dieser Methode sind offensichtlich. Während die faktorenanalytischen Techniken sowie die traditionellen Einstellungsmodelle an die schwer zu erfüllende Voraussetzung gebunden sind, dass der Konsument tatsächlich in der Lage ist, sein Idealprodukt in Worten zu beschreiben, setzt die NMS-Methode nichts derartiges voraus. Das Verfahren der NMS deckt lediglich das den Präferenzurteilen implizite zugrundeliegende „Idealprodukt" auf.

Ein weiterer Vorzug dieser Methode sind die relativ *geringen Kosten*. Diese ergeben sich einerseits aus dem kleinen erforderlichen Stichprobenumfang. So soll eine Auswahl von 50 bis 100 Personen bereits ausreichen. [87] Im übrigen ist die Befragung der Versuchspersonen einfach und beansprucht entsprechend wenig Zeit.

Abgesehen von gewissen noch ungelösten statistisch-mathematischen Problemen [88] ist ein *Nachteil* dieser Methode darin zu sehen, dass der *Intensität* der Bedürfnisse nicht Rechnung getragen wird. So ist z. B. der Fall denkbar, dass eine Versuchsperson eine Anzahl von Produkten sehr positiv beurteilt, aber keines — auch nicht das dem Idealprodukt am nächsten liegende Produkt — tatsächlich kauft. Der Grund kann einfach darin liegen, dass der Bedürfnisdruck zu gering war, um eine Kaufhandlung auszulösen. Darüber hinaus wird auch die *relative Gewichtung* der Bedürfnisse im NMS-Modell nicht berücksichtigt.

Eine Beschränkung der Anwendbarkeit des Modells folgt im weitern daraus, dass es wohl ein gutes Abbild eines bereits etablierten Marktes wiedergeben kann, aber den Prozess der *Entstehung* eines Marktes nicht zu beschreiben vermag. Die Methode der NMS setzt bereits bestehende Markenvorstellungen und Markenpräferenzen voraus. Das Modell wird also dann versagen, wenn es um die Einführung einer echten Produktneuheit geht oder wenn ein eingeführtes Produkt für die Befriedigung neuer Bedürfnisse angepriesen werden soll.

213.43 Die Bedeutung

213.431 Wahrnehmung und Bedeutung

In den meisten auf dem Konzept der intervenierenden Variablen beruhenden Werbewirkungsmodellen schiebt sich zwischen der eigentlichen Kommunika-

86 Vgl. z. B. Christopher (Scaling) 56, sowie die dort zitierte Literatur. Vgl. auch Spickschen (Werbeplanung) 116 ff.; Diller/Schobert (Imagerelationen) 308.
87 Spickschen (Werbeplanung) 106 und die dort zitierte Literatur.
88 Vgl. dazu Green (Applications) sowie Green (Robustness).

tionswirkung (z. B. der Beeinflussung von Einstellungen) und dem externen Werbestimulus eine Variable ein, die mit Wahrnehmung, Perzeption, u. ä. m. bezeichnet wird. Die solchen Modellen zugrundeliegenden Hypothese heisst: Die Beeinflussung der Einstellung durch Werbung ist ohne Wahrnehmung der Stimuli nicht möglich; die Wahrnehmung ist eine notwendige (wenn auch nicht hinreichende) Bedingung zur erfolgreichen Einstellungsbeeinflussung durch Werbung. Es handelt sich hier grundsätzlich um eine empirisch gehaltvolle Wirkungshypothese, deren Evidenz aber soweit mit der Alltagserfahrung übereinstimmt, dass sich ein empirisch exakter Nachweis erübrigt. [89]

Das Phänomen Wahrnehmung kann sowohl als Prozess als auch als Ergebnis eines Prozesses analysiert werden. Wenn es um den Wahrnehmungsprozess geht, so interessieren die Bedingungen der sinnlichen Aufnahme der Stimuli (physical perception), deren Weiterleitung ins Zentralnervensystem und das anschliessenden Verarbeiten dieser Stimuli (cognitive perception).

Die Variable Wahrnehmung, wie wir sie in den meisten Wirkungsmodellen vorfinden, bezieht sich meist nicht auf den Prozess des Wahrnehmens, sondern auf das *Ergebnis* eines solchen Prozesses. Dies wird zwar selten explizite angeführt, doch müssen die vorgeschlagenen Operationalisierungen zu diesem Schluss führen. [90] Insofern wir im folgenden vom Konstrukt Wahrnehmung ausgehen, fassen wir es als Ergebnis eines hier nicht weiter untersuchten Prozesses auf. [91] Wahrnehmung in diesem Sinne könnte mit der Wendung von Weinhold metaphorisch umschrieben werden als Abbild eines externen Gegenstandes auf der innerseelischen Netzhaut des Perzipienten.

Bei der Verwendung der Variablen Wahrnehmung in einem Werbewirkungsmodell erweist sich aber eine Differenzierung in Wahrnehmung signifikativer und Wahrnehmung symbolischer Stimuli — oder kurz in *signifikative* und *symbolische Wahrnehmung* — von höchster Wichtigkeit. [92] Der Unterschied besteht darin, dass im Falle der signifikativen Wahrnehmung die Objekte der Umwelt selbst wahrgenommen werden, während bei der symbolischen Wahrnehmung diese durch *Zeichen vertreten sind.*

Im Bereich Werbung handelt es sich aber fast ausschliesslich um die Wahrnehmung symbolischer Stimuli, d. h. um das Deuten und Verstehen von Zeichen.

Die Unterscheidung von signifikativer und symbolischer Wahrnehmung ist mehr als nur eine begriffliche Nuancierung: Einmal sind beide Wahrnehmungsarten von sehr verschiedenen Gesetzmässigkeiten bestimmt. Zum zweiten beschäftigt

---

89 Eine empirische Abklärung ist hingegen erforderlich, wenn es darum geht, die *übrigen Antecedenzbedingungen* zu spezifizieren, d. h. wenn Aussagen darüber gemacht werden sollen, welche Art von Wahrnehmung und unter welchen Nebenbedingungen, Einstellungsänderungen zu erzielen vermag. Vgl. dazu die Ausführungen in Kapitel 32.

90 Wenn z. B. die Wahrnehmung anhand eines semantischen Differentials gemessen wird oder wie bei Aaker/Myers (Advertising) 209.

91 Weinhold/Tichelli sagen: ,,Output des Wahrnehmungsprozesses ist ein Wahrnehmungsbild." Weinhold/Tichelli (Wahrnehmungsprozesse) 4. Dieses ,,Wahrnehmungsbild" wird in der Literatur oft schlechthin mit ,,Wahrnehmung" bezeichnet und führt dadurch nicht selten zu Missverständnissen.

92 In Anlehnung an die Unterscheidung von Howard und Sheth in ,,significative communication" und ,,symbolic communication". Howard/Sheth (Theory) 332.

sich die konventionelle psychologische Wahrnehmungstheorie [93] nur am Rande mit dem Decodieren und Interpretieren von Zeichen und verweist uns auf wissenschaftliche Disziplinen wie Semiotik, Semantik und – soweit es das Entschlüsseln verbaler Zeichen betrifft – auf die Psycholinguistik. [94]

In diesen letzteren Wissensgebieten wird hingegen kaum von „Wahrnehmung" gesprochen und sucht man nach einem äquivalenten Begriff, so kommt jener der „Bedeutung" am ehesten in Frage. Beim Abklären aber, was mit diesem Terminus gemeint ist, offenbart sich eine sprichwörtlich babylonische Sprachverwirrung, bedingt durch die stark voneinander abweichenden wissenschaftlichen Standpunkte der jeweiligen Autoren einerseits und durch weitgehend getrennt verlaufende Forschungsentwicklungen in den einzelnen Disziplinen andererseits. So verwundert es nicht, dass z. B. Ogden und Richards bereits 1949 dreiundzwanzig voneinander sehr entfernte Bedeutungen vom Begriff „Bedeutung" nachgewiesen haben. [95] Inzwischen dürften durch das Aufkommen der Psycholinguistik noch einige neue Variationen dazugekommen sein.

Diese Vielfalt der Auffassungen über den für uns sehr zentralen Begriff der Bedeutung, heisst auf der andern Seite aber auch, dass wir bei der Wahl seiner Definition weiten Spielraum haben. Von den zahlreichen Standpunkten, aus denen dieses Konstrukt definiert werden kann, wollen wir jenen einnehmen, mit dem wir die psychologische Werbewirkung zu erklären trachteten; nämlich *aus der Sicht des Konzeptes der intervenierenden Variablen*. Bedeutung wollen wir als eine intervenierende Variable auffassen. Damit vermeiden wir einerseits terminologische Inkonsistenzen innerhalb unserer Arbeit und auf der andern Seite kommen wir mit dieser Begriffsauffassung den neueren Tendenzen der Psycholinguistik sehr entgegen. [96]

213.432 Die Definition von Bedeutung und ihrer Komponenten

In unserem Wirkungsmodell werden wir zwischen der Einstellung und den äusseren Stimuli (Werbesignalen) eine Variable einfügen, die wir mit *Bedeutung* bezeichnen. Sie unterscheidet sich nur wenig von der üblicherweise in solchen

---

93 Ein Überblick über die Ergebnisse dieses Forschungsgebietes gibt z. B. Graumann (Bedingungen).

94 Auch die werbewissenschaftliche Literatur ist in dieser Hinsicht wenig ergiebig, werden doch in den einschlägigen Kapiteln meist die Gesetzmässigkeiten der Gestaltwahrnehmung, der Einfluss von Gefühlen, Motiven, Einstellungen, usw., auf die Wahrnehmung abgehandelt. Die speziellen Probleme, die mit dem Entschlüsseln von Zeichen zusammenhängen, werden selten angegangen.

95 Vgl. Ogden/Richards (Meaning) 186.

96 Die Bestrebungen, den Begriff „Bedeutung" im neobehavioristischen Sinn als intervenierende Variable aufzufassen, kommt m. W. erstmals bei Osgood zum Ausdruck, dessen Bedeutungstheorie als *Mediations-Theorie* bezeichnet wird und der von der Bedeutung als ein „vermittelndes Zwischenglied" zwischen Stimulus und Response spricht (vgl. die ausführliche Diskussion der Osgood'schen Bedeutungstheorie bei Hörmann (Sprache) 185 ff.). In neuester Zeit ist es auch Fuchs, der einen Bedeutungsbegriff in diesem Sinne fordert: Es „. . . ist festzustellen, dass zur Erklärung und Vorhersage spezifischer Phänomene des (sprachlichen) Kommunikationsverhaltens ein verhaltenstheoretischer Bedeutungsbegriff . . . eingeführt werden muss." Fuchs (Bedeutung) 36.

Modellen verwendeten Variablen Wahrnehmung. Mit dem Konstrukt der Wahrnehmung weist sie folgende Gemeinsamkeiten auf:

— Es handelt sich um einen *psychischen Zustand.*
— Es handelt sich bei beiden um ein gedachtes Konstrukt und ist nur über den Umweg einer *Operationalisierung* im Einzelfall feststellbar.
— Dieser psychische Zustand ist eine Reaktion des Individuums auf *externe Stimuli*

Von dem mit Wahrnehmung bezeichneten Konstrukt unterscheidet sich die Bedeutung aber durch ein wesentliches und leicht feststellbares Merkmal.

— Bei den die Bedeutung aktivierenden externen Stimuli handelt es sich um symbolische Stimuli, d. h. um *Zeichen.*

Zeichen werden normalerweise nicht „als solche" wahrgenommen, sondern aktivieren eine Art Wahrnehmung — in unserer Terminologie: eine Bedeutung —, die von diesen Zeichen *verschieden* ist. Das Zeichen „AUTOMOBIL" aktiviert eine Bedeutung, die sich auf ein Fahrzeug mit vier Rädern bezieht und nicht primär auf schwarze Tinte, die nach einem gewissen Muster auf dem Papier verteilt ist. Dieser Unterschied zwischen der Wahrnehmung der Gegenstände als solche (z. B. das Betrachten eines Automobiles) und der Wahrnehmung eines Zeichens kann nicht genug betont werden. Er hat z. B. zur Folge, dass beim „Wahrnehmen" eines Zeichens zusätzlich noch ein *Prozess des Decodierens* angenommen werden muss; d. h. ein Zuordnen von Zeichen und Bedeutung nach bestimmten gelernten Regeln (Codes).

Um weitere Einsichten in diese recht komplexen Zusammenhänge und eine präzisere Vorstellung vom Phänomen der Bedeutung zu erhalten, wollen wir von einer näheren Betrachtung des *Zeichens* ausgehen. Bei der Definition dieses Begriffes auf Seite 47 wiesen wir auf seine diadische Natur hin, indem wir sagten, ein Zeichen sei immer ein Zeichen *von* etwas. Das bezeichnete Etwas nannten wir das *Objekt.* Objekte können sein: reale Gegenstände, Ereignisse, Gefühle, Beziehungen, Eigenschaften, oder — wie die neuere Psycholinguistik es auszudrücken vorzieht — Ausprägungen auf Merkmalsdimensionen. [97]

Zeichen   Objekt

Wie Ogden und Richards nachgewiesen haben, bedarf es zur vollständigen Erhellung der Zusammenhänge der Einführung eines dritten Elementes, nämlich eines *Interpreten* des Zeichens. Ein Zeichen ist nicht nur Zeichen *von* etwas; es ist im wesentlichen Zeichen *von* etwas *für* jemanden. Oder anders ausgedrückt: Das Zeichen ist erst im Hinblick auf einen interpretierenden Empfänger ein Zeichen. Eine ausgegrabene Hieroglyphentafel enthält in Stein gehauene Ritzen, aber solange keine Zeichen als nicht jemand da ist, für den diese

97 Vgl. z. B. Engelkamp (Psycholinguistik) 86 ff.

Zeichen eine Bedeutung haben, d. h. einer, der diese Hieroglyphen zu decodieren weiss. [98]

Die Notwendigkeit, den Interpreten bei der Analyse des Zeichens miteinzubeziehen, ergibt sich aus der Tatsache, dass zwischen dem Zeichen und dem Objekt keinerlei Beziehung (Ähnlichkeit, Kausalität, usw.) bestehen muss. Das Zeichen erhält seine Bedeutung erst dadurch, dass eine Gruppe von Zeichenbenützern dem Zeichen diese Bedeutung *zuweisen.* Peirce spricht aus diesem Grunde von der *triadischen Natur* des Zeichens. [99]

Die Auffassung des Zeichens als Triade wollen wir in Anlehnung an das in der Semiotik übliche Dreieck wie folgt darstellen: [100]

Abbildung 23: Zeichen, Bedeutung und Objekt

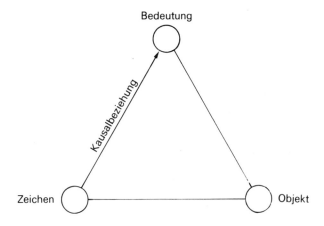

Die beiden Begriffe an der Basis des Dreieckes — Zeichen und Objekt — entsprechen den in der Semiotik allgemein üblichen Bezeichnungen. Anstelle von Bedeutung hingegen werden in der Literatur noch eine Vielzahl unterschiedlicher Begriffe vorgeschlagen, wie „Sinn" [101], „Gedanke" [102], „Abbild" [103], „Vorstellung" [104], u. a. m. Immer werden diese Termini verwendet, um den Sachverhalt auszudrücken, dass ein sinnlich wahrnehmbares Zeichen im wahrnehmenden Subjekt einen bestimmten mentalen Zustand hervorruft; oder m. a. W.: eine innere Repräsentation von Objekten aktiviert.

98 Hingegen wollen wir im Falle eines Werbebriefes von Zeichen sprechen, auch wenn im Augenblick niemand da ist, der diesen Brief liest. In diesem Fall können wir aber von Zeichen sprechen, weil experimentell feststellbar ist, ob diese Zeichen *potentiell* die Möglichkeit haben, Bedeutung zu aktivieren. Vgl. dazu auch Ackoff/Emery (Systeme) 168 f.

99 Vgl. Walther (Zeichenlehre) 47, sowie die dortigen Quellenangaben.

100 Vgl. z. B. Ogden/Richards (Meaning) 11; Ullmann (Semantik) 22; Wotjak (Bedeutung) 26, u. a.

101 Ullmann (Semantik) 78 ff.

102 Ogden/Richards (Meaning) 34.

103 Wittgenstein (Tractatus) 16 ff., der aber an anderen Stellen auch von „Vorstellung" u. ä. spricht.

104 Hörmann (Psychologie) 31.

Verschiedentlich wurde versucht, die obere Spitze des Dreieckes mit *Vorstellung* zu bezeichnen. Dies kommt etwa in der Formulierung von Wittgenstein zum Ausdruck: „Das Aussprechen eines Wortes ist gleichsam ein Anschlagen einer Taste auf dem Vorstellungsklavier." [105] Die Bezeichnung dieses durch das sinnliche Perzipieren eines Zeichens hervorgerufenen Zustandes als Vorstellung stösst aber zunehmend auf ablehnende Kritik. Diese ist vor allem auf die empirisch erhärtete Erkenntnis zurückzuführen, dass solche aktivierten Bedeutungen *nicht-anschaulichen Charakter* aufweisen können. Das Perzipieren und Decodieren von Zeichen muss in keiner Weise von „Bildern" oder „Vorstellungen" begleitet sein. [106]

Abgesehen von Differenzen bezüglich der Benennung des durch das Zeichen aktivierten „Etwas" besteht in der Literatur aber Einigkeit darüber, dass zwischen dem Zeichen und dem hier mit Bedeutung bezeichneten Phänomen eine *Kausalbeziehung* besteht, wobei das Zeichen Ursache und die aktualisierte Bedeutung Wirkung ist. [107] Dieser Umstand wird uns vor allem im Zusammenhang mit der Herleitung der Entscheidungshierarchie interessieren.

Die angestellten Überlegungen sowie die Abgrenzung des Konstruktes Bedeutung von jenem der Wahrnehmung sollten deutlich gemacht haben, was in dieser Arbeit unter Bedeutung verstanden wird. Eine Präzisierung erhält dieser Begriff durch seine Operationalisierung, d. h. wenn es darum geht, die Forschungsoperationen zu spezifizieren, mit Hilfe derer die Bedeutung von Zeichen im Einzelfall gemessen werden soll.

Ähnlich wie beim Konstrukt der Einstellung werden wir auch hier so verfahren, dass wir die Bedeutung in *Komponenten auflösen* und diese Komponenten mit den jeweils geeigneten Instrumenten zu messen versuchen.

Weit verbreitet ist die Aufteilung der Bedeutung in eine denotative und eine konnotative Komponente. Unterschiede bestehen aber in der Abgrenzung dieser beiden Termini. Ohne auf die verschiedenen Meinungen in der Literatur näher einzugehen, [108] wollen wir hier eine für unsere Zwecke geeignete Definition vornehmen: [109]

a) *Denotative Bedeutungskomponente:* Als denotativ bezeichnen wir in Anlehnung an Carroll jene Komponenten des Bedeutungskomplexes, welche für die Verständigung innerhalb einer bestimmten Gemeinschaft *wesentlich* (criterial) sind. Es handelt sich m. a. W. um den *konventionalisierten Bedeutungskern* von Zeichen, ohne den eine sinnvolle Kommunikation nicht möglich ist.

Für das Verständnis des Zeichens „AUTOMOBIL" müsste beispielsweise als wesentlich vorausgesetzt werden, dass es sich um ein Fahrzeug handelt, even-

---

105 Wittgenstein (Untersuchungen) 18.

106 Vgl. z. B. Hörmann (Sprache) 31; Hofstätter (Psychologie) 98 und die dort zitierte Literatur.

107 Vgl. z. B. Ogden/Richards (Meaning) 11, oder Ackoff/Emery (Systeme) 170.

108 Vgl. dazu z. B. Haug/Rammer (Sprachpsychologie) 126 ff.; Löber (Marktkommunikation) 187 f.; Teigeler (Kommunikation) 173; Kloepfer (Poetik) 88 ff.; Ullmann (Semantik) 147 ff.; Fuchs (Bedeutung) 53 ff.; Herrmann (Psychologie) 52 f.; Herrmann/Stäcker (Beiträge) 455.

109 Diese Definition lehnt sich jener von Carroll an. Vgl. Carroll (Language).

tuell dass dieses Fahrzeug mindestens vier Räder aufzuweisen hätte und sich ohne Einsatz menschlicher Energie fortbewege. [110]

b) *Konnotative Bedeutungskomponente:* Die Frage, was unter konnotativer Bedeutung zu verstehen sei, ist problematischer als bei der denotativen und wird in der Literatur entsprechend sehr unterschiedlich beantwortet. M. E. werden wir dem Problem am ehesten gerecht, wenn wir Konnotationen als sämtliche über den denotativen Bedeutungskern hinausragenden Mit- und Nebenbedeutungen eines Zeichens auffassen und diese wiederum in eine kognitive und eine emotionale Komponente zerlegen. Damit erhalten wir folgendes Gliederungsschema:

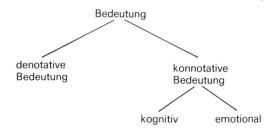

Die kognitive Komponente der Konnotation umfasst das gesamte *assoziative Umfeld,* welche das Perzipieren eines Zeichens „mitanklingen" lässt.

Die emotionale Komponente der Konnotation bezeichnet demgegenüber den „Gefühlsbeiklang" [111] oder m. a. W. die *emotionale Besetzung* von Zeichen. Sie äussert sich je nachdem in einem positiven oder negativen „Angemutetsein" des Zeichenempfängers.

Diese letztere Differenzierung in eine kognitive und eine emotionale Bedeutungskomponente muss als rein analytischen Zwecken dienende Unterscheidung aufgefasst werden; in Wirklichkeit ist jede durch ein Zeichen ausgelöste Assoziation mehr oder weniger emotional besetzt. Doch ist es sinnvoll, die assoziative (kognitive) und die emotionale Bedeutungskomponente isoliert auf ihre Wirkungen zu überprüfen. Zahlreiche weiter unten noch zu referierende Untersuchungen beruhen auf dieser Unterscheidung des Bedeutungskomplexes. [112]

Während die denotative Bedeutung eines Zeichens bei verschiedenen Individuen derselben Sprachgemeinschaft einen relativ invarianten Kern aufweist, sind die (kognitiven und emotionalen) Konnotationen in viel ausgeprägterem Masse von der *persönlichen Lernerfahrung* geprägt. Über die denotative Bedeutung des Zeichens „AUTOMOBIL" wird z. B. grosse Übereinstimmung zwischen verschiedenen Personen des deutschen Sprachraums bestehen. Wesentliche Abweichungen sind aber im konnotativen Bereich zu erwarten. Der eine assoziiert mit „AUTOMOBIL" grosse komfortable Wagen, während der andere vor allem

---

110 Bei wissenschaftlichen Termini ist die denotative Bedeutung durch deren *Definition* gegeben. Diese erfolgt, indem wir die Bedeutung des zu definierenden Zeichens (Definiendum) mittels anderer, mit dem Definiendum nicht identischer Zeichen (Definiens), umschreiben.

111 Ullmann (Semantik) 161.

112 Vgl. z. B. Kapitel 332.4.

an sportliche und schnelle Ausführungen denkt. Jemand, der einen schweren Autounfall miterlebt hat, wird starke (negative) Emotionen mit diesem Zeichen verbinden; während ein anderer an schöne Ferienreisen denkt. Mengentheoretisch könnte dieser Sachverhalt wie untenstehend dargestellt werden. Die denotative Bedeutungskomponente wird vor allem im Durchschnitt (im mengentheoretischen Sinne) anzutreffen sein. Die Konnotationen sind interindividuell sehr verschieden und hängen in viel ausgeprägterem Masse von privaten Erfahrungen sowie von der jeweiligen Motivationslage, Stimmung, usw. des Perzipienten ab.

Abbildung 24: Mengentheoretische Darstellung des „Bedeutungskernes"

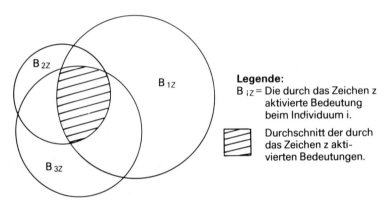

Es ist offensichtlich, dass die denotative Bedeutungskomponente in einer Werbebotschaft (die sogenannte Werbeaussage oder das Argument) [113] ein wesentlicher Bestimmungsfaktor für den Erfolg einer Einstellungsbeeinflussung ist. Je nach verwendeten Werbeargumenten sind unterschiedliche Reaktionen seitens des Empfängers zu erwarten.

Die Wirkung der konnotativen Bedeutungskomponente ist dagegen schwieriger abzusehen und vom Werbegestalter entsprechend auch problematischer zu handhaben. Wittgenstein sprach von den Konnotationen als von „Wörtern mit verschwommenen Rändern", verglich sie mit unscharfen Photographien und warf die Frage auf: „Kann man ein unscharfes Bild immer mit Vorteil durch ein scharfes ersetzen? Ist das unscharfe nicht oft gerade das, was wir brauchen?" [114] In der Tat belegen gerade neuere semantische und psychologische Untersuchungen, dass diese „verschwommenen Ränder" (Konnotationen) der Zeichenbedeutung die Effizienz der Informationsaufnahme und -verarbeitung entscheidend beeinflussen können.

Die konnotativen Bedeutungselemente stellen oft eine Verbindung zwischen dem reinen „Mitteilungswert" der Zeichen und der privaten Erfahrung des perzipierenden Individuums her. Die Bezugnahme auf solche individuelle Erleb-

113 Weinhold (Marketing) 119.
114 Wittgenstein (Untersuchungen) 34.

nisbereiche begünstigt das Verarbeiten und Behalten von Informationen. [115] Eine analoge Wirkung zeitigen emotional besetzte Konnotationen. Die Zusammenhänge zwischen Emotionen erregenden Botschaften und der Wirkung auf den Perzipienten ist in neuerer Zeit intensiv erforscht worden und soll in den Ausführungen über die Botschaftsgestaltung noch eingehender diskutiert werden. [116]

213.433 Die Operationalisierung der Bedeutung

Wenn im Zusammenhang mit Werbung Bedeutungen gemessen werden sollen, so stehen weniger Bedeutungen einzelner Zeichen im Zentrum des Interesses, als vielmehr jene ganzer Zeichenkomplexe, d. h. konkret: es interessiert die durch ein Werbemittel (Anzeige, Plakat, Film, usw.) aktualisierte Bedeutung. An dieser Stelle sollen einige Instrumente kurz beschrieben werden, mit deren Hilfe die Bedeutung von Werbebotschaften gemessen werden kann.

Ausgehend von unserem Gliederungsschema auf Seite 75 wollen wir Methoden anführen, die sich für die Messung der denotativen Botschaftsbedeutung und der konnotativen, d. h. insbesondere der kognitiven und emotionalen Bedeutungskomponente eignen.

Die Messung der Botschaftsbedeutung erfolgt in der Praxis fast durchwegs anlässlich eines sogenannten *Pretests* und viel seltener im Rahmen einer ex post Werbeerfolgskontrolle. Noch während der Planungsphase und vor der Streuung der Werbemittel werden alternative Gestaltungsentwürfe einer Stichprobe von Versuchspersonen vorgelegt. Ziel einer solchen Untersuchung ist vor allem, die Eignung von Gestaltungsalternativen zu beurteilen und darüber hinaus Hinweise auf Decodierungsschwierigkeiten oder eventuell Fehldecodierungen zu bekommen.

a) *Methoden zur Messung der denotativen Botschaftsbedeutung*

Die Erfassung der denotativen Komponente der Werbebotschaft — wir werden sie später mit „Werbeaussagen" bezeichnen — soll vor allem die Frage klären, ob die Aussage von den anvisierten Zielpersonen in der beabsichtigten Weise decodiert wird. Darüber hinaus interessiert den Werbegestalter auch die Frage, welche Elemente der Werbeaussage die Zielperson bei einer nur *kurzzeitigen und flüchtigen Betrachtung* decodiert und u. U. behält. Denn eine kurzzeitige Betrachtung des Werbemittels dürfte am ehesten den in der Wirklichkeit vorzufindenden Bedingungen entsprechen, und unter diesen Umständen ist für die Wirkung z. B. einer Anzeige entscheidend, ob der Produktname, die Produktgattung und welche der im Werbemittel erwähnten Produktmerkmale von den Zielpersonen auch tatsächlich wahrgenommen werden und ob allenfalls wichtige Aussageelemente übersehen werden.

Die Erfassung der denotativen Komponente einer Werbebotschaft wirft keine grossen methodologischen Probleme auf, da hier vorwiegend eine direkte Befragung eingesetzt werden kann. So wird z. B. die Versuchsperson während einer bestimmten Zeitdauer dem Werbemittel ausgesetzt [117] und anschliessend

---

115 Vgl. Engelkamp (Psycholinguistik) 89 und die dort zitierten Untersuchungen. Vgl. dazu auch die Ausführungen auf S. 00.

116 Vgl. Kapitel 332.

117 Zu den zahlreichen möglichen Versuchsanordnungen vgl. vor allem Lucas/Britt (Messung).

gefragt, welcher Produktgattung das betreffende Produkt zuzuordnen sei, welchen Namen es trage und welche Merkmale und Vorteile es aufweise.

Ähnliche Ergebnisse werden mit sogenannten Lückentests erzielt, bei denen die Versuchsperson weggelassene Satzteile oder Worte zu ergänzen hat. [118] Die denotative Werbeaussage kann aber auch durch unstrukturierte Fragen in Erfahrung gebracht werden, bei denen die Versuchsperson aufgefordert wird, den „Sinn" der Werbebotschaft mit anderen Worten nachzuerzählen. Die Ergebnisse können inhaltsanalytisch ausgewertet und damit einer quantitativen Analyse zugänglich gemacht werden.

b) *Methoden der Messung der konnotativen Bedeutungskomponente*

Die Darstellung dieser Instrumente wollen wir beginnen mit solchen, die ausschliesslich den *kognitiven* Teil von Konnotationen erfassen. Diesen haben wir definiert als das assoziative Umfeld eines Zeichens oder Zeichenkomplexes. Bereits diese Umschreibung verweist uns auf den *Assoziationstest* als eines der wichtigsten Instrumente. Dabei wird die Versuchsperson einem Werbemittel oder Teilen davon (Worte, Bilder, Signete, usw.) ausgesetzt und aufgefordert, sämtliche Wörter zu nennen, die ihr beim Anblick dieser Stimuli in den Sinn kommen. [119]

Nützliche Hinweise können solche Assoziationstests vor allem dann geben, wenn bei einer grösseren Zahl von Versuchspersonen die Assoziationen unvorteilhafte Richtungen einschlagen, insbesondere wenn die erprobten Werbestimuli mit unliebsamen, peinlichen, angsterzeugende, [120] u. ä. Erlebnisbereichen in Verbindung gebracht werden.

Da aber speziell solche peinlichen und unliebsamen Assoziationen bei dieser Versuchsanordnung häufig nicht geäussert werden, werden die sogenannten *projektiven Verfahren* herbeigezogen. Diese gehen von der Annahme aus, dass eine Versuchsperson Assoziationen eher auszusprechen wagt, wenn sie diese einer anderen Person zuschreiben kann. Ein typisch projektives Vorgehen ist der sogenannte *Thematic Apperception Test (TAT),* der häufig aus einer karikaturartigen Darstellung von Personen in einer bestimmten Situation besteht. Eine dieser Personen ist mit einer „Luftblase", die aus dem Mund quillt, versehen, und die Versuchsperson wird nun aufgefordert, dieser Person eine mögliche verbale Äusserung zuzuschreiben. [121]

Ein illustratives Beispiel einer solchen Untersuchung liefern Lucas und Britt: Eine Zeichnung zeigt eine Frau, die einen Check über 10 000 Dollars von einem Versicherungsagenten erhält. Aus dem Kontext ist zu schliessen, dass es sich um die Versicherungssumme ihres verstorbenen Gatten handelt. Der typische Kommentar der Ehemänner zu dieser Bildanordnung soll gelautet haben: „Junge, die wird sich einen guten Tag machen. Sie wird die ganze Summe in

---

118 Vgl. Lucas/Britt (Messung) 196.

119 Vgl. die ausführliche Beschreibung des Assoziationsverfahrens bei Spiegel (Untersuchungsmethoden) 115 ff.

120 Unter welchen Bedingungen angsterzeugende Stimuli *wünschenswert* sein können, wird weiter unten noch zu untersuchen sein. Vgl. Kapitel 322.2.

121 Eine detaillierte Darstellung dieser Methode und ihrer Variationen findet sich bei Lucas/Britt (Messung) 160; Spiegel (Untersuchungsmethoden) 107 ff., und Wiswede (Motivation) 323 f.

weniger als einem Tag durchgebracht haben." [122] Die Schlussfolgerung, die aus einem solchen Untersuchungsergebnis gezogen werden kann, liegt auf der Hand: Wenn Ehemänner als potentielle Versicherungsnehmer umworben werden sollen, so darf die Gestaltung des Werbemittels in keiner Weise einer solchen Gedankenverbindung Vorschub leisten.

Die mit projektiven Verfahren verbundenen Schwierigkeiten liegen zum einen darin begründet, dass — im Gegensatz zu den oben beschriebenen Assoziationstests — schon vor der Erstellung des Bildmaterials bestimmte Hypothesen vorliegen müssen. Darüber hinaus wird gefordert, diese projektiven Verfahren nur von besonders geschulten Psychologen durchführen zu lassen. [123]

Das eigentliche zur Messung von Konnotationen eingesetzte Instrument ist das ursprünglich von Osgood und seinen Mitarbeitern entwickelte *semantische Differential*. [124] Dabei handelt es sich, verkürzt wiedergegeben, um folgendes Vorgehen: Auf einer meist 7-stufigen Ratingskala mit an den Enden stehenden polar entgegengesetzten Adjektiven, sind die zu untersuchenden Zeichen oder Zeichenkomplexe von Versuchspersonen einzustufen. Das Ergebnis dieser Prozedur kann faktorenanalytisch ausgewertet werden, wodurch die zahlreichen Gegensatzpaare auf ihre „Grunddimensionen" verdichtet werden.

In unserem Begriffs-Schema nimmt dieses Instrument eine Art Mittelstellung ein, indem es sowohl kognitive als auch emotionale Komponenten erfasst. Dies ist schon daraus ersichtlich, dass die von Osgood vorgenommene faktorenanalytische Auswertung von Einstufungen verschiedenartigster Wörter der Umgangssprache drei Dimensionen zutage förderte, welche von Osgood mit „Bewertung" (evaluation), „Potentialität" (potency) und „Aktivität" (activity) genannt werden. Schon ein intuitiver Vergleich mit dem auf Seite 75 eingeführten Begriff der emotionalen Bedeutungskomponente zeigt, dass die von Osgood vorgeschlagene Operationalisierung hauptsächlich auf die Erfassung der *emotionalen Komponente* abzielt. [125]

Ein Instrument, welches ebenfalls zur Erfassung von Konnotationen eingesetzt wird, ist das *Tachistoskop*. [126] Auch es kann kognitive und emotionale Bedeutungskomponenten sichtbar machen und — bei längerer Expositionszeit — auch zur Messung von denotativen Bedeutungselementen verwendet werden.

Die Anwendung des Tachistoskops beruht auf der Theorie der sogenannten Aktualgenese, d. h. auf der Einsicht, dass die Wahrnehmung von optischen Stimuli in einem Zeit beanspruchenden *Prozess* ablaufe. Wahrnehmungen sind nach dieser Theorie nicht plötzlich, augenblicklich da, sondern entstehen prozessual in der sogenannten Aktualgenese. [127] Diese ist einer besonderen Gesetz-

---

122 Lucas/Britt (Messung) 162.
123 Spiegel (Untersuchungsmethoden) 109.
124 Osgood/Suci/Tannenbaum (Measurement); vgl. auch Hofstätter (Sozialpsychologie) 258 ff.; Bergler (Eindrucksdifferential).
125 Mit der Frage, welche Bedeutungskomponenten das Osgood'sche Differential tatsächlich erfasst und welche nicht erfasst werden, setzt sich Fuchs auseinander. Auch er kommt zum Schluss, dass *emotionale Komponenten* deutlich vorherrschen, während die zweifellos vorhandenen kognitiven Komponenten wenig berücksichtigt sind. Vgl. Fuchs (Eindrucksdifferential) 69 ff.; vgl. auch Ullmann (Semantik) 88 f.
126 Vgl. dazu Spiegel (Untersuchungsmethoden) 47 ff., sowie Kroeber-Riel (Konsumentenverhalten) 152 ff.
127 Spiegel (Untersuchungsmethoden) 47.

mässigkeit unterworfen, indem die zeitlich ersten Reaktionen des Individuum ausschliesslich in einem spontanen und unreflektierten „Angemutetsein" bestehen. Dieser ersten Phase folgend treten dann sukzessive bewusstere und klarere Informations-Verarbeitungsprozesse auf, bis letztlich das verstandesmässige Decodieren der Botschaft einsetzt.

Die Versuchsanordnung des Tachistoskops macht sich diese Gesetzmässigkeit zunutze, indem sie den Wahrnehmungsvorgang zum erstenmal abbricht, bevor bewusste Informations-Verarbeitungsprozesse einsetzen können. Die entsprechenden Expositionszeiten bewegen sich in Grössenordnungen von Millisekunden. Durch anschliessendes Befragen der Versuchsperson — z. B. anhand eines semantischen Differentials — werden diese ersteren spontanen und unreflektierten Eindrücke festgehalten. Der Versuch wird mit zunehmend längeren Expositionszeiten fortgesetzt, bis schliesslich das eigentliche verstandesmässige Decodieren eintritt und die ersten denotativen Bedeutungselemente von der Versuchsperson erfasst werden können.

Als letzte und ausschliesslich für die Erfassung emotionaler Bedeutungskomponenten gedachte Versuchsanordnungen, sollen nun noch jene erwähnt werden, welche die durch Zeichen ausgelösten Reaktionen aufgrund *physiologischer Indikatoren* messen. Mit Erfolg haben Vertreter der sogenannten Aktivierungstheorie Veränderungen des elektrischen Hautwiderstandes, Veränderungen der Gehirnströme, der Muskelspannung, der Atmung, des Pulses, der peripheren Durchblutung, usw. als Folge von Emotionen nachweisen können. [128]

Praktische Untersuchungsergebnisse auf dem Gebiet der politischen Propaganda legen Kroeber-Riel und seine Mitarbeiter vor. [129] Die Versuchspersonen wurden Reizwörtern wie „Sozialist", „Kommunist", „modern", „konservativ", u. a. ausgesetzt und gleichzeitig wurden Veränderungen des elektrischen Hautwiderstandes (psychogalvanische Reaktion), der Pulsfrequenz, der peripheren Durchblutung sowie der Atmung registriert. Veränderungen dieser Variablen erwiesen sich als gute Indikatoren für die Intensität einer emotionalen Reaktion auf verbale Stimuli. Über die Richtung dieser Emotionen konnte diese Versuchsanordnung allerdings keine Auskunft geben. Diese wurde anschliessend durch Befragung der Versuchsperson in Erfahrung gebracht, indem sie ihre Reaktionen auf einer Skala von „angenehm" bis „unangenehm" einstufen musste.

Es ist zu vermuten, dass der Messung der emotionalen Bedeutungskomponente von Werbestimuli in Zukunft weit höheres Gewicht beigemessen wird, als dies heute der Fall ist. Dies liegt nicht nur darin begründet, dass solche Reaktionen relativ einfach erfasst werden können, sondern vor allem in der heute als gesichert geltenden Gesetzmässigkeit, dass Werbestimuli ohne ein Mindestmass an emotionalem „Beiklang" unter normalen Umständen kaum Wirkungen zeitigen. [130]

128 Vgl. die bei Schönpflug diskutierten Untersuchungen: Schönpflug (Aktivierungsforschung), sowie Kroeber-Riel (emotionale Werbung) 158 und die dort zitierte Literatur.
129 Kroeber-Riel/Barg/Bernhard (Reizstärke).
130 Vgl. dazu die Ausführungen in Kapitel 322.2 und Kapitel 332.4.

22   Die Entscheidungsbereiche im Werbe-Entscheidungs-System (WES)

Im vorangegangenen Kapitel 21 wurde versucht, das Werbe-Kommunikations-System zu analysieren und insbesondere die Elemente dieses Systems herauszuschälen. Fassen wir die dabei gewonnenen Einsichten zusammen, so erhalten wir folgendes Diagramm:

Abbildung 25: Das Werbe-Kommunikations-System

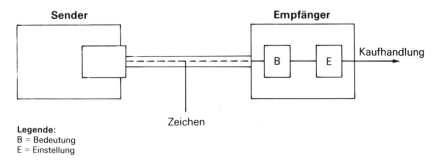

Legende:
B = Bedeutung
E = Einstellung

Bei dieser Analyse sind wir von einem allgemeinen Kommunikationsmodell der Kybernetik ausgegangen und haben dessen Anwendungsbereich schrittweise eingeengt und auf die Besonderheiten der werblichen Kommunikation Bezug genommen. Damit verbunden war eine zunehmende Konkretisierung, wobei wir aber bei jenem Allgemeingültigkeitsgrad Halt gemacht haben, der möglichst noch für alle in der Wirklichkeit auftretenden Werbephänomene zutreffen soll. Diese Allgemeingültigkeit kommt insbesondere darin zum Ausdruck, dass die Elemente dieses Systems eine ganze *Klasse von Ausprägungen* bezeichnen. So umfasst z. B. das Element „Kanal" eine grosse Anzahl von Unterklassen wie Zeitungen, Zeitschriften, Radio, TV, usw. Vom Standpunkt desjenigen, der den gesamten Kommunikationsvorgang planen muss, stecken diese Elemente „Bereiche" ab, welche für ihn Freiheitsgrade darstellen und dessen konkrete Ausprägungen er gemäss seinen Absichten wählen kann. Man sieht, dass es sich hier offensichtlich um die im ersten Kapitel mit *Entscheidungsbereichen* bezeichneten Phänomene handeln muss. Damit sind wir am Ziel unserer Analyse angelangt, nämlich Entscheidungsbereiche der Werbung auf systematischem, intersubjektiv nachvollziehbarem Wege herzuleiten.
Betrachten wir das obige Schema des Werbekommunikationssystems und berücksichtigen wir, dass die eigene Unternehmung die Rolle des Senders einnimmt, so treten aus ihrer Sicht folgende Systemelemente als Entscheidungsbereiche in Erscheinung:
1. *Kanal:* In diesem Bereich sind Entscheide über die zu belegenden sogenannten *Werbeträger* zu fällen.
2. *Zeichen:* Die Wahl von Zeichen entspricht der gemeinhin mit *Botschafts-Gestaltung* [131] bezeichneten Tätigkeit.
3. *Empfänger (Zielpersonen):* Hier sind die mit der Werbung anzuvisierenden Empfänger festzulegen. In den weiteren Ausführungen wird in diesem Zusammenhang von *Zielpersonen* gesprochen.

131 Vgl. Kapitel 332.

4. *Botschafts-Bedeutung:* Es geht hier darum, festzulegen, welche denotativen und konnotativen Bedeutungselemente bei den Zielpersonen zu aktualisieren sind.

5. *Einstellung (Kommunikations-Wirkung):* Da in dieser Arbeit von einem mehrdimensionalen Einstellungsmodell ausgegangen wird, geschieht die Definition der zu erzeugenden Einstellung über die Festlegung seiner Komponenten; d. h. der zu beeinflussenden *Vorstellung* von der beworbenen Marktleistung und u. U. der zu beeinflussenden *Bedürfnisse.*

Wir werden weiter unten noch der Frage nachzugehen haben, ob in besonderen Fällen die beabsichtigte Wirkung der Kommunikation auch eine andere sein kann als die Beeinflussung der Einstellung. [132] Aus diesem Grunde werden wir den Entscheidungsbereich „Einstellung" vorläufig etwas allgemeiner mit *„Kommunikations-Wirkung"* umschreiben.

6. *Timing:* Ziehen wir die dynamische Dimension des Kommunikationssystems — den Kommunikationsprozess — in unsere Betrachtung hinein, so kann auch die zeitliche Determinierung des Kommunikationsvorganges als Entscheidungsbereich aufgefasst werden: *Wann* und *wie oft* soll die Botschaft durch den Kanal geschickt werden? Entscheidungen hierüber werden häufig als Timing der Werbung bezeichnet.

23   Die Ordnung der Entscheidungsbereiche zur Entscheidungs-Hierarchie

Es verbleibt die Aufgabe, die durch unsere Analyse des Werbekommunikationssystems angefallenen Entscheidungsbereiche zu ordnen. Als formales Ordnungsschema dient uns dabei die im ersten Kapitel dargestellte *Entscheidungshierarchie.* Wie gezeigt wurde, [133] entsteht diese durch Anordnen der Entscheidungsbereiche entsprechend den sie verbindenden Ziel-Mittel-Beziehungen. Oder m. a. W.: die Stellung eines einzelnen Entscheidungsbereiches sei bestimmt durch die Ziel-Mittel-Beziehungen, die ihn mit der übrigen Menge der Entscheidungsbereiche verbindet.

Die Ziel-Mittel-Beziehungen entsprechen einer finalen Betrachtung und können vom erklärenden Standpunkt aus auch als Kausalbeziehungen bezeichnet werden. Als solche müssen sie durch eine empirisch gehaltvolle und grundsätzlich überprüfbare Hypothese beschrieben sein. Wie sich aber bereits bei der Analyse der menschlichen Kommunikationsaufnahme und -verarbeitung gezeigt hat, stimmen einige dieser Hypothesen derart mit unserer Alltagserfahrung überein, dass sich ein exakter empirischer Nachweis erübrigt. Im folgenden sollen nun die sechs Entscheidungsbereiche der Werbung zur Entscheidungshierarchie geordnet werden, wobei wir uns, soweit vorhanden, auf überprüfte Hypothesen berufen und andernfalls die Ziel-Mittel-Beziehung anhand einiger Beispiele plausibel machen werden.

Die Ordnung der Entscheidungsbereiche entsprechend ihrer Ziel-Mittel-Beziehungen, bzw. Kausalbeziehungen, ergibt folgendes Diagramm:

---

132 Vgl. 97.
133 Auf die Begründung des Vorgehens bei der Herleitung der Entscheidungshierarchie soll hier nicht mehr näher eingetreten werden. Vgl. dazu S. 29 ff.

Abbildung 26: Die Entscheidungshierarchie der Werbung

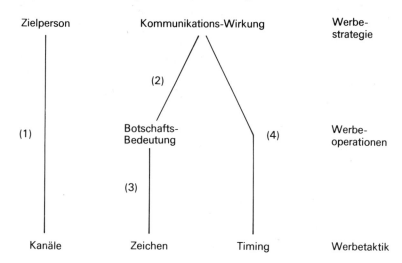

In diesem Schema stehen folgende Ziel-Mittel-Beziehungen im Vordergrund:
1. *Kanäle → Zielpersonen:* Die Benützung eines bestimmten Kanals ist Ursache und hat die Erreichung der entsprechenden Empfänger als Wirkung zur Folge. So erreichen wir z. B. durch die Wahl einer Jugendzeitschrift als Kanal jugendliches Zielpublikum; und die Belegung einer Motorradsport-Zeitung zieht die Erreichung des entsprechend interessierten Publikums als Wirkung nach sich.
2. *Botschafts-Bedeutung → Kommunikationswirkung (Einstellung):* Als Kommunikationswirkung wollen wir vorderhand die Veränderung von Einstellungen betrachten und anderen Wirkungskategorien weiter unten nachgehen. Um mit Werbung Einfluss auf die Komponenten der Einstellung zu nehmen, müssen die Werbestimuli decodiert werden; d. h. beim Empfänger eine bestimmte Bedeutung aktivieren. Anders ausgedrückt: das Decodieren ist eine notwendige (wenn auch nicht hinreichende) Bedingung, damit durch Kommunikation überhaupt eine Wirkung erzielt werden kann. [134]
3. *Zeichen → Botschafts-Bedeutung:* Diese Kausalbeziehung wurde bereits auf Seite 73 f. nachgewiesen.
4. *Timing → Kommunikationswirkung (Einstellung):* Die Erzielung einer Einstellungsänderung ist nicht nur vom Inhalt der Werbebotschaft abhängig, sondern ebenso vom gewählten *Zeitpunkt* und vor allem von der *Häufigkeit* der Botschaftsübermittlung. Diese Kausalbeziehung ist durch zahlreiche empirischen Untersuchungen belegt und genauer spezifiziert worden. [135]

Wie aus Abbildung 26 hervorgeht, ist die oberste Ebene der Entscheidungshierarchie mit *Werbestrategie,* die folgende Ebene mit *Werbeoperationen* und

134 Diese Kausalbeziehung ist analog jener zwischen der Variable Wahrnehmung und Einstellung in anderen Werbewirkungsmodellen. Vgl. 69 ff.
135 Vgl. die in Kapitel 333 zitierten Untersuchungen.

die unterste Ebene mit *Werbetaktik* bezeichnet worden. [136] Primäres Kriterium bei dieser Gliederung ist die zwischen den Entscheidungsbereichen herrschenden *Ziel-Mittel-Beziehungen.*

Andere Ansätze gehen von einem *zeitlichen Gliederungskriterium* aus. [137] Mit dieser Auffassung stimmt die hier gewählte Gliederung insofern überein, als auch in einer Ziel-Mittel-Hierarchie die jeweils höher liegenden Entscheide die maximale zeitliche Reichweite determinieren. Oder anders gesagt: Die Wirkungen der jeweils „Mittelcharakter" aufweisenden Entscheide dürfen nicht weiter in die Zukunft reichen als jene der ihnen übergeordneten. Andernfalls würden sie über den Rahmen der übergeordneten Entscheide hinausgehen und ständen zu diesen nicht mehr in einer Ziel-Mittel-Beziehung. [138]

Die Konsequenzen dieser Überlegungen für die Werbeplanung bestehen darin, dass die Werbeoperationen keinesfalls längerfristig festgelegt werden können als die Werbestrategie; und die Werbeoperationen wiederum die maximale zeitliche Reichweite der Werbetaktik begrenzt. Andererseits ist es — bei Verwendung der Ziel-Mittel-Beziehung als Gliederungskriterium — durchaus zulässig, *alle drei Ebenen auf den gleichen Zeitraum zu beziehen.*

Die Erzielung einer Kommunikationswirkung wie z. B. die Veränderung von Einstellungen ist nicht Endzweck der Werbeanstrengungen. Vielmehr stehen diese — gemeinsam mit den übrigen absatzpolitischen Tätigkeiten — im Dienste gewisser übergeordneter Ziele, d. h. insbesondere der *Marketingziele.* Wesentlicher Bestandteil einer Marketingzielsetzung ist aber die Erreichung von Umsätzen in einem bestimmten Marktsegment oder m. a. W.: das Auslösen von Kaufhandlungen. [139] Den Nachweis einer kausalen Abhängigkeit dieser Kaufhandlungen von den Einstellungen gegenüber der beworbenen Marktleistung haben wir, gestützt auf die empirischen Untersuchungen, bereits auf Seite 62 ff. erbracht. Damit können wir unser Diagramm wie in Abbildung 27 ergänzen.

Mit der Herleitung der Entscheidungshierarchie der Werbung und ihres Anschlusses an die Marketingzielsetzung ist das Anliegen dieses Kapitels grundsätzlich erfüllt. Es verbleibt aber noch die Einschränkung festzuhalten, dass im obigen Diagramm nur die relativ starken und vorherrschenden Kausal-, bzw. Ziel-Mittel-Beziehungen ausgewiesen sind. Bei Berücksichtigung auch schwächerer Kausalbeziehungen würde sich vermutlich ein höchst *komplexes Netzwerk* von solchen Beziehungen ergeben. So ist beispielsweise anzunehmen, dass auch eine relativ schwache Abhängigkeit von der Wahl des Kanales und der erzielten Kommunikationswirkung bestehe: Das „Image" einer als seriös beurteilten Tageszeitung wird auch auf die Kommunikationswirkung der darin enthaltenen Anzeigen abstralen („irradieren"), indem einer solchen Anzeige zum vorneherein mehr Glaubwürdigkeit entgegengebracht wird. Oder umgekehrt: entspricht die Gestaltung eines Werbemittels dem Stilempfinden eines Empfängers, so wächst auch die Chance, von ihm beachtet zu werden. Die Gestal-

136 In Anlehnung an die Terminologie von Weinhold, der eine Unterscheidung in Marketingstrategie, Marketingoperationen und Marketingtaktik vornimmt. Vgl. Weinhold (Marketingkonzepte) 9.

137 Vgl. z. B. Weinhold (Marketingkonzepte) 9 ff.; vgl. auch Wild (Unternehmungsplanung) 166 ff.

138 Berthel (Unternehmungssteuerung) 45.

139 Vgl. z. B. Weinhold (Marketing) 15, sowie 71 ff.

Abbildung 27: Die Entscheidungshierarchie der Werbung im Anschluss an die Marketing-ziele

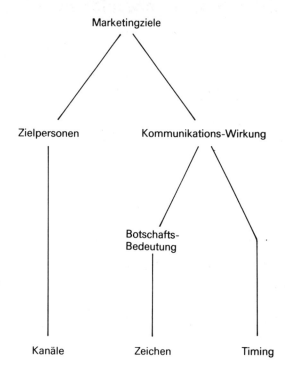

tung der Werbebotschaft steht somit nicht nur im Dienste der Erzielung einer bestimmten Einstellungsveränderung, sondern ebenfalls der Selektion der Empfänger (sogenannte Selbstselektion [140]). Solche schwachen kausalen Abhängigkeiten sind im obigen Diagramm nicht eingezeichnet; ihnen wird aber bei der Entscheidungsfindung ebenfalls Rechnung zu tragen sein. [141]

---

140 Vgl. z. B. Scheuch (Struktur) 216.
141 Z. B. im Zusammenhang der Wahl der Kanäle, vgl. Kapitel 331.

3 Alternativen und deren Konsequenzen in den sechs Entscheidungsbereichen

Im zweiten Kapitel wurde versucht, sechs Entscheidungsbereiche der Werbung zu isolieren und sie zur Entscheidungshierarchie zu ordnen. Diese Bereiche stellen für den Werbeplaner Freiheitsgrade dar, die im planspezifischen Fall zu konkretisieren sind: d. h. es ist eine Wahl zwischen alternativen Ausprägungen zu treffen. Der Entscheidungsprozess, welcher zur Wahl der geeignetsten Alternative führt, wollen wir aus den genannten Gründen[1] nicht untersuchen und auf die Probleme, die mit der Koordination der verschiedenen Entscheidungen im multipersonalen Planungsprozess zusammenhängen, erst im letzten Kapitel dieser Arbeit eintreten. An dieser Stelle wollen wir an die drei Elemente des entscheidungslogischen Kalküls[2] anknüpfen und lediglich folgendes festhalten: Das Treffen rationaler Entscheide setzt in jedem dieser sechs Bereiche die Kenntnis der möglichen *Alternativen* sowie deren Konsequenzen hinsichtlich gegebener Ziele voraus. Konsequenzen von Alternativen können mit einem *Wirkungsmodell* prognostiziert werden. Dieses beinhaltet die massgeblichen Hypothesen sowie die Daten, welche über das Erfülltsein der Antecedenzbedingungen informieren.

Im vorliegenden dritten Kapitel werden wir die Alternativen und deren Konsequenzen in den sechs Bereichen in der durch die Entscheidungshierarchie vorgegebenen Reihenfolge analysieren: Vorerst sollen die Entscheidungsbereiche der strategischen Ebene (Zielpersonen/Kommunikations-Wirkung) zur Sprache kommen; anschliessend jener der operativen Ebene (Botschafts-Bedeutung) und der taktischen Ebene (Kanäle/Zeichen/Timing).

Die Analyse der möglichen Alternativen und deren Wirkungen wirft in bezug auf die *zweckmässigste Systematik* einige Schwierigkeiten auf. Diese sind darin begründet, dass in der Werbepraxis eine unüberblickbare Vielfalt möglicher Problemsituationen angenommen werden muss, die in einer betriebswissenschaftlichen Arbeit kaum je vollständig erfasst werden können. Hier kann es nur darum gehen, *beispielhaft* vorzugehen und sich auf *typische Problemsituationen* zu beschränken.[3] Für die Bildung typischer Problemsituationen sehen wir zwei grundsätzliche Vorgehensweisen:

1. Zum einen ist denkbar, primär von *typischen Datenkonstellationen* (sog. „Einflussfaktoren") auszugehen und für jede solche Datenkonstellation auf die im Sinne bestimmter Ziele adäquaten Handlungsalternativen hinzuweisen. Dieses Vorgehen ist gelegentlich auch in der betriebswirtschaftlichen Literatur anzutreffen, entspricht aber eher einem erklärend-analytischen Untersuchungszweck. Hovland und seine Mitarbeiter sind nach diesem Schema vorgegangen.[4] In ihren Untersuchungen gingen sie von typischen Persönlichkeitsmerkmalen des Empfängers, typischen Eigenschaften des Senders, der Situation, u. a. m. aus und klärten jeweils die Wirkung der Kommunikation bei der betreffenden Datenkonstellation ab.

1 Vgl. S. 33 ff.
2 Vgl. dazu die Ausführungen auf S. 33 ff.
3 Vgl. Stählin (Forschung) 98, sowie Heinen/Dietel („Wertfreiheit") 15.
4 Vgl. die berühmten Untersuchungen von Hovland/Janis/Kelly (Communication).

2. Eine weitere Möglichkeit ist jene, von *typischen Alternativen* auszugehen und sekundär darauf hinzuweisen, bei welcher Datenkonstellation diese Alternativen im Lichte bestimmter Ziele optimal sind. Dieses Vorgehen kommt eher entscheidungsbezogenen und betriebswirtschaftlichen Absichten entgegen, indem aus solchen Untersuchungsergebnissen auf direktem Wege wissenschaftlich fundierte Verhaltensregeln abgeleitet werden können.

Bei der Analyse der sechs Entscheidungsbereiche der Werbung werden wir einmal diesen und einmal jenen Weg beschreiten. Im Sinne einer einheitlichen Systematik muss man dieses Vorgehen bedauern; es drängt sich uns aber deshalb auf, weil wir in diesem dritten Kapitel durchwegs auf *sekundär-empirisches Material* abstellen müssen. Dieses stammt aus den unterschiedlichsten Forschungsrichtungen wie der allgemeinen Kommunikationstheorie, der Psychologie, der Werbewissenschaft, u. a. m. Entsprechend sind diese empirischen Untersuchungsergebnisse auch sehr unterschiedlich systematisiert und kaum in einem einheitlichen formalen Bezugsschema unterzubringen.

In bestimmten Fällen kann sogar weder die eine noch die andere Systematik gewählt werden; nämlich dann, wenn eine unüberblickbare Vielfalt möglicher Datenkonstellationen denkbar ist, die kaum zu sinnvoll zu Klassen „typisiert" werden können. Einen solchen Fall werden wir im Bereiche der Kanal-Wahl vorfinden. Hier muss auf die Bezugnahme konkreter Daten überhaupt verzichtet werden.[5] Hingegen werden wir in diesem Entscheidungsbereich das *formale Prozedere,* welches zur Wahl der geeigneten Kanäle führt, beschreiben; d. h. in diesem Fall die sog. Media-Selektionsmodelle darstellen.

Bei der nun folgenden Darstellung werblicher Alternativen und Wirkungszusammenhänge werden wir immer wieder auf Grenzen stossen, die daher rühren, dass — aus der Sicht des Werbeplaners — wesentliche Wirkungszusammenhänge noch nicht erforscht sind. Diese werden sich als Lücken in dieser Arbeit bemerkbar machen und können allenfalls durch „Vermutungen", in der Literatur empfholenen „Faustregeln" u. a. ausgefüllt werden.

31   Die Werbestrategie

Die Werbestrategie umfasst die beiden Entscheidungsbereiche Zielpersonen und Kommunikations-Wirkung. Sie ist die Antwort auf die Frage: *wem* übermitteln wir die Werbebotschaft und welche *Wirkung* wollen wir bei diesen Personen erzielen?

311   Die Wahl der Zielpersonen

Das Problem der Werbe-Zielpersonen-Wahl wird hier unter dem Gesichtspunkt behandelt, dass auf der Ebene der Marketingziele bereits ein Marktsegment

---

5 Eine Möglichkeit, in diesem Bereich „Typen" zu bilden, bestünde darin, z. B. Tageszeitungen, Zeitschriften, Plakate, TV, usw. zu unterscheiden und diese auf ihre Wirkungen zu untersuchen. Da aber in der bestehenden Literatur diesbezüglich sehr wenig empirisch abgesicherte Wirkungszusammenhänge zu finden sind, muss dieser Weg als nicht sinnvoll bezeichnet werden.

gewählt wurde. Dieser (Marketing-) Entscheid geht als *Prämisse* bei der Wahl der Werbe-Zielpersonen ein.

Bei der Wahl der Werbe-Zielpersonen kann es sich unter diesen Bedingungen nur noch um eine *Marktdifferenzierung* handeln. Das heisst: Die Gesamtheit der von einer Unternehmung anvisierten Absatzpartner sind nach gewissen Merkmalen und Kombinationen von Merkmalen in *Subsegmente* zu gliedern.

Die Notwendigkeit einer solchen Marktdifferenzierung rührt daher, dass die Marketing-Zielgruppe eben im Hinblick auf die Gesamtheit der absatzpolitischen Massnahmen festgelegt wurde und nicht spezifisch hinsichtlich der Besonderheiten des Kommunikationsinstrumentes Werbung.[6]

Eine solche Gliederung ist immer dann sinnvoll, wenn die gewählten Gliederungskriterien Subsegmente zutage fördern, welche auf gleiche Werbemassnahmen unterschiedlich reagieren;[7] oder umgekehrt: wenn — um gleiche Reaktionen (z. B. Kaufverhalten) auszulösen — die Subsegmente mit unterschiedlichen Werbemassnahmen angesprochen werden müssen.

Tritt eine Unternehmung mit verschiedenen Werbemassnahmen an die einzelnen Subsegmente heran, so sprechen wir in Anlehnung an Weinhold von *Werbedifferenzierung.*[8] Eine solche liegt immer dann vor, wenn, je nach Subsegment, unterschiedliche Kommunikationswirkungen, Botschaftsbedeutungen, Kanäle, Zeichen oder Timing gewählt werden.

Welche Gliederungskriterien im Einzelfall zur Anwendung kommen sollen, ist schwierig zu beantworten. Allgemein kann nur gesagt werden, dass die gewählten Kriterien Subsegmente isolieren sollen, welche eine Werbedifferenzierung ökonomisch rechtfertigen.[9] Eine solche Maxime ist aber kaum eine echte Entscheidungshilfe, da sowohl die ökonomische Werbewirkung als auch die durch eine Werbedifferenzierung verursachten Mehrkosten in Wirklichkeit schwerlich abgeschätzt werden können.

Auf der andern Seite kann es sich auch bei den zahlreichen Systematisierungsversuchen von Gliederungskriterien in der Literatur[10] nur um ein *beispielhaftes Aufzählen* von Möglichkeiten handeln. Wir müssen Scheuch zustimmen, wenn er sagt: „ . . . Segmentierungskriterien sind weder in der Menge noch in der inhaltlichen Gestaltung ‚vollständig‘ erfassbar, eine individuelle Gestaltung der Merkmale ist nur fallspezifisch möglich.‘‘[11] Tatsächlich können sich in concreto Gliederungskriterien als höchst relevant herausstellen wie z. B. die Haarfarbe bei der Bewerbung eines Schampoo‘s u. a.; Kriterien, die wohl in keiner noch so detaillierten Systematik enthalten sind.

In den folgenden Ausführungen soll darauf verzichtet werden, einen solchen Gliederungskatalog anzuführen; es sei dazu auf die oben zitierte Literatur verwiesen. Wir wollen vielmehr beispielhaft drei mögliche Segmentierungsarten hervorheben, die sich zum einen dadurch auszeichnen, dass sie durch neuere

---

6 Vgl. Kühn (Werbezielgruppen) 20.

7 Vgl. dazu vor allem Kästing (Zielung) 53 ff.

8 Weinhold spricht von Preisdifferenzierung, Leistungsdifferenzierung, Bearbeitungsdifferenzierung und Distributionsdifferenzierung. Weinhold (Marketingkonzepte) 25 ff.

9 Aaker/Myers (Advertising) 35; vgl. Hasenauer/Scheuch (Entscheidungen) 91.

10 Vgl. etwa die Systematiken von Frank/Massy/Wind (Segmentation); Scheuch (Struktur) 218 ff.; Foster (Planning) 69.

11 Scheuch (Struktur) 218; vgl. auch Kästing (Zielung) 57.

Forschungsergebnisse eine gewisse Aktualität erlangt haben und darüber hinaus als ausgesprochen „kommunikations-relevant" bezeichnet werden können. Es sind dies die Segmentierung nach

1. der Meinungsführerschaft (opinion leadership)
2. des Innovationsverhaltens
3. der Rolle im Kaufentscheidungsprozess.

311.1   Segmentierung aufgrund der Meinungsführerschaft (Opinion leadership)

Weinhold teilt die Menge der Absatzpartner in zwei Untermengen, in jene der Absatzhelfer und der Absatzdestinatare.[12] Bei den Absatzhelfern handelt es sich um Personen, welche Produktinformationen empfangen und an Drittpersonen weitergeben, ohne daran wirtschaftlich interessiert zu sein.[13] Diese begriffliche Differenzierung hat durch die Ergebnisse der neueren Massenkommunikationsforschung — speziell durch die sog. Theorie des zweistufigen Kommunikationsflusses — besondere Aktualität erlangt.

311.11   Die Theorie des zweistufigen Kommunikationsflusses
Älteren Auffassungen von der Wirkungsweise der Werbung lag ein stark vereinfachtes Modell zugrunde: es wurde angenommen, dass sich die für Werbung relevanten Kommunikationsbeziehungen zwischen einem Sender und einer grösseren oder kleineren Anzahl werblicher Zielpersonen abspiele. Diese Vorstellung wird häufig als das „atomistische Modell der Werbewirkung" bezeichnet:

Abbildung 28: Atomistisches Modell der Werbewirkung

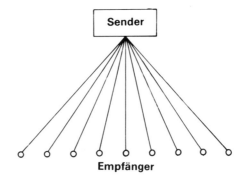

Die Ergebnisse einer breit angelegten Untersuchung über das Verhalten von Wählern während den Präsidentschaftswahlen in den USA legten eine Revision dieses vereinfachten Modelles nahe. Lazarsfeld, Berelson und Gaudet machten die überraschende Entdeckung, dass der Einfluss der Massenmedien auf die

12 Weinhold (Absatzführung) 70.
13 Weinhold (Marketing) 34.

Meinungsbildung unverhältnismässig gering war und der persönliche Einfluss von Freunden, Bekannten, usw. weit überwog. [14] Versuchte man die Beeinflussungsbeziehungen in einem *Soziogramm* festzuhalten, so zeigten sich in diesem Kommunikationsnetz ganz bestimmte *Knotenpunkte.* Es gab also bestimmte Personen — *Meinungsführer* (opinion leader), wie sie genannt wurden —, die einen überdurchschnittlich grossen Einfluss auf die Meinungsbildung anderer Leute ausübten. Das revidierte Modell beschreibt die Wirkungsweise der Massenkommunikation als *zweistufig:* von den Massenmedien werden vorwiegend die *Meinungsführer* erfasst, welche ihrerseits die Botschaft auf dem Mund-zu-Mundweg an Drittpersonen weitergeben:

Abbildung 29: Die Wirkungsweise der Werbung nach dem Modell des zweistufigen Kommunikationsflusses

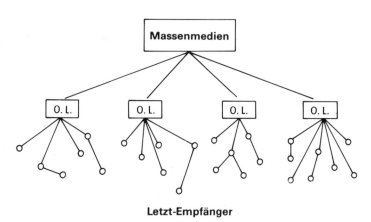

Letzt-Empfänger

Die Theorie des zweistufigen Kommunikationsflusses ist seither durch zahlreiche weitere Untersuchungen erhärtet worden. Die Theorie hat sich bewährt für die Erklärung der Verbreitung von Konsumgütern, Arzneimitteln, Investitionsgütern und einer Reihe anderer Meinungsgegenstände. [15]

311.12 Die Implikationen der Theorie des zweistufigen Kommunikationsflusses für die Werbung
Die Zweistufen-Theorie verdankt ihre Popularität vor allem der Idee, es könnte gelingen, gezielt diese Meinungsführer mit Werbung zu erreichen, um sie für eine wirkungsvolle Beeinflussung der übrigen Absatzpartner einzusetzen. Verlockend ist diese Idee deshalb, weil die Wirksamkeit der Beeinflussung durch Meinungsführer weit grösser ist, als jene durch die klassischen Werbemedien. Kaas errechnete einen *Wirkungskoeffizienten* der Mund-zu-Mund-Werbung von fast 39 % gegenüber einem von 7 % bzw. 25 % bei der Anzeigen- und Radiowerbung. [16] Andere Autoren berichten von einem nicht weniger krassen Verhältnis;

---

14 Lazarsfeld/Berelson/Gaudet (Wahlen).
15 Einen Überblick über die Ergebnisse der einschlägigen Untersuchungen vermitteln Robertson (Communication) und Kaas (Diffusion), sowie Scherrer (Phänomen).
16 Kaas (Diffusion) 52.

so soll z. B. bei der Einführung eines Telefongerätes die Wirksamkeit der Mund-zu-Mund-Werbung achtmal höher gewesen sein als jene der klassischen Medienwerbung. [17]

Die gezielte Aktivierung der sog. zweiten Stufe der Werbewirkung stösst in der Praxis auf zahlreiche Schwierigkeiten. Eine erste Voraussetzung, um hier gestaltend einzuwirken, sind *Informationen über die Meinungsführer:* Wer ist im konkreten Fall Meinungsführer; durch welche Merkmale zeichnen sich diese aus und welche Verhaltensweisen sind für sie typisch?

311.13 Merkmale der Meinungsführer

Es soll darauf verzichtet werden, das sehr umfangreiche empirische Material zu diesem Gegenstand hier eingehend darzulegen; es sei zu diesem Zweck auf die bereits zitierten Monographien verwiesen. Wir wollen uns lediglich darauf beschränken, einige für die Werbung wichtige Untersuchungsergebnisse anzuführen:

— Zu den vielleicht überraschendsten Ergebnissen zählt die Tatsache, dass Meinungsführer in *allen sozialen Schichten* anzutreffen sind. Damit wurde die wohl populärste Diffusionstheorie entkräftet, wonach gewisse Verhaltensweisen von den oberen sozialen Schichten zu den unteren „durchsickern" (die sog. trickle down theory). [18]

— Meinungsführer pflegen überduchschnittlich *intensiv Interaktionen* sowohl innerhalb ihrer Gruppe, als auch zu Personen und Institutionen ausserhalb ihrer engeren sozialen Umwelt. [19]

— Meinungsführer verfügen in allen den Meinungsgegenstand betreffenden Belangen über mehr Erfolg, mehr Wissen und mehr Interesse als ihre „Gefolgsleute". Ihre Ansichten auf diesem Gebiet geniessen hohe Wertschätzung. [20]

— Die meinungsführenden Personen sind sich ihrer Rolle durchaus bewusst [21] und fühlen sich der Gruppe gegenüber gewissermassen *verpflichtet,* stets auf dem laufenden zu bleiben. [22] Darin gründet ein für die Werbung höchst bedeutsamer Umstand, dass nämlich die Meinungsführer aus eigener Initiative *aktiv nach Produktinformationen suchen.* [23] Diese Eigenschaft enthebt eine Unternehmung zu einem grossen Teil der Aufgabe, nach spezifischen, die Meinungsführer erreichenden Kanälen zu suchen.

— Umstritten bleibt weiterhin die ursprünglich von Katz und Lazarsfeld aufgestellte Hypothese, wonach ein genereller, auf verschiedene Produktkategorien sich beziehender Meinungsführer *nicht existiere.* Es sprechen insbesondere die Untersuchungen von King und Summers für die Annahme, dass mindestens innerhalb *ähnlicher Produktkategorien* eine Überlappung der Meinungsführer-Eigenschaften bestehen. [24]

17 Robertson (Innovators) 47 ff.
18 Zur Theorie der trickle down theory vgl. Veblen (Theory). Zu ihrer Falsifikation vgl. z. B. King (Fashion Adoption).
19 Vgl. Kaas (Diffusion) 44 f. und die dort zitierten Untersuchungen.
20 Kaas (Diffusion) 45.
21 Darauf beruht die Möglichkeit, die Meinungsführerschaft einer Person sehr einfach durch die sog. Selbsteinschätzung (self designation) zu messen. Vgl. Robertson (Communication) 89.
22 Arndt (Word of Mouth) 222 f.
23 Katz (Two-Step Flow) 96.
24 King/Summers (Overlap) 43 ff.

– Meinungsführer sind häufig auch Innovatoren im betreffenden Produktbereich. Die Richtigkeit dieser Hypothese wurde – gestützt auf agrarsoziologische Untersuchungen – lange Zeit bezweifelt. Neuere Untersuchungen im Konsumgüter- und Arzneimittelsektor brachten hingegen eine Korrelation zwischen Meinungsführerschaft und Innovationsfreudigkeit (innovativeness) zutage. [25]

311.14 Zielgruppensegmentierung aufgrund der Meinungsführerschaft?

Den Werbeverantwortlichen einer Unternehmung interessiert vor allem die Frage, von welchen Bedingungen es abhängt, ob eine nach Meinungsführern und „followers" differenzierte Werbekampagne wirtschaftlich sinnvoll ist. Häufig wird in diesem Zusammenhang das Argument angeführt, dass ein solches Vorgehen an der *mangelnden Erreichbarkeit der Meinungsführer* scheitere. Es bestünden – so wird argumentiert – in den seltensten Fällen Kanäle, mit welchen spezifisch die Meinungsführer angesprochen werden könnten. Dieser Einwand hat allerdings an Schärfe verloren seit wir wissen, dass Meinungsführer *aktiv nach Produktinformationen suchen* [26] und auf eine Art „Selbstselektionswirkung" [27] vertraut werden kann. Die zunächst ins Auge springende „Fehlstreuung" bei einer Ansprache der Meinungsführer durch die konventionellen Werbeträger wird also in Wirklichkeit weit weniger ins Gewicht fallen. [28]

Entscheidender scheint hingegen die Frage, inwieweit der persönliche Einfluss für das beworbene Produkt überhaupt eine Rolle spielt. [29] Aus dieser Sicht betrachtet wäre es nicht sinnvoll, Geld in eine auf die Aktivierung der zweiten Kommunikationsstufe abzielende Werbestrategie zu investieren, wenn das betreffende Produkt zum vornherein keine Chance hat, zum Gegenstand interpersoneller Kommunikation zu werden. Typische Beispiele sind Produkte, welche den persönlichen Intimbereich berühren, aber auch Produkte, die dem Käufer als völlig unwichtig erscheinen (z. B. Streichhölzer u. ä.).

Für die Frage, bei welchen Produktarten die interpersonelle Kommunikation überhaupt eine Rolle spielt, sind die Ergebnisse zweier Untersuchungen sehr aufschlussreich. Sie belegen, dass die beiden Faktoren
– wahrgenommenes *Kaufrisiko* und
– *Sichtbarkeit* des Produktes,
bestimmend sind für die Wichtigkeit der interpersonellen Beeinflussung. [30] Auf unser Problem bezogen heisst dies folgendes:

---

25 Die ursprünglich angenommene „Antinomie" zwischen Meinungsführerschaft und Innovationsfreudigkeit beruht vermutlich auf dem Umstand, dass sich frühere Untersuchungen der Diffusionsforschung auf das Gebiet der Agrarwirtschaft bezogen. Da der Meinungsführer zu den am besten integrierten und angepassten Personen in einer Gruppe zählt, kann er naturgemäss in sehr *traditionellen und konservativen Gesellschaften* nicht zugleich Innovator sein. Dagegen geniessen in unserer ausgesprochen *neuerungsorientierten Gesellschaft* Innovatoren eine hohe Wertschätzung und können daher gleichzeitig die Rolle eines Meinungsführers einnehmen.

26 Vgl. Topritzhofer (Aspekte) 208.

27 Scheuch (Struktur) 216.

28 Dazu kommt, dass neuerdings einzelne Werbeträger den Anteil von Meinungsführern ihrer Leserschaft nach Produktgruppen geordnet ausweisen.

29 Dies hebt Robertson hervor. Vgl. Robertson (Communication) 210.

30 Cunningham (Risk) 265 ff. und Bourne (Bezugsgruppen).

Ist mit dem Kauf eines Produktes ein relativ *hohes Risiko*[31] verbunden, so spielt die interpersonelle Beeinflussung für den Kaufentscheid eine ausschlaggebende Rolle. Gleichzeitig ist der Kaufentscheid bei *sichtbaren Gütern* (z. B. Modeartikel, Wohnungseinrichtungen, Automobile, usw.) deutlich stärker der Beeinflussung durch Drittpersonen unterworfen. In dem Masse, wie ein Produkt eines oder beides dieser Merkmale aufweist, erhöht sich die Erfolgswahrscheinlichkeit einer auf die Stimulierung persönlicher Kommunikation abzielenden Werbung.

311.2 Segmentierung aufgrund des Innovationsverhaltens

Die Menge der Absatzdestinatare kann nach dem Innovationsverhalten – genauer: nach der Innovationsfreudigkeit (innovativeness) – segmentiert werden. Die Innovationsfreudigkeit einer Person wird im allgemeinen operational definiert als die zeitliche Distanz zwischen der Erhältlichkeit der Innovation (Produkt, Dienstleistung, usw.) und der endgültigen Übernahme (Kauf) dieser Innovation.[32] Wie Rogers anhand einer grösseren Anzahl Untersuchungen nachwies, ist die Innovationsfreudigkeit eine ungefähr normal verteilte Eigenschaft. Die ersten 2,5 % der eine Innovation kaufenden Personen sind von Rogers als Innovatoren definiert;[33] die nachfolgenden Adopter unterteilen sich in die folgenden Unterklassen:

Abbildung 30: Die Diffusionskurve nach Rogers

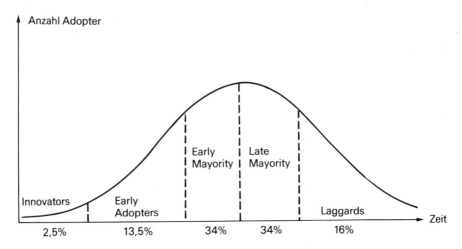

31 Das „wahrgenommene Risiko" wurde in der Untersuchung von Cunningham operationalisiert als das mathematische Produkt der subjektiv wahrgenommenen Wahrscheinlichkeit eines Fehlkaufes und der Höhe des daraus entstehenden Schadens. Vgl. Cunningham (Perceived Risk) 266 f.
32 Vgl. z. B. Robertson (Communication) 89.
33 Die Definition der Innovatoren wird sehr unterschiedlich vorgenommen, sowohl in der Bezifferung des Prozentsatzes – sie reicht von 2,5 % bis zu 10 % –, als auch bezüglich der diesem Prozentsatz zugrundeliegenden Gesamtpopulation. Die unterschiedlichen Definitionen erschweren es, die zahlreichen auf diesem Gebiete vorgenommenen Untersuchungen zu vergleichen.

Die Bemühungen der *marketing-orientierten* Diffusionsforschung gehen vorab dahin, die einzelnen Adopter-Kategorien (Innovatoren, Early Adopters, Early Mayority, usw.) nach möglichst allgemeingültigen, d. h. für Adopter aller Arten von Neuerungen zutreffenden Merkmalen, zu umschreiben. Zur Beschreibung einer Adopterkategorie werden häufig demographische Merkmale, Kommunikationsverhaltens-Merkmale, soziales Interaktionsverhalten, Einstellungs- und Persönlichkeitsfaktoren und Konsumverhaltensmerkmale herbeigezogen. Die Kenntnis solcher Merkmale soll helfen, die absatzpolitischen Instrumente gezielter auf die jeweilige im Diffusionsprozess aktive Adopterkategorie abzustimmen. Wir wollen uns an dieser Stelle vor allem mit den Innovatoren und den sie kennzeichnenden Merkmalen befassen.

311.21 Die Innovatoren

Es besteht in der Literatur Einigkeit darüber, dass ähnliche Produktkategorien — z. B. Waschmaschinen, TV-Apparate und Küchengeräte — von Innovatoren mit ähnlichen Merkmalen gekauft werden. [34] Sehr umstritten ist hingegen die These, ob ein *genereller Innovator* existiere, der über alle Produktkategorien hinweg als Erstkäufer auftritt.

Während Haseloff eine Konsistenz des Innovationsverhaltens bejaht [35] — allerdings ohne Korrelations- und Signifikanzangaben zu machen —, kommt Robertson zum Schluss, dass dies nicht zutreffe. [36] Robertson zog über dreissig empirische Untersuchungen im Bereich der Konsumgüter zum Vergleich herbei. Die Ergebnisse seiner Analyse zeigen, dass die Beschreibung eines generellen Innovators nicht möglich ist.

Auf ein interessantes Ergebnis stiess Robertson, als er die von ihm analysierten Untersuchungen in *zwei Gruppen aufspaltete:* in jene, umfassend Produkte wie Geräte, Apparate, usw. (appliances) einerseits, und die Produktgruppe der Lebensmittel (grocery goods) andererseits. Durch diese Trennung gelang es, den beiden Produktgruppen jeweils einen *typischen Innovator* zuzuschreiben. Diese kennzeichnen sich durch folgende Merkmale: [37]

Gebrauchsgüter (appliances): Diese Innovatoren weisen höhere Schulbildung und höheres Einkommen auf und stammen aus einer gehobenen Berufsgattung. Im Informationsverhalten zeigt sich eine gewisse Neigung zu gedruckten Informationsquellen. Sie unterhalten intensivere soziale Beziehungen zu Freunden, Bekannten und Nachbarn und sind häufig auch als Meinungsführer bekannt. Mit Persönlichkeitsmerkmalen sind sie nicht einfach zu beschreiben; sie weisen zwar eine etwas höhere Risikofreudigkeit auf und stufen sich selbst als Innovatoren ein. Ihr Konsumverhalten ist vor allem dadurch charakterisiert, dass sie von der betreffenden Produktart Intensivverwender sind.

Lebensmittel (grocery goods): Es gelingt kaum, den Innovator dieser Produktgruppe in sozio-demographischen Kategorien zu beschreiben. Hingegen ist er deutlich risikofreudiger, weist höhere soziale Mobilität auf und ist Neuerungen gegenüber grundsätzlich positiv eingestellt. Er zählt zu den Intensiv-

---

34 Vgl. z. B. Robertson (Communication) 111, und die dort zitierte Literatur.
35 Haseloff (Kommunikations-Forschung) 162.
36 Robertson (Communication) 111; vgl. auch Kaas (Diffusion) 38 f.
37 Robertson (Communication) 110 ff.

verwendern der betreffenden Produktart und kennzeichnet sich durch eine geringe Produkttreue.

Die Ergebnisse dieser Vergleichsstudie sind — wie das der Autor selbst hervorhebt — mit Vorsicht zu beurteilen. Zum einen ist anzunehmen, dass Untersuchungen mit negativen Ergebnissen (kein signifikanter Unterschied zwischen Innovatoren und Nicht-Innovatoren) seltener veröffentlicht werden und demzufolge in dieser Studie unberücksichtigt blieben. Es handelt sich m. a. W. um eine nichtrepräsentative Stichprobe von Untersuchungsergebnissen. Zum andern sind die verwendeten theoretischen Begriffe in den meisten Untersuchungen unterschiedlich operationalisiert worden, was die Aussagefähigkeit eines Vergleiches vermindert.

Vielversprechender wäre eine Untersuchung, welche sich über eine grössere Anzahl von Produkten erstrecken würde. Ein solches Vorgehen böte die Möglichkeit, unvoreingenommen sog. ,,natürliche Gruppen'' (Clusters) von Produkten aufzufinden, denen jeweils ähnliche Innovatoren zugeordnet werden könnten. Es ist anzunehmen, dass sich Produktgruppen finden lassen, die bessere Resultate zeitigen, als die Zweiteilung in ,,Appliances'' und ,,Grocery Goods''.

311.22 Weitere Adopterkategorien

Aufgrund des Zeitpunktes der Produktannahme werden in der diffusionstheoretischen Literatur [38] neben den Innovatoren die frühen Adopter, die frühe Mehrheit, die späte Mehrheit und die Nachzügler unterschieden. [39] Die Schwierigkeit, diese Adopter mit allgemeingültigen Merkmalen zu umschreiben, ist noch wesentlich grösser als dies für die Innovatoren zutrifft. Empirische Studien darüber stehen fast vollständig aus. Eine Zielgruppen-Segmentierung nach diesen Kriterien wäre unter diesen Umständen eher als theoretische Spielerei zu bezeichnen.

311.23 Zielgruppensegmentierung aufgrund des Innovationsverhaltens?

Die Aufteilung der Werbezielpersonen in Innovatoren und Nachzügler unterscheidet sich von den übrigen Segmentierungsarten insofern, als es sich gewissermassen um eine *zeitliche Segmentierung* handelt. Die differenzierte Ansprache der Innovatoren kommt ausschliesslich während der *Einführungsphase einer Produktneuheit* in Frage. Im Falle einer Produkteinführung ist es auf jeden Fall angezeigt, den Werbeeinsatz auf die Innovatoren zu konzentrieren. Selbst wenn es nicht gelingen sollte, die speziell dafür geeigneten Kanäle zu finden, kann mit einer Selbstselektionswirkung gerechnet werden. Da Innovatoren und Meinungsführer zudem häufig in der gleichen Person auftreten, eignen sich die Kriterien der Innovationsfreudigkeit und der Meinungsführerschaft dazu, während der Produkteinführungsphase *in Kombination* angewendet zu werden.

Eine Differenzierung der Werbeaktivitäten nach Innovatoren und Nicht-Innovatoren setzt voraus, dass diesen gewisse typische Merkmale zugeschrieben werden können. Es stellt sich die berechtigte Frage, ob solche Informationen überhaupt verfügbar sind. Auf drei Möglichkeiten, diese Informationen zu beschaffen, soll hier kurz eingegangen werden:

a) *Die Grundlagenforschung als Informationsquelle:* Die diffusionstheoretische Forschung bemüht sich um Aussagen mit möglichst breitem Geltungsbereich.

38 Rogers (Diffusion) 162; vgl. auch Kiefer (Diffusion) 44 ff.
39 Vgl. Abbildung 30.

Auf den vorangegangenen Seiten wurden beispielhaft solche Aussagen betreffend die Innovatoren der beiden Güterkategorien „appliances" und „grocery goods" angeführt. Betrachten wir diese Charakterisierung der Innovatoren etwas näher, so lassen sich bereits unschwer Rückschlüsse z. B. für die Wahl der adäquaten Werbebotschaft ziehen. Weitere für die Werbung nützliche Forschungsergebnisse sind in der bereits zitierten Literatur nachzulesen.

b) *Produktspezifische Forschungsergebnisse als Informationsquelle:* Auch wenn die Grundlagenforschung relativ wenig Allgemeingültiges über Innovatoren aussagen kann, so besteht doch schon eine grosse Zahl veröffentlichter Untersuchungen, die sich auf *konkrete Produkte* beziehen. Dem Planer einer Werbekampagne ist oft schon gedient, wenn er jene Untersuchungen konsultiert, die sich auf Produkte beziehen, welche dem von ihm zu bewerbenden Produkte ähnlich sind. [40] Aus solchen Untersuchungen können mit entsprechender Vorsicht Analogieschlüsse gezogen werden.

c) *Namentliche Ermittlung der Innovatoren:* Verschiedene Agenturen für Direktwerbung und entsprechende Abteilungen grösserer Unternehmungen und Versandhäuser, bemühen sich heute um die Beschaffung der *Adressen* (Anschriften) von Innovatoren. Für die Probleme der Erstellung solcher Adresskarteien sei hier auf die bereits ziemlich umfangreiche Literatur verwiesen. [41]

311.3 Segmentierung aufgrund der Rolle der Person im Kaufentscheidungsprozess

Diese Art der Segmentation soll der Tatsache Rechnung tragen, dass oft mehrere Personen an einem Kaufentscheidungsprozess — direkt oder indirekt — teilhaben. Wir wollen uns hier auf eine Zweiteilung der Absatzpartner in *Käufer* und *Absatzempfänger* beschränken [42] und im übrigen darauf hinweisen, dass es in speziellen Fällen notwendig werden kann, noch mehr „Rollen" beim Kaufentscheidungsprozess auseinanderzuhalten (z. B. im Investitionsgüterbereich).

Die Trennung von Käufern und Absatzempfängern wird im Bereiche der Geschenkartikel besonders aktuell. Hier treten Käufer und Absatzempfänger mit *unterschiedlichen Bedürfnissen* an das Produkt heran: „Wer schenkt, der schenkt nicht immer nur, um Bedürfnisse des Beschenkten zu befriedigen, sondern um sein Schenkungsbedürfnis abzugelten." [43] Ähnliches gilt für andere Artikel wie z. B. Herrenhemden, deren Käufe oft von der Ehefrau getätigt werden. Auch hier sind die Bedürfnisse von Käufern und Absatzempfängern unterschiedlich, was besonders für die Werbeargumentation Konsequenzen hat.

Im Bereiche der *Investitionsgüterwerbung* ist die Zielgruppenbildung noch erheblich komplexer. Es treten häufig nicht nur je ein Käufer und ein Verwender in Erscheinung, sondern am Kaufentscheidungsprozess ist eine ganze *Gruppe*

---

40 Eine Übersicht über durchgeführte Untersuchungen mit den entsprechenden Quellenverweisen vermitteln Robertson (Communication); Kaas (Diffusion); Baumberger/Gmür/Käser (Ausbreitung); Cox (Audience).

41 Vgl. z. B. Dallmer/Thedeus (Direct-Marketing).

42 Vgl. Weinhold (Absatzführung) 79.

43 Weinhold (Absatzführung) 79.

von Personen mit unterschiedlichen Kompetenzen, unterschiedlichen Vorkenntnissen und Bedürfnissen beteiligt. Eine zielgruppenadäquate Werbung setzt die genaue Kenntnis der im konkreten Fall vorliegenden Kaufentscheidungsstruktur voraus. Die zahlreichen emprischen Untersuchungen über diesen Gegenstand liefern für die Probleme der Investitionsgüterwerbung nützliche Anhaltspunkte. [44]

312   Die Kommunikations-Wirkung

In den Ausführungen über Hypothesen der Einstellungsmodelle wurde gezeigt, dass ein enger Kausalzusammenhang zwischen der Einstellung und der Kaufhandlung angenommen werden kann. Darüber hinaus handelt es sich bei der Einstellungsvariablen — im Gegensatz zu anderen Einflussfaktoren — um eine durch Werbung dispositiv beeinflussbare Grösse. Diese beiden Eigenschaften veranlassen uns, die Veränderung der Einstellung als *hauptsächlichste Kommunikationswirkung* zu bezeichnen.

Bei der Diskussion der Einstellungshypothesen wurde ebenfalls deutlich, dass der Kausalzusammenhang zwischen Einstellung und Kaufverhalten nicht „hundertprozentig" ist und dass diese restlichen Prozente auf eine Vielzahl verursachende Faktoren aufgesplittert ist. Entsprechend muss auch eine Vielzahl weiterer Kategorien zur Formulierung der angestrebten Kommunikationswirkung („Werbeziel") zugelassen werden. Diese letzteren Möglichkeiten sind aber einer analytischen Durchdringung schwer zugänglich, weil sie meist nur in sehr speziellen Situationen sinnvoll sind und relativ wenig Allgemeingültiges darüber ausgesagt werden kann.

In den weiteren Ausführungen wird grundsätzlich die Veränderung von (mehrdimensionalen) Einstellungen als anzustrebende Kommunikationswirkung betrachtet und daneben noch kurz auf das Auslösen interpersoneller Kommunikation eingegangen. Dabei ist aber zu beachten, dass unser Einstellungs-Konstrukt weit gefasst ist und sowohl eine (kognitive) Vorstellungskomponente, als auch eine (bewertende) Bedürfniskomponente umfasst.

Untenstehend sind einige *alternative Kategorien* zur Formulierung von Werbezielen angeführt, die in dieser Arbeit aber nicht weiter verfolgt werden sollen: [45]

— Abbau von sozialen Inhibitoren [46]
— Abbau von kognitiven Dissonanzen nach dem Kauf [47]
— Auslösen von Probierkäufen
— Aufforderung zum Besuch eines Ausstellungsraumes
— Ankündigung eines Vertreterbesuches
    u. a. m.

---

44 Vgl. z. B. die von Schweiger zitierten Untersuchungen. Schweiger (Mediaselektion) 56 ff.
45 Eine eingehendere Analyse widmen diesen Zielen Aaker/Myers (Advertising) 97 ff.
46 Vgl. dazu die Ausführungen auf S. 63 f.
47 Die einzusetzenden „Mittel" der Werbung zum Abbau von kognitiven Dissonanzen unterscheiden sich nur unwesentlich von jenen zur Änderung von Einstellungen und werden in dieser Arbeit nicht gesondert behandelt. Vgl. dazu ausführlicher: Aaker/Myers (Advertising) 324 ff., sowie Wärneryd/Novak (Communication) 83 ff.

In Kapitel 212.5 wurden die theoretischen Grundlagen des hier verwendeten Einstellungsmodelles dargelegt. Wir wollen hier auf dieses Vorwissen abstellen und uns lediglich die Grundhypothese der Einstellungsmodelle nochmals kurz in Erinnerung rufen. Der Kaufentscheid zugunsten einer bestimmten Marke, haben wir gesagt, sei vorwiegend von der Einstellung des betreffenden Individuums gegenüber dieser Marke abhängig. Unser mehrdimensionales Einstellungs-Konstrukt selbst habe zwei Bestimmungsfaktoren:

1. Die *Vorstellung* über das Vorhandensein bestimmter Merkmale der Marktleistung (kognitive Komponente) und
2. Die *Bedürfnisse* nach dem Vorhandensein dieser Merkmale (bewertende Komponente).

Zu seiner besseren Darstellung und Handhabung haben wir das Konstrukt der Einstellung durch einen *n-dimensionalen Merkmalsraum* abgebildet. Die Dimensionen dieses Raumes stehen für die (statistisch voneinander unabhängigen) Faktoren, aufgrund derer die in Betracht gezogenen Produktalternativen bewusst oder unbewusst beurteilt werden. Die Vorstellung eines Konsumenten über eine angebotene Produktalternative kann durch einen einzigen Punkt im Merkmalsraum abgebildet werden. Den Bedürfnissen wird in diesem Modell dadurch Rechnung getragen, dass für jedes Individuum ein *Idealprodukt* in diesem Raum eingezeichnet wird. Dies gibt die als ideal beurteilte Kombination der Merkmalsausprägungen wieder.

Die Einstellung eines Individuums gegenüber einer Marke x kann nun operational definiert werden als die (z. B. euklidische) Distanz zwischen jenem Punkt im Merkmalsraum, welcher der Vorstellung des Produktes x entspricht und dem Idealprodukt. Je kleiner diese Distanz, desto höher der Einstellungswert und desto höher die Wahrscheinlichkeit, dass dieses Produkt gekauft wird.

Im Zusammenhang mit der Operationalisierung von Einstellungen wurde ein Verfahren zur Konstruktion solcher Merkmalsräume vorgestellt, welche als *nicht-metrische multidimensionale Skalierung* bezeichnet wird.[48] Dieses Verfahren erlaubt, auf relativ einfachem Wege sowohl die Koordination in Betracht gezogenen Produktalternativen, als auch jene der Idealprodukte empirisch zu ermitteln und in einem räumlichen Modell abzubilden.

Es soll hier nicht bestritten werden, dass der Verwendbarkeit solcher Merkmalsräume in der Werbepraxis aus Kostengründen Grenzen gesetzt sind. Dennoch wollen wir in den folgenden Ausführungen, soweit wie möglich, auf dieses Modell abstellen. Der Grund liegt darin, dass dieses Modell auch gewisse didaktische Qualitäten besitzt und gut geeignet ist, die der Werbeplanung zugrundeliegenden Überlegungen klar aufzuzeigen.

Ein Werbeziel entsprechend dem Modell des Merkmalsraumes zu definieren, hiesse genau genommen

— die Koordinaten jenes Punktes im Merkmalsraum festzulegen, welche der (angestrebten) *Vorstellung* der Zielpersonen von unserer Marktleistung entspricht und gleichzeitig
— die Koordinaten des gewünschten Idealproduktes festzulegen; d. h. jenes Punktes im Merkmalsraum, welcher den zu erzeugenden *Bedürfnissen* entspricht.

---

48 Vgl. S. 66 ff.

Bei diesen beiden Punkten im Merkmalsraum handelt es sich m. a. W. um die Soll-Produktvorstellungen sowie um die Soll-Bedürfnisse. Wie aber gezeigt wurde, kann eine werbende Unternehmung dann mit der höchsten Kaufwahrscheinlichkeit rechnen, wenn die Distanzen zwischen den beiden Punkten *minimal* sind; d. h. insbesondere, wenn sich beide Punkte *decken.* Die Festlegung des Werbeziels (der angestrebten Kommunikationswirkung) reduziert sich damit auf das Problem, *eine Soll-Position im Merkmalsraum zu bestimmen.* Diese Position entspricht sowohl den Soll-Produktvorstellungen als auch den Soll-Bedürfnissen. Wir werden uns der weit verbreiteten Terminologie anschliessen und in diesem Zusammenhang kurz von *Produktpositionierung* sprechen. [49]

Die Wahl einer Soll-Position im Merkmalsraum ist ein Optimierungsproblem. Es sind drei in der Regel konfliktären Bedingungen Rechnung zu tragen. Die Bestimmung der Soll-Position muss unter Berücksichtigung

1. der *bestehenden Vorstellungen,* welche die Zielpersonen von unserer Marktleistung bereits besitzen; bzw. unter Berücksichtigung der *Stärken und Schwächen* der angebotenen Leistung,
2. der *bestehenden Idealprodukte* (Bedürfnisse) unserer Zielpersonen sowie
3. der Positionen der *Konkurrenzprodukte* im Merkmalsraum

vorgenommen werden. Nicht nur die Bedürfnisse der Konsumenten und die Positionen der Konkurrenzprodukte, sondern auch die Stärken und Schwächen der eigenen Marktleistung sind für den Positionierungsentscheid ausschlaggebend. Der Grund für letzteres liegt vor allem darin, dass Werbung auf die Dauer nicht erfolgreich Produktvorstellungen erzeugen kann, die mit der tatsächlichen Beschaffenheit der Marktleistung nicht übereinstimmen. Es wird darin die enge Verknüpfung der Marktleistungsziele einerseits und der Werbeziele andererseits sichtbar. Forrester meint in seinem berühmt gewordenen Aufsatz über „Advertising: a Problem in Industrial Dynamics" zu diesem Problemkreis: „All too often product improvement exists only in the advertising office and not in the engineering and manufacturing departments. Too often advertising creates a product image which is not supported by the product itself; or it builds a picture of a company personality which is not reflected by company salesmen and service men. Advertising is often used as a fire department to cope with crises which might better have been handled as a coordinated program of fire prevention." [50]

Die nach den erwähnten Gesichtspunkten vorgenommene Produktpositionierung ist Zielvorgabe für die Werbung. Dem Modell können wir entnehmen, dass ihr *zwei Ansatzpunkte* zur Erreichung dieser Ziele offenstehen. Werben kann:

1. die *Vorstellungen* der Zielpersonen über das Vorhandensein bestimmter Merkmale beeinflussen und/oder
2. auf die Idealproduktvorstellungen Einfluss nehmen, was einer Änderung der *Bedürfnisse* gleichkommt.

Die genannten beiden Ansatzpunkte stellen gewissermassen *idealtypische Werbestrategien* dar. In Wirklichkeit wird eine Werbekampagne meist auf *beide* Wirkungskomponenten abzielen. Wir wollen aber aus didaktischen Gründen

---

49 Wenn im folgenden von Produktpositionierung, Produktvorstellung, usw. gesprochen wird, so ist damit ganz allgemein *das zu bewerbende Objekt* gemeint. Dies kann eine soziale Institution (z. B. eine Unternehmung), eine Dienstleistung, ein Sortiment oder ein einzelnes Produkt sein.
50 Forrester (Advertising) 101.

diese beiden idealtypischen Strategien getrennt untersuchen und erst anschliessend auf realistische Kombinationen dieser Strategietypen eingehen.

Abbildung 31: Ideal-, Ist- und Soll-Produktvorstellung im zweidimensionalen Merkmalsraum

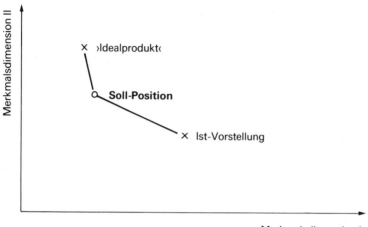

312.11   Die Beeinflussung der Produktvorstellung
Die Werbestrategie der Beeinflussung von Produktvorstellungen kann nach der
Art der bereits bestehenden Vorstellungen in drei Unterkategorien aufgelöst
werden. Werbung kann
a) Vorstellungen aufbauen,
b) Vorstellungen korrigieren,
c) Vorstellungen festigen.

312.111 Produktvorstellungen aufbauen
Die Strategie des Aufbauens von Vorstellungen ist bei der Produkteinführung
oder bei der Erschliessung neuer Märkte zu wählen. Der Aufbau von Produktvorstellungen hat an den „Wissensstand" der Zielpersonen anzuknüpfen, d. h. es
sind vorgängig folgende Informationen einzuholen: wissen die potentiellen Verbraucher überhaupt von der *Existenz des Produktes* (Bekanntheitsgrad), wissen
die Zielpersonen, welcher *Produktkategorie* dieser Name zuzuordnen ist (z. B.
dass STEUYVESANT eine Zigarette ist) und welche Vorstellungen bestehen
bezüglich den *Produktmerkmalen?*
Ausgehend von diesen Informationen lässt sich ein Werbeziel operational definieren. Eine *operationale Zielformulierung* umfasst die Vorgabe jener „Wissenselemente", welche X Prozent der Zielgruppe Z im Zeitraum Δt zu vermitteln
sind. Wissenselemente sind:
— Produktname
— zugehörige Produktkategorie
— Produktmerkmale M_1, M_2, M_3 ...M_n

Wie Behrens gezeigt hat, ist es zweckmässig, den Aufbau von Produktvorstellungen über einzelne *Lernschritte* zu vollziehen.[51] Aus seinem Modell geht hervor, dass damit begonnen werden soll, den Produktnamen und die zugehörige Produktkategorie im Gedächtnis der Zielpersonen zu verankern und erst anschliessend die einzelnen Produktmerkmale schrittweise mit dem Produktnamen zu verknüpfen.

Eine zu strikte Isolierung solcher Lernschritte ist allerdings weder zweckmässig noch realistisch. Der Produktname kann von den Zielpersonen nicht gelernt werden, ohne gleichzeitig eine Verbindung des Namens mit gewissen Produktmerkmalen herzustellen. Diese Lernschritte von Behrens sind daher besser als *Schwerpunkte* aufzufassen, wobei es im ersten Schritt darum geht, vor allem den Produktnahmen und die Produktkategorie in den Vordergrund zu stellen, aber *gleichzeitig* gewisse Produktmerkmale — auch wenn sie eher den Charakter von ,,Anmutungsqualitäten'' besitzen — zu kommunizieren. In den darauf folgenden Schritten können dann sukzessive weitere als kaufentscheidungs-relevant erachtete Produktmerkmale hinzugefügt werden.

Unter diesem Gesichtspunkt ist es nicht ratsam, während der Produkteinführungsphase *ausschliesslich einen bestimmten Bekanntheitsgrad als Werbeziel* vorzugeben, wie das in der Praxis heute noch allzu oft der Fall ist. Die Erhöhung des Bekanntheitsgrades ist ein trügerischer Erfolgsmassstab für die Werbung. Dies deshalb, weil der Erfolg einer Werbekampagne ebenso davon abhängt, ob der Produktname von den Zielpersonen auch mit positiv bewerteten Merkmalen ,,verassoziiert'' ist. Man vergegenwärtige sich diesen Zusammenhang nur anhand eines extremen Beispiels: Produkte, die sich plötzlich als in hohem Masse gesundheitsschädlich herausgestellt haben, erreichten in kurzer Zeit einen Bekanntheitsgrad von nahezu hundert Prozent, während der Umsatz in der gleichen Zeitspanne auf die Nullgrenze sank.

312.112 Produktvorstellungen korrigieren

Eine Werbestrategie, die darin besteht, vorhandene Vorstellungen zu korrigieren, kann in unserem räumlichen Einstellungsmodell als die Verschiebung der Ist-Produktvorstellung in Richtung auf die Soll-Produktvorstellung interpretiert werden. Dieses Werbewirkungsziel ist operational definiert, wenn feststeht,

— auf welche Merkmalsdimension sich die Vorstellungskorrektur zu beziehen habe und
— in welchem Ausmass die Veränderung der Vorstellung auf jeder Dimension zu erfolgen habe.[52]

Die Strategie einer Vorstellungskorrektur soll anhand eines (hypothetischen) Beispiels verdeutlicht werden:
Die Beurteilung von Automobilen erfolge anhand von fünf Merkmalsdimensionen. Da die graphische Veranschaulichung eines 5-dimensionalen Raumes nicht mehr gelingt, sind sie untenstehend in einem *semantischen Differential* veranschaulicht. Die Ist-Position der Marke A ist mit einer ausgezogenen Linie eingezeichnet; die Soll-Position in gestrichelter Linie.

51 Behrens (Werbewirkungen) 122 ff.
52 Die *zeitliche Determinierung* sowie die anvisierten *Zielpersonen* sind notwendige Bestimmungselemente aller Werbewirkungsziele, werden hier aber nicht mehr explizite angeführt.

Abbildung 32: Beispiel einer Gegenüberstellung von Ist- und Soll-Position

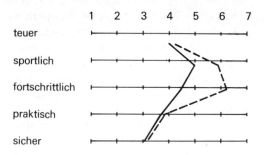

Eine solche Darstellung kann als Basis zur Definition eines Werbewirkungszieles dienen. Als Werbeziel könnte beispielsweise eine Verminderung der Distanzen zwischen Ist- und Soll-Vorstellung auf den beiden Dimensionen ,,fortschrittlich'' und ,,praktisch'' um x Prozent bei der Zielgruppe z im Zeitraum Δt vorgegeben werden. Eine solche Zieldefinition entspricht sämtlichen Anforderungen, die wir an das Formulieren operationaler Ziele gestellt haben.[53]

312.113 Produktvorstellungen festigen

Eine einmal erzielte Werbewirkung nimmt mit der Zeit ab, wenn nicht kontinuierlich Werbestimuli ausgesendet und empfangen werden. Diese Hypothese entspricht unserer Alltagserfahrung und findet sich aber auch in zahlreichen Untersuchungen bestätigt. Ein Beispiel einer solchen empirisch gewonnenen ,,Vergessenskurve'' liefert Zielske.[54] Einer repräsentativen Stichprobe von Versuchspersonen wurden im Abstand von einer Woche sechzehnmal hintereinander Werbeanzeigen per Post zugestellt. Die Erinnerung an die Anzeige wurde wöchentlich ermittelt. Das Ergebnis dieser Untersuchung kommt in der unten abgebildeten Kurve zum Ausdruck.

Abbildung 33: Erinnerung in Prozenten bei wöchentlich aufeinanderfolgenden Werbemittelkontakten (Zielske)

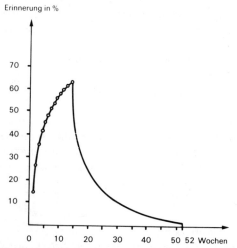

53 Vgl. S. 40 f.
54 Zielske (Remembering); man beachte die Analogie zur klassischen Vergessenskurve von Ebbinghaus, 1885; vgl. Ruch/Zimbardo (Psychologie) 187.

312.12 Die Beeinflussung von Bedürfnissen

Die oben beschriebenen drei Werbestrategien — Vorstellungen aufbauen, korrigieren und festigen — basieren auf der Annahme, dass das umworbene Subjekt mit einer gegebenen Struktur von Bedürfnissen dem Angebot gegenübersteht. Die Funktion der Werbung besteht nach diesem Modell darin, die Zielpersonen zu informieren, dass unser Produkt das beste „Instrument" zur Befriedigung dieser Bedürfnisse sei.

Ausgehend von unserem theoretischen Einstellungsmodell, kann aber noch eine zweite idealtypische Werbestrategie hergeleitet werden: Werbung kann die Produktvorstellungen als gegeben hinnehmen und eine Einstellungsänderung über die Beeinflussung der *Bedürfnisse* bzw. der als ideal beurteilten Merkmalskombination anstreben. Auf diese zweite Möglichkeit wollen wir an dieser Stelle näher eingehen.

Bei der Durchsicht der Literatur fällt auf, dass die Einflussnahme der Werbung auf die Bedürfnisstruktur des Konsumenten eigentlich auf den Bereich der *Kulturkritik,* vor allem der Populär-Kulturkritik, beschränkt ist. [55] In der werbewissenschaftlichen Literatur finden sich wohl hier und da Hinweise, dass Werbung auch Bedürfnisse verändern oder schaffen könne. Man sucht aber vergeblich nach Regeln, *wie* dies allenfalls zu bewerkstelligen wäre. [56]

Bevor wir auf die Frage des „wie?" zu sprechen kommen, [57] soll hier kurz darauf eingegangen werden, ob und unter welchen Bedingungen eine Einflussnahme auf die Bedürfnisse der Konsumenten ökonomisch überhaupt sinnvoll wäre. Die von der Kulturkritik oft beschworene Tatsache nämlich, dass Werbung in ihrer *Gesamtheit* Bedürfnisse zu schaffen in der Lage ist — beispielsweise durch Aufbauen sog. Konsumnormen —, muss ja nicht bedeuten, dass der *einzelne Werbetreibende* dies in gezielter Absicht tut und auch nicht, dass eine Bedürfnisbeeinflussung aus der Sicht des einzelnen Anbieters wirtschaftlich sinnvoll ist.

Es sind vor allem zwei Umstände, welche letztere Frage eher zu verneinen scheinen: Zum einen kann gesagt werden, obschon hierüber exakte Untersuchungen m. W. noch ausstehen, dass die Beeinflussung von Bedürfnissen ein ziemlich *kostspieliges Unterfangen* ist. Es dürfte in den weitaus meisten Fällen einfacher und billiger sein, auf vorhandene Bedürfnisse des Konsumenten abzustellen und das eigene Angebot als entsprechend bedürfnisbefriedigend bekannt zu machen; m. a. W. auf die Änderung der Produktvorstellung abzuzielen. In der Terminologie unseres Modelles würde dies heissen, dass die Soll-Position der beworbenen Marktleistung möglichst in der Nähe bereits bestehender Idealprodukte zu positionieren wäre.

Zum andern ist bei der Beantwortung dieser Frage davon auszugehen, dass von einer, wie auch immer verursachten Bedürfnisweckung, *alle* in einem bestimmten Markt anbietenden Unternehmungen profitieren. Unter diesen Umständen bleiben lediglich zwei Situationen denkbar, in denen eine reine Strategie der Bedürfnisbeeinflussung ökonomisch sinnvoll genannt werden könnte: Entweder

---

55 Vgl. z. B. Packard (Verführer).

56 Eine Ausnahme bilden die Untersuchungen über *emotionale Werbestimuli,* welche zur Aktivierung von Bedürfnissen eingesetzt werden können. Auf diesem Gebiet haben sich in neuerer Zeit vor allem Kroeber-Riel und seine Mitarbeiter hervorgetan. Vgl. Kapitel 322.2 und die dort zitierte Literatur.

57 Vgl. hierzu Kapitel 323.2.

der Anbieter verfügt über eine *monopolähnliche Marktposition* (hauptsächlich während der Einführungsphase einer Produktneuheit oder bei immaterialgüterrechtlich geschützten Marktleistungen), oder verschiedene Anbieter kooperieren durch eine *Gemeinschaftswerbung.*

Dies sind typische Bedingungskonstellationen, in denen eine reine Strategie der Bedürfnisweckung ökonomisch vertretbar sein könnte. Darüber hinaus ist denkbar, dass ein Anbieter versucht, Bedürfnisse zu schaffen oder zu aktivieren und gleichzeitig seine Marktleistung als geeignet anpreist, diese Bedürfnisse zu befriedigen. Er erreicht damit bei den Zielpersonen eine enge gedankliche Verknüpfung zwischen dem Bedürfnis und dem Namen seiner Marktleistung. Es handelt sich hier bereits um eine *kombinierte Strategie,* die darin besteht, Bedürfnisse und gleichzeitig Produktvorstellungen zu beeinflussen.

Diese kombinierten Strategien stellen — im Gegensatz zu den beschriebenen idealtypischen Strategien — wirklichkeitsnahe Alternativen dar. Es wird also kaum darum gehen, die Bedürfnisschaffung als selbständiges Werbeziel zu setzen. Vielmehr kann das Ziel Produktvorstellungen aufbauen, korrigieren oder festigen, u. U. *ergänzt* werden durch das Ziel, Bedürfnisse zu schaffen oder zu aktivieren. An dieses ergänzende Ziel der Bedürfnisbeeinflussung ist ebenfalls die Forderung nach *Operationalität* zu stellen. Diese ist dann erfüllt, wenn feststeht, auf welche Bedürfniskomponente sich die Beeinflussung zu beziehen und in welchem Ausmass diese zu erfolgen habe.

312.2 Die Auslösung interpersoneller Kommunikation als Werbewirkung

Ziel der Werbung kann es auch sein, persönliche Gespräche über das beworbene Produkt zu aktivieren. Während in der Literatur allgemein die überragende Effizienz der persönlichen Kommunikation gegenüber der Massenkommunikation hervorgehoben wird, werden bis heute kaum empirisch fundierte Verhaltensregeln gegeben, *wie* auf diese persönliche Kommunikation Einfluss genommen werden kann. [58] Zwar sind eine erhebliche Anzahl Fakten über die Schlüsselfigur „Meinungsführer" bekannt, doch bleibt die Bemerkung von Kaas zutreffend, wonach die Umsetzung dieser Beobachtung in praktische Werbegestaltung „in erster Linie eine Frage der Kreativität und des psychologischen Einfühlungsvermögens bleibt. [59]

Dennoch gilt es, drei Umstände zu berücksichtigen, die eine auf die zweite Kommunikationsstufe abzielende Werbung nicht als völlig unpraktikabel erscheinen lassen:

— Wir wissen, dass Meinungsführer aus eigener Initiative nach Produktinformationen suchen gehen. Von diesem Gesichtspunkt her, müssen wir lediglich die *Werbebotschaft* auf den Meinungsführer ausrichten, im übrigen den Dingen ihren Lauf lassen und auf das sog. Selbstselektions-Verhalten vertrauen.

— Meinungsführer sind in neuerungsorientierten Gesellschaften vorwiegend unter den Innovatoren zu finden. Bei der Einführung einer Produktneuheit

---

58 Einzig Dichter führt eine Anzahl intuitiv einleuchtender aber kaum überprüfbarer Regeln an, wie die Mund-zu-Mund-Werbung stimuliert werden könnte. Vgl. Dichter (Word-of-Mouth Advertising) 147 ff.

59 Kaas (Diffusion) 69.

wird eine Unternehmung somit, ob sie will oder nicht, vorwiegend mit Meinungsführern kommunizieren.

— Es sind heute schon eine grössere Anzahl allgemein zutreffender Merkmale der Meinungsführer bekannt.[60] Diese Informationen liefern gewisse Anhaltspunkte, um auch die Wahl der Werbebotschaft an den Einstellungen, Interessen und der Geschmacksrichtung der Meinungsführer auszurichten.

Das Werbeziel „Auslösen interpersoneller Kommunikation" erfüllt beim heutigen Stand des Wissens kaum die Anforderungen, die wir an das Formulieren operationaler Ziele gestellt haben. Es dürfte denn auch noch als ein Wagnis bezeichnet werden, eine ganze Werbekampagne ausschliesslich auf dieses Ziel auszurichten. Da wir hingegen wissen, dass bei der Einführung einer Produktneuheit *ohnehin* zu einem erheblichen Teil Meinungsführer angesprochen werden, ist es sicher sinnvoll, während dieser Phase die Botschaft, deren Gestaltung und soweit als möglich die Kanalwahl an den Merkmalen dieser Meinungsführer zu orientieren.

32   Die Werbeoperationen: Die Bestimmung der Botschaftsbedeutung

Auf der Ebene der Werbeoperationen geht es um die Festlegung der Botschafts-Bedeutung oder m. a. W. um die Beantwortung der Frage, welche Denotationen und Konnotationen wir bei den Zielpersonen mit den Werbemitteln aktivieren wollen.[61]

Die Wahl der Botschafts-Bedeutung hat im Hinblick auf eine wirtschaftliche Erreichung der angestrebten Kommunikations-Wirkung zu erfolgen. Die fallspezifisch definierte Kommunikations-Wirkung setzt Grenzen für die Zulässigkeit von Botschaftsalternativen und ist, aus heuristischer Sicht, gleichsam Leitfaden für die Suche nach zweckmässigen Werbebotschaften.

Als Kommunikations-Wirkung ziehen wir in dieser Arbeit die Beeinflussung von Einstellungen, bzw. ihrer Komponenten, der Vorstellungen und der Bedürfnisse in Betracht. Über die *Wirkungszusammenhänge* zwischen der Botschafts-Bedeutung und der Einstellung sind aber relativ wenige gesicherte und für die Werbung relevante Erkenntnisse verfügbar. Es gilt, was Trommensdorf sagt: „Die inhaltliche Komponente, die den grössten Beitrag zur Wirkung von Kommunikation beiträgt, ist die bisher am wenigsten systematisch erforschte Determinante."[62]

60 Vgl. S. 91 f.
61 Anstelle von Botschafts-Bedeutung ist in der Werbewissenschaftlichen Literatur gelegentlich der Terminus „Botschafts-Inhalt" — als Gegenüberstellung zur „Botschafts-Form" — anzutreffen. Die beiden Begriffe können als Synonyme betrachtet werden. Der Begriff „Botschafts-Inhalt" wird hier deshalb gemieden, weil er nicht klar genug zum Ausdruck bringt, dass dieser „Inhalt" eben nicht etwas den übermittelten Zeichen Innewohnendes, sondern etwas durch diese Zeichen im wahrnehmenden Subjekt *Ausgelöstes* („Vorstellung", „Wahrnehmung", „innere Repräsentation von Gegenständen", usw.) darstellt. M. a. W. ist die Beziehung zwischen den Zeichen und ihrer Bedeutung eine *kausale,* was durch die begriffliche Differenzierung in „Botschafts-Inhalt" und „Botschafts-Form" nicht zum Ausdruckt kommt.
62 Trommensdorf (Werbung) 2281.

Die Hoffnung scheint zunächst berechtigt, von den allgemeinen *Lerntheorien* weitere Einsichten in diese Zusammenhänge zu erhalten. Wie Behrens aber gezeigt hat,[63] ist die Übertragung der Ergebnisse der verschiedenen Lerntheorien auf die Werbung problematisch und empirisch keinesfalls ausreichend abgesichert. Hinzu kommt der Umstand, dass eine „universelle Lerntheorie" nicht existiert. Vielmehr sind eine Vielzahl von Lerntheorien nebeneinander gültig, die jeweils spezifische Aspekte des Verhaltens zu erklären vermögen.[64]

Es soll aber darauf verzichtet werden, alle diese Theorien darzulegen und ihre Anwendbarkeit auf die Werbung zu diskutieren.[65]

Vielmehr sollen einzelne, unabhängig von ganzen Theoriesystemen formulierte Hypothesen angeführt werden, soweit solche verfügbar sind. Ist dies nicht der Fall, so sollen die Lücken durch einige plausibel zu machende Vermutungen geschlossen werden, oder wir stützen uns auf gut bewährte und in der Literatur häufig angeführte Faustregeln. Gegen dieses Vorgehen ist nichts einzuwenden, soweit Vermutungen und Faustregeln deutlich als solche markiert sind und sie nicht durch empirisch exakte Untersuchungsergebnisse ersetzt werden können.

Die Alternativen der Botschafts-Bedeutung werden wir entsprechend den zu erzielenden Wirkungen systematisieren: vorerst sollen jene Alternativen zur Sprache kommen, welche auf Veränderungen von *Vorstellungen* abzielen, anschliessend jene, welche *Bedürfnisse* verändern und schliesslich wenden wir uns den *kombinierten Vorgehen* zu, welche sowohl auf Vorstellungen als auch auf Bedürfnisse Einfluss nehmen sollen.

321 Botschaften, welche auf die Beeinflussung von Vorstellungen abzielen

321.1 Die denotative Bedeutungskomponente

Die denotative Komponente einer Werbebotschaft wollen wir als die *Werbeaussage* bezeichnen. Sie kann grundsätzlich aus drei Elementen bestehen, aus
— den Informationen über Produktnamen, Produktgattung, Produktmerkmalen,
— der unterstützenden Beweisführung und
— den von den Zielpersonen wahrzunehmenden „Sender".
Während jede Werbung auf irgend eine Weise über Produktnamen, Produktgattung und Produktmerkmale informieren muss, sind die unterstützende Beweisführung und der wahrzunehmende „Sender" als *fakultative Botschaftselemente* zu bezeichnen.
Während der Planungsphase ist die gesamte Werbeaussage in einer Sprache abzufassen, welche *den am Planungsprozess beteiligten Personen* geläufig und

63 Behrens (Lernprozess) 1191 ff.
64 Allein zur Erklärung der Werbewirkung wird zurückgegriffen auf die Theorien der klassischen Konditionierung, der instrumentellen Konditionierung (vgl. z. B. Behrens (Lernen) 84 ff.), auf die Hullsche Verhaltenstheorie (vgl. z. B. Aaker/Myers (Advertising) 309 ff.), die Gleichgewichtstheorie von Rosenberg und Abelson (vgl. z. B. Wärneryd/Nowak (Mass Communication) 75 ff.), das Kongruenzmodell von Osgood und Tannenbaum (vgl. z. B. Wärneryd/Nowak (Mass Communication) 78 ff.), sowie die Dissonanztheorie von Festinger (vgl. Bledjian (Ergebnisse) 164).
65 Vgl. hierzu vor allem Aaker/Myers (Advertising) 306 ff.; Wärneryd/Nowak (Mass Communication) 64 ff., sowie Bledjian (Ergebnisse) 146 ff.

verständlich ist. Sie darf im Fachjargon formuliert werden, mit Graphiken unterstützt, usw.; alle Hilfsmittel sind erlaubt, soweit sie dem Verständnis innerhalb der Werbeagentur oder der Werbeabteilung förderlich sind. Erst der Gestalter setzt — auf der nachfolgenden hierarchischen Ebene — die Werbeaussage in eine zielgruppengerechte und für diese leicht decodierbare und lernbare Form um. [66]

321.11 Produktname, Produktgattung, Produktmerkmale

Der *Produktname* ist aus semantischer Sicht gleichsam als *Oberbegriff* sämtlicher dem Produkt zugeschriebener Merkmale zu bezeichnen. Es wird deshalb auch gesagt, er erfülle die Funktion eines „kognitiven Ankers" [67], weil seine Wahrnehmung die mit ihm im Gedächtnis verassoziierten Merkmale ins Bewusstsein abrufen kann.

Welche Wörter sind als Produktname zu bevorzugen? Teigeler erwähnt folgende Anforderungen: [68]

1. Häufig vorkommende Wörter, die daher allgemein sehr bekannt sind (dazu gehören besonders die Wörter, die ontogenetisch sehr früh gelernt werden),
2. Wörter der jeweiligen Muttersprache,
3. Wörter der Umgangssprache,
4. Konkrete Wörter,
5. Kurze Wörter.

Behrens ergänzt diese Liste mit dem Hinweis, ein Produktnahme sollte auch leicht mit bestimmten Eigenschaften verknüpft werden können. [69] Es sind also jene Namen zu bevorzugen, welche schon „bedeutungsgeladen" sind und deren Bedeutungskomponenten mit der angestrebten Produkt-Vorstellung übereinstimmen. Es wäre allenfalls hinzuzufügen, dass Produktnamen *eigenständig* sein müssen, um Verwechslungen mit anderen Produkten auszuschliessen.

Als beinahe überflüssig mutet es an, die *Produktgattung* als Botschaftselement zu erwähnen. Jedes Werbemittel muss die Zielperson in irgendeiner Form informieren, ob das beworbene Produkt ein Waschmittel, ein Körperpflegemittel, eine Zigarette, usw. ist. Nur bei sehr gut eingeführten und häufig beworbenen Produkten kann dieses Wissen vorausgesetzt werden.

Die den Zielpersonen zu kommunizierenden *Produktmerkmale* werden häufig als „Werbeversprechen" bezeichnet. Bei einer sorgfältigen Planung der anzustrebenden Kommunikations-Wirkung sind mit der Wahl des Werbeversprechens keine Probleme verbunden; es ergibt sich unmittelbar aus der Gegenüberstellung der Soll-Vorstellung und der Ist-Vorstellung.

Häufig ist es nicht ausreichend, lediglich die Produktmerkmale zu kommunizieren. Es kann sich als notwendig herausstellen, der Zielperson zu erklären, was ihr diese Produkteigenschaften *nützen*, d. h. welche Bedürfnisse damit befriedigt werden können. Handelt es sich z. B. um einen desinfizierenden Zusatz in einem Bodenreinigungsmittel, so ist u. U. nicht zum vornherein offensichtlich, was der Nutzen dieses Produktmerkmals ist. Die Werbebotschaft muss durch

---

66 Vgl. die Ausführungen in Kapitel 332.
67 Behrens (Werbewirkungen) 124.
68 Teigeler (Verständlichkeit) 40.
69 Behrens (Werbewirkungen) 125.

den Hinweis ergänzt werden, dass damit z. B. Infektionskrankheiten vorgebeugt werden kann. [70]

321.12 Die unterstützende Beweisführung

Berühmte Werbeleute wie z. B. Rosser Reeves, sind der Ansicht, dass jede Werbeaussage von einer Beweisführung gefolgt sein sollte. Betrachtet man jedoch in den letzten Jahren sehr erfolgreich gewesene Werbekampagnen, so lassen sich genügend Beispiele finden, die auf eine die Werbeaussage begleitende Beweisführung vollständig verzichtet haben. Z. B. kann der feine Geschmack einer Kaffeemarke allein durch das Zufriedenheit ausstrahlende Gesicht des Probierers glaubhaft kommuniziert werden. Eine gute visuelle Umsetzung ersetzt häufig umständliche Beweisführungen.

Eine solche kann sich auch dann erübrigen, wenn das *hohe Sender-Prestige* einer rennomierten Firma zur Geltung gebracht werden kann. Wenn z. B. Rolls Royce in Anzeige sagt, die Motorenstärke ihres Wagens sei „ausreichend", so wird dies ohne weitere Beweisführung geglaubt.

Abgesehen von diesen Fällen ist auch der Typus der *dogmatischen Werbung* [71] anzutreffen: „Die Waschmittelmarke X wäscht weisser!" Die suggerierende Wirkung solcher Aussagen soll Zweifel an ihrer Richtigkeit gar nicht erst aufkommen lassen.

Umgekehrt gibt es Fälle, in denen eine derart schlagkräftige und überzeugende Beweisführung zur Verfügung steht, dass es schade wäre, diese in der Werbung nicht zu nutzen. Wenn ein Uhrenhersteller sagen kann, dass seine Uhr von Astronauten im Weltraum getragen werden, so ist es sicher angebracht, diese Argumentationsmöglichkeit auszuschöpfen. Oder wenn eine Automobilvermietungsgesellschaft von sich sagt, „we are number two – we try harder", so ist die Beweisführung originell und zugleich einleuchtend und kann zum Thema einer ganzen Werbekampagne werden.

Empirisch überprüfte Wirkungszusammenhänge stehen aber m. W. auf diesem Gebiet noch vollständig aus. Es bleibt nach wie vor viel Raum für persönliche Meinungen und Ansichten, die meist daran gewogen werden, wie erfolgreich ihr Vertreter in der Werbepraxis war.

321.13 Der wahrgenommene Sender

Der tatsächliche Sender – dies haben wir bei der Analyse des Werbekommunikationssystems erkannt – ist der Hersteller, der Händler, die Werbeabteilung oder die Agentur. Der *von den Zielpersonen wahrgenommene Sender* braucht mit diesem aber nicht identisch zu sein. Es kann zwar sein, dass diese den Produzenten, der ein neues Produkt vorstellt, den Händler, der eine bestimmte Marke empfiehlt, als Sender identifizieren. Die Zielpersonen können aber auch eine Schauspielerin, die in der Anzeige eine bestimmte Seifenmarke anpreist; Frau Meier, die sich im Werbespot über das Waschmittel XY äussert, usw., als Sender wahrnehmen. Solche „Pseudosender" werden häufig *„Testimonials"* genannt.

Die wahrgenommenen Sender-Eigenschaften (das „Sender-Image") haben einen bedeutenden Einfluss auf die Wirksamkeit der Kommunikation und waren zudem häufig Gegenstand empirischer Forschungen. Es verwundert deshalb, dass

---

70 Vgl. zu diesem Problemkreis die Ausführungen auf S. 114 f.
71 Der Ausdruck stammt von Longman; Longman (Advertising) 187.

sowohl in der werbewissenschaftlichen Literatur als auch in der werblichen Praxis dem Problem der *Senderwahl* und der *Pflege des Sender-Images* relativ wenig Aufmerksamkeit geschenkt wird.

Bei der Wahl des Senders stehen in jedem Fall eine grössere Anzahl Alternativen offen, die es zu erwägen gilt. Als Sender fallen mindestens der Produzent, der Händler, eventuell der Zwischenhändler in Betracht; es können „Testimonials" eingeführt werden wie z. B. ein Angestellter der Firma, ein Verkäufer oder „Veraufsberater" der Firma, Persönlichkeiten des öffentlichen Lebens, Personen aus der Zielgruppe oder einfach Phantasiepersonen wie z. B. in der berühmt gewordenen Werbekampagne von Ogilvy: the man from Schweppes. Die Werbung kann aber auch „anonym" auftreten, indem überhaupt keine Person oder Institution als Sender erkannt werden kann.

Für den Einfluss des wahrgenommenen Senders auf den Kommunikationserfolg sind für die Werbung vor allem die folgenden vier empirisch überprüften Wirkungshypothesen von Bedeutung:

> *Die Vertrauenswürdigkeit des Senders erhöht die Wirksamkeit der Kommunikation.*

Diese auch der Alltagserfahrung entsprechenden Hypothese ist durch zahlreiche Untersuchungen belegt.[72]

Schwieriger ist es, die *Faktoren,* welche dieser wahrgenommenen Vertrauenswürdigkeit zugrundeliegen sowie deren Mischungsverhältnis zu bestimmen. Es wird zwar angenommen, dass die Sender-Vertrauenswürdigkeit im wesentlichen von zwei Faktoren bestimmt sei, nämlich vom *Wissen und der Erfahrung* des Senders („expertness") und der *Ehrlichkeit und Aufrichtigkeit,* einschliesslich der *Motive,* die den Kommunikator zu seiner Aussage bewegen („trustworthiness").[73] Es finden sich in der Literatur aber kaum Hinweise auf die Operationalisierung dieser Variablen und ebenso wenig werden Aussagen über die Anteile der mit den einzelnen Variablen erklärten Varianz gegeben. Dennoch lassen sich aus diesen etwas vage formulierten Hypothesen gewisse Rückschlüsse für die Wahl des wahrzunehmenden Senders, bzw. für die Pflege des Senderimages, ableiten.

Der Faktor, welcher sich für die Werbung sehr verhängnisvoll auswirken kann, ist jener der *Motive des Kommunikators.* Die Absicht des Senders, das angepriesene Produkt zu verkaufen, um damit einen Gewinn zu erzielen, kann kaum je vollständig kaschiert werden. Möglichkeiten, diesen Störfaktor etwas „abzubauen", bieten sich vor allem in der Verwendung von Testimonials. Personen aus der Zielgruppe, die über gute Erfahrungen mit den Produktberichten, als „Berater" bezeichnete Verkäuferpersonen usw., werden erfolgreich zu diesem Zwecke eingesetzt. Exakte Untersuchungen über die Wirksamkeit solcher Testimonials stehen m. W. aber noch aus.

> *Der positive Einfluss der Vertrauenswürdigkeit des Senders wirkt sich unmittelbar nach dem Empfang der Borschaft aus; verliert aber nach einer gewissen Zeitspanne fast vollständig an Wirkung (sog. Sleeper Effect).*[74]

---

72 Vgl. Hovland/Janis/Kelley (Communication) sowie Zagona/Harter (Credibility).

73 Wärneryd/Nowak (Communication) 48; neuere Untersuchungsergebnisse legt Truppen vor; Truppen (Dimensions).

74 Vgl. Hovland/Janis/Kelley (Communication) 254 ff.

Die untenstehende, von Hovland übernommene Graphik bringt diese mit *Slee-per Effect* bezeichnete Gesetzmässigkeit zum Ausdruck. [75]

Abbildung 34: Die abnehmende Wirkung des Senderimages in der Zeit (nach Hovland/Ja-nis/Kelley)

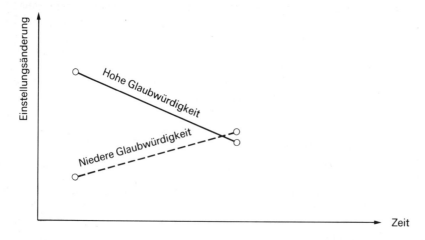

Für die Werbung lassen sich aus dieser Hypothese folgende Schlussfolgerungen ableiten: die Wahl des optimalen wahrzunehmenden Senders spielt eine aus-schlaggebende Rolle, wenn auf kurzfristig wirksamen Erfolg abgezielt wird. Vor allem trifft dies zu für *Werbung am Verkaufspunkt* oder auch für *Werbung von Versandgeschäften,* welche eine sofortige schriftliche oder telefonische Bestel-lung auszulösen beabsichtigen.

Die Wirksamkeit einer Kommunikation kann erhöht werden, wenn der Sen-der vorhergehend eine Ansicht äussert, die auch der Empfänger teilt.

Diese sog. ,,flagging the dead horse-Hypothese" fand Weiss in seinen Unter-suchungen bestätigt. [76] Es handelt sich hier um eine Gesetzmässigkeit, die für die Zwecke der Werbung relativ einfach fruchtbar gemacht werden kann; in der Praxis relativ selten genutzt wird und auch in der werbe- und kommunikations-theoretischen Literatur kaum erwähnt ist.

Empfänger sind stärker beeinflussbar durch einen Sender, den sie als sich gleichend wahrnehmen.

Dass die Meinungsgleichheit zwischen Sender und Empfänger für das Beeinflus-sungsergebnis förderlich ist, besagt die vorangegangene Hypothese. Unabhängig von solchen übereinstimmenden Ansichten können aber auch andere Gemein-samkeiten wie Status, Berufszugehörigkeit, Nationalität usw., die Beeinflus-sungseffizienz erhöhen.

Für die Werbung bestehen zahlreiche Möglichkeiten, dieser wichtigen Be-dingung Rechnung zu tragen. Vor allem scheint diese Hypothese die Ver-mutung zu bestätigen, dass ein autoritäres, überlegenes Senderimage einer wirk-samen Kommunikation *nicht dienlich* sein kann. Kleine menschliche

75 Hovland/Janis/Kelley (Communication) 255.
76 Weiss (Opinion) 180.

Schwächen und der sog. „human touch" rücken den Sender dem Publikum näher und erhöhen damit die Kommunikationseffizienz.

Gerade grosse und mächtige Unternehmungen sehen sich diesbezüglich grossen Problemen gegenüber. In solchen Fällen kann es ratsam sein, z. B. einen Werkleiter der Firma, einen Verkäufer oder sogar den Unternehmer selbst als Kommunikationssender in Erscheinung treten zu lassen.

321.2   Die konnotative Bedeutungskomponente

Bei der konnotativen Bedeutungskomponente handelt es sich um jene Mit- und Nebenbedeutungen von Zeichen und Zeichensystemen, die über den denotativen Bedeutungskern hinausragen. Es sind, um mit Wittgenstein zu sprechen, die verschwommenen Ränder von Zeichen: Assoziationen und Emotionen, die beim Wahrnehmen eines Zeichens mitanklingen. [77] An dieser Stelle wollen wir uns vor allem den kognitiven Konnotationen zuwenden und auf die emotionale Komponente im Zusammenhang mit der Beeinflussung von Bedürfnissen zu sprechen kommen.

Es ist davon auszugehen, dass jede, auch die scheinbar sachlichste Botschaft von Konnotationen begleitet ist. Bei der Planung der Werbung stehen somit nur zwei Wege offen: entweder überlässt man diese Nebenbedeutungen mehr oder weniger dem Zufall, dem Gutdünken des Werbegestalters, oder es wird versucht, auch die Konnotationen bewusst in den Planungsprozess miteinzubeziehen und auch sie im Rahmen des möglichen am Werbewirkungsziel auszurichten.

Für die bewusste Festlegung und operationale Vorgabe auch der konnotativen Bedeutungskomponente sprechen wesentliche Gründe:

— Die Konnotationen von Werbebotschaften sind oft ein ausschlaggebender Faktor für die Wirksamkeit der Werbung. Diese Wirkung erzielen sie einerseits durch die Bezugnahme auf den privaten Erlebnisbereich des Empfängers [78] und andererseits durch ihre Vieldeutigkeit, welche beim Decodieren vom Empfänger ein gewisses Mass an Eigenleistung abverlangt. [79] Darüber hinaus haben emotional besetzte Konnotationen die Eigenschaft, den Empfänger zu stimulieren und seine Botschaftsaufnahme- und Verarbeitungskapazität zu erhöhen. [80]

— Jedes Werbemittel aktiviert gewollt oder ungewollt gewisse Konnotationen. Vor allem trifft dies für Botschaften zu, die sich ikonischer Zeichen (Fotographien, Zeichnungen, usw.) bedienen. Solche Ikone basieren ohnehin auf „schwachen Codes" [81] und das Feld ihrer Nebenbedeutungen ist entsprechend gross. Aber selbst rein verbale Botschaften haben ihre konnotative Ausstrahlung: der Schrifttypus kann je nachdem sachlich oder verspielt; konservativ oder jung; weich oder hart; usw., sein. Ähnliche Nebenbedeutungen strahlt die Verteilung der Schrift im Raum, die Wahl der Farbe, u. a. m. aus.

— Die Konnotationen eines Werbemittels sind in hohem Masse von der Persönlichkeit des Gestalters, seinem Stilempfinden und seinem Geschmack ge-

77 Vgl. die Ausführungen auf S. 75 f.
78 Vgl. die Ausführungen auf S. 75 f.
79 Vgl. Kloepfer (Poetik) 93.
80 Vgl. die Ausführungen in Kapitel 322.4.
81 Eco (Semantik) 217.

prägt. Durch eine operationale Vorgabe der Konnotationen wird diese bis zu einem gewissen Grade objektiviert und personenunabhängig. Man begegnet damit der Gefahr, dass das gesamte Erscheinungsbild der Werbung zufällig ist, beim Wechsel der Werbeagentur, des Graphikers oder des Texters sich radikal ändert oder mit dem Produkt und der Firma in Widerspruch steht.

Die Gesamtheit der konnotativen Komponenten der Werbebotschaft prägt das, was gemeinhin als *Werbestil* bezeichnet wird. [82] Obwohl über den Zusammenhang zwischen diesem Werbestil und der Kommunikationswirkung praktisch keine überprüften Hypothesen vorliegen, [83] haben sich eine Reihe bewährter Faustregeln herausgebildet. Es sollen einige dieser Regeln hier kurz angeführt werden:

1. Die Adäquatheit mit der Werbeaussage:

Die konnotative Bedeutungskomponente soll die eigentliche Werbeaussage (denotative Komponente) *unterstützen* und darf mit ihr nicht im Widerspruch stehen. Weinhold sagt in diesem Zusammenhang: ,,So wie die Tonhöhen und Akkorde der einzelnen Orchesterinstrumente harmonisiert erklingen müssen, ist auch beim ‚Werbekonzert' die Harmonisierung der Aussagen wichtige Voraussetzung für ein wirkungsvolles Beeinflussen der Werbepartner." [84] Diese Regel verbietet beispielsweise, mit Tiefstpreisen zu argumentieren, während die Botschaftsgestaltung gleichzeitig Exklusivität ausstrahlt.

2. Die Adäquatheit mit dem Produkt und der Firma:

Die Gemässheit des Werbestils mit dem Produkt und der Firma hebt vor allem Weinhold hervor. [85] Die von der Werbebotschaft ausgehenden Nebenbedeutungen müssen dem ,,Wesen der Ware" verwandt sein; [86] sie sollen den Zielpersonen bei der raschen Identifizierung des Produktes oder der Firma behilflich sein und das Behalten der Botschaft fördern.

3. Kontinuität:

Kontinuität im Bereiche der konnotativen Bedeutungselemente erleichtern die Identifikation der Marke oder der Firma. Darüber hinaus fördert die konstante Verwendung gleicher konnotativer Elemente die Vertrauensbildung beim Absatzpartner. [87]

4. Distanz:

Neben den oben angeführten Grundsätzen ist bei der Festlegung der konnotativen Bedeutung zu beachten, dass die eigene Werbung sich genügend von der Konkurrenzwerbung abhebt und eine eigenständige ,,Persönlichkeit" ausstrahlt. Es ist eine Eigenart der Werbung, dass sie sich in konnotativen Bereichen profilieren und von der Konkurrenz deutlich distanzieren kann, selbst wenn mit der grundsätzlich gleichen Werbeaussage geworben wird.

82 Vgl. z. B. Pompl (Werbestil) 2235 ff.
83 Zur Problematik der Abklärung von Stil-Wirkungen vgl. Dröge/Weissborn/Haft (Wirkungen) 84 f.
84 Weinhold (Werbeplanung) 105.
85 Weinhold (Marketing) 119, unter Bezugnahme auf Lisowsky.
86 Skowronnek, zitiert in: Pompl (Werbestil) 2238.
87 Dies hebt vor allem Skowronnek hervor; vgl. Skowronnek (Stil) 293 ff.

Die oben befolgte Differenzierung der Botschaftsbedeutung in eine denotative und eine konnotative Komponente eignet sich wenig, wenn es um die Analyse von Botschaften geht, die auf Beeinflussung von Bedürfnissen abzielen. Hier ist es zweckmässig, von zwei Alternativen auszugehen, die wir etwas vergröbernd als die rationale und die emotionale Bedürfnisbeeinflussung benennen wollen.

Die sog. rationale Beeinflussungsart bedient sich der *syllogistischen Schlussfolgerung,* wie wir sie im folgenden Kapitel darstellen werden. Die *emotionale Beeinflussung* setzt gezielt Stimuli (Worte, Sätze, Bilder, usw.) ein, welche das Individuum in einen Zustand aktivierter Bedürfnisse versetzen. Solche Stimuli wollen wir kurz „emotionale Stimuli" nennen. Sie sind identisch mit der als emotionale Konnotationen bezeichneten Bedeutungskomponente. [88]

322.1   *Bedürfnisbeeinflussung mittels syllogistischer Schlussfolgerung*

Während sich die Bedürfnisbeeinflussung durch emotionale Stimuli in der Literatur zunehmender Beliebtheit erfreut, kommt m. W. die Einflussnahme auf Bedürfnisse auf dem Wege rationaler Argumentation höchstens andeutungsweise zur Sprache. Trotzdem bedient sich die Werbepraxis dieses Mittels schon seit eh und je mit Vorliebe. Wir wollen diesen Weg, Bedürfnisse zu schaffen, denn auch anhand eines Beispiels aus der Praxis verdeutlichen. Folgender Syllogismus findet man häufig vor:

1. Sparen ist gut.
2. Beidseitiges Photokopieren spart.
3. Beidseitiges Photokopieren ist gut.

Diese Art, durch rationale Argumentation dem Konsumenten Bedürfnisse zu „lehren", knüpft an ein mit Sicherheit bereits vorhandenes Bedürfnis an; im vorliegenden Fall: Geld zu sparen. Gelingt es in einem zweiten Schritt, den Werbeempfänger zu überzeugen, dass beidseitiges Photokopieren hilft Geld zu sparen (und dies dürfte auf der Hand liegen), so ist ein neues Bedürfnis entstanden (sprich: wurde ein neues Bedürfnis *gelernt*). In einer Kaufsituation wird der Werbeempfänger „beidseitiges Photokopieren" als Kriterium zur Wahl eines Photokopierapparates herbeiziehen.

Hat der Werbeempfänger das Entscheidungskriterium „beidseitiges Photokopieren" akzeptiert, d. h. ist es zu einem eigenständigen Bedürfnis geworden, so ist die beabsichtigte Werbewirkung noch nicht eingetreten. Es gilt nun, auch die Vorstellung zu schaffen (oder zu festigen), dass der Photokopierapparat der Marke XY tatsächlich diese Eigenschaft aufweise. Wir sind aber damit bereits bei dem angelangt, was wir als „kombiniertes Vorgehen" bezeichnet haben, nämlich sowohl Bedürfnisse, als auch gleichzeitig Produktvorstellungen zu beeinflussen.

Die Strategie der Beeinflussung von Bedürfnissen durch syllogistische Schlussfolgerung umfasst zwei Teilprobleme, die hier nur andeutungsweise erwähnt werden sollen.

88 Vgl. S. 75 f.

1. *Die Wahl der Ebene der Bedürfnishierarchie,* an die angeknüpft werden soll,
2. Die Überzeugung (Vorstellung) zu schaffen, dass die zweite Stufe des Syllogismus ein *geeignetes Mittel* zur Befriedigung des übergeordneten Bedürfnisses sei.

Zu 1.: Die Wahl der anzuknüpfenden Bedürfnisebene ist im obigen Beispiel des Photokopiergerätes relativ unproblematisch. In anderen Produktbereichen dürften aber damit nicht unwesentliche Probleme verbunden sein: soll z. B. bei der Werbung für ein Deodorant vom Bedürfnis nach sozialen Beziehungen (Liebe, Zärtlichkeit, usw.) ausgegangen werden, oder will man an ein in der Hierarchie tiefer liegendes Bedürfnis anknüpfen, wie z. B. die Vermeidung unangenehmer Gerüche? [89]

Zu 2: Der zweite Problemkreis ist im eingangs zitierten Beispiel ebenfalls einfach zu lösen: dass beidseitiges Photokopieren hilft, Geld zu sparen, leuchtet unmittelbar ein und bedarf keiner raffinierten Beweisführung. Problematisch scheint diese Frage wiederum beim Deodorant zu sein: um überzeugend darzulegen, dass ein Deodorant das Bedürfnis nach Liebe, Zärtlichkeit, usw. zu befriedigen vermag, bedarf es u. U. einer langwierigen Beweisführung. Nicht selten muss zu einem solchen Zweck zu längeren Werbefilmen oder Werbespots gegriffen werden.

322.2 Die Bedürfnisbeeinflussung mittels emotionaler Stimuli

Es liegen eine grössere Anzahl Untersuchungen vor, die sie mit der Frage beschäftigen, unter welchen Bedingungen Werbung Bedürfnisse direkt, d. h. ohne syllogistische Argumentation, stimulieren und aktivieren kann.
Eine exakte Übertragung dieser Erkenntnisse in die Terminologie unseres Modelles ist aber nicht unproblematisch. Wir sehen uns auf diesem Gebiet einer Vielzahl von Termini gegenüber, wie ,,Bedürfnisse'', ,,Motive'', ,,Emotionen'', ,,Gefühle'', ,,Affekte'', ,,Werte'', ,,Aktivierung'' u. ä. m., wobei verschiedene Begriffe oft den gleichen Sachverhalt meinen und gleiche Begriffe von verschiedenen Autoren mit unterschiedlicher Bedeutung versehen worden sind. [90]
Delhees meint, dass nirgends in der Psychologie grössere Unklarheit der Begriffsbestimmung bestehe und sagt: ,,Die Frage was genau Gefühle, Emotionen oder Affekte sind, blieb bis heute zum Teil unbeantwortet. [91]
Für die Übertragung der zahlreichen vorliegenden Forschungsergebnisse auf unser Problem kommen wir aber nicht darum herum, implizite oder explizite eine Begriffsklärung vorzunehmen und nochmals kurz auf die theoretischen Grundlagen zurückzukommen. Wir wollen uns hier insbesondere auf die Begriffe ,,Bedürfnisse'' und ,,Emotionen'' beschränken und versuchen, sie zu definieren und miteinander in Beziehung zu setzen. Dabei orientieren wir uns an

89 Zu diesem Problemkreis haben in jüngster Zeit Young und Feigin quantitative und qualitative Lösungsmethoden vorgeschlagen. Young/Feigin (Benefit Chain) 72 ff.
90 Ruch und Zimbardo machen diese Sprachverwirrung u. a. für das langsame Fortschreiten der Forschung auf dem Gebiet der Emotionspsychologie verantwortlich. Vgl. Ruch/Zimbardo (Psychologie) 293.
91 Delhees (Motivation) 155.

den Definitionen der Literatur, welche den für uns bedeutsamen empirischen Untersuchungen zugrundeliegen. Wir beabsichtigen, damit der Gefahr zu begegnen, aus solchen Untersuchungsergebnissen unzulängliche Schlüsse für unsere Problemstellung zu ziehen.

Der Begriff *Bedürfnis* wurde bereits bei der Darstellung des Einstellungsmodelles eingeführt. Es wurde deutlich, dass Bedürfnisse in Entscheidungssituationen die Rolle von Auswahlkriterien einnehmen: Bedürfnisse können von ihrer Funktion her definiert werden, nämlich von ihrer Funktion in (Kauf-)Entscheidungssituationen. Demgegenüber wollen wir die *Emotionen* für die Beschreibung eines seelischen Zustandes des Entscheidungssubjektes verwenden. Emotionen wollen wir als einen *Zustand aktivierter Bedürfnisse* auffassen, welcher sich in einer gefühlsmässigen Zu- oder Abneigung gegenüber einem Objekt äussert. [92] Mit dem Auftreten von Emotionen geht immer eine (eventuell kurzfristige) Änderung der Einstellung zu bestimmten Objekten einher.

Dabei wollen wir stets im Auge behalten, dass nicht alle Bedürfnisse von solchen emotionalen Zuständen begleitet zu sein brauchen. [93] Das im vorangegangenen Kapitel angeführte Beispiel des Bedürfnisses nach „beidseitigem Photokopieren" könnte zur Illustration von einem — im Grenzfall — nicht mit gefühlsmässigen Begleitzuständen versehenen Bedürfnis angeführt werden. Analoge Beispiele lassen sich vor allem im Bereich der Investitionsgüter finden. Bedürfnisse ohne jeglichen emotionalen Beiklang sind aber nur in theoretischen Grenzfällen, d. h. in Wirklichkeit praktisch nie vorzufinden.

Emotionen haben ihre physiologischen Korrelate, dank derer sie objektiv erfasst und gemessen werden können. [94] Die Messung solcher Reaktionen vermögen über die *Intensität* der Emotionen Auskunft zu geben. Emotionen können aber auch auf einem Kontinuum zwischen „angenehm" und „unangenehm" lokalisiert werden. Die Messung dieser *Emotionsrichtung* erfolgt meist durch Befragung der Versuchspersonen. [95]

Die Erkenntnisse auf dem Gebiet der Emotionspsychologie weisen nach, dass gewisse Stimuli — Bilder, Worte, Sätze, usw. — Emotionen auslösen können. [96] Für die Werbung sind diese Befunde insofern interessant, als es offenbar möglich ist, durch die Wahl geeigneter Stimuli *gezielte Bedürfnisse zu aktivieren* und dadurch die Einstellung zugunsten des beworbenen Produktes zu verbessern.

In Wirklichkeit dürfte eine Werbekampagne, welche lediglich Bedürfnisse aktiviert — sei es auf dem Wege der syllogistischen Schlussfolgerung oder durch Emotionalisierung —, kaum sehr sinnvoll sein. Es ist nämlich davon auszugehen, dass eine solche Werbung *allen* in einem bestimmten Markte anbietenden Unternehmungen zugute kommt. Aus der Sicht einer einzelnen Unternehmung ist eine bedürfnisaktivierende Werbung erst dann zweckmässig, wenn sie gleichzeitig *ihre* Marktleistung als geeignetes Mittel herausstellt, um diese Bedürfnisse

---

92 Diese Definition lehnt sich eng an Arnold an. Vgl. Arnold (Emotion I) 182. Sie deckt sich auch mit den Auffassungen von Bauer und Cox (Communications) und der Autoren der übrigen in dieser Arbeit zitierten Untersuchungen. Zu den unterschiedlichen Konzeptionen der Emotionspsychologie vgl. die zusammenfassende Darstellung von Ewert (Gefühle) sowie Bottenberg (Emotionspsychologie).

93 Vgl. Allport (Pattern) 198.

94 Vgl. dazu die Ausführungen auf S. 80.

95 Vgl. Kroeber-Riel (Reizstärke) 15 ff.

96 Vgl. vor allem Kroeber-Riel (Reizstärke) und die dort zitierte Literatur.

zu befriedigen. Dies bedeutet nichts anderes, als dass eine ausschliesslich auf die Beeinflussung von Bedürfnissen abzielende Werbung *keine realistische Alternative darstellt,* sondern nur in Kombination mit der Einflussnahme auf Vorstellungen angewendet werden kann.

323   Kombiniertes Vorgehen

Die Kombination dieser idealtypischen Vorgehen besteht darin, zum einen Bedürfnisse zu schaffen und gleichzeitig den Werbeempfänger zu informieren und überzeugen, dass die beworbene Marktleistung die bedürfnisbefriedigenden Merkmale aufweise.
Für den Fall, dass die Bedürfnisse mit dem Mittel der syllogistischen Schlussfolgerung geschaffen werden, nimmt die gesamte Werbeargumentation die untenstehende Formal-Struktur an. Wir gehen dabei wiederum vom Beispiel des Photokopiergerätes aus:

1. Sparen ist gut.
2. Beidseitiges Photokopieren spart.
3. Beidseitiges Photokopieren ist gut.   = Bedürfnis
4. Marke XY kopiert beidseitig.   = Produktvorstellung
5. Marke XY ist gut   = Einstellung

Wesentlich kompliziertere psychologische Gesetzmässigkeiten werden bei der Kombination zwischen Aufbau von Produktvorstellungen und Aktivierung der Bedürfnisse *durch emotionale Stimuli* wirksam. Eingehend haben sich mit dieser Kombination die Amerikaner Bauer und Cox auseinandergesetzt. Gemäss ihrer Hypothese ist eine wirkungsvolle Einstellungsbeeinflussung weder durch eine Aktivierung von Bedürfnissen mittels emotionaler Stimuli, noch durch eine einseitige Änderung von Produktvorstellungen erzielbar. Vielmehr wird eine Art von *Synergie* wirksam, wenn auf *beide* Einstellungskomponenten gleichzeitig Einfluss genommen wird. Dieser Hypothese zufolge existiert eine gewisse *optimale Mischung* beider idealtypischen Werbestrategien, wie sie durch die (hypothetische) Gerade in der nebenstehenden Abbildung wiedergegeben wird. [97]
Der Verlauf dieser Geraden charakterisiert den „optimalen Werbemix", d. h. Abweichungen sowohl nach unten, als auch nach oben bedeuten eine unwirtschaftlich erzielte Einstellungsänderung. Betrachten wir die diesbezüglichen Untersuchungen etwas näher, so lassen sich zwei für uns bedeutsame Aussagen ableiten:
1. Zum einen ist Werbung, die nur Informationen über Produktmerkmale wiedergibt, *ineffizient.* Die gleichzeitige Aktivierung von Bedürfnissen ist für den Werbeerfolg von ausschlaggebender Bedeutung. Diese ursprünglich von Bauer und Cox aufgestellte Hypothese hat sich inzwischen in zahlreichen Überprüfungen bewährt. [98]

97 Die generelle Richtigkeit dieser Hypothese belegen die Autoren mit einigen Experimenten, die allerdings primär einem anderen Versuchszweck dienten. Die Gerade g entspricht nach der Angabe von Bauer und Cox einer *Tendenz,* ihr genauer Verlauf ist mW. empirisch noch nicht nachgewiesen worden. Vgl. Bauer/Cox (Communications) 469—486.
98 Vgl. Kroeber-Riel (Emotionale Werbung) und die dort zitierte Literatur.

Abbildung 35: Die optimale Mischung zwischen bedürfniserweckender und Produktvorstellungen beeinflussender Werbung [99]

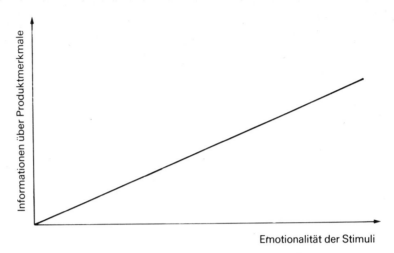

Emotionalität der Stimuli

(vertikale Achse: Informationen über Produktmerkmale)

2. Die Wirkung vorwiegend bedürfnisstimulierender Wirkung ist demgegenüber differenzierter zu beurteilen, je nachdem die ausgelösten Emotionen als positiv oder negativ (lust- bzw. unlusterzeugend) empfunden werden. *Angsterweckende Werbung* wurde häufig auf ihre Wirkung untersucht und führten zu der allgemein anerkannten Hypothese, wonach „mit zunehmender Angst die Einstellungsänderung zunächst gefördert, dann aber gehemmt wird — mit anderen Worten, dass es eine für die Meinungsbeeinflussung optimale Dosierung von Angst gibt." [100] Beim Überschreiten dieser Schwelle werden Abwehrmechanismen wirksam, die jeglichen Kommunikationserfolg vereiteln (sog. Bummerang-Effekt) (vgl. Abbildung 36).

Gemäss der Hypothese von Bauer und Cox liegt dieses Optimum desto höher (weiter rechts in Abbildung 35), je mehr die Werbebotschaft durch die darin enthaltenen Produktversprechen die Angst zu reduzieren vermögen. An einem Beispiel verdeutlicht kann dies heissen: Eine Automobilwerbung, die durch drastische Hervorhebung von Unfallgefahren Angst auslöst, kann dann sehr erfolgreich sein, wenn sie auch glaubhaft machen kann, dass die angebotene Automobilmarke vor dieser Gefahr wirksam schützt. Je mehr die Werbung in der Lage ist, mit ihren Sicherheitsargumenten zu überzeugen, desto mehr darf sie zum Mittel der Angstauslösung schreiten.

Diese Gesetzmässigkeit ist einigermassen gut gestützt durch die Untersuchungen von Janis und Feshbach und jene von Berkowitz und Cottingham. [101] Die

---

99 Die vertikale Achse wird in der Terminologie von Bauer und Cox mit „subjective probability of success" bezeichnet. Gemeint ist damit die Überzeugtheit des Individuums, dass die Merkmale der angebotenen Marktleistung seine Bedürfnisse tatsächlich zu befriedigen vermögen. Vgl. Bauer/Cos (Communications) 476 f.

100 Kroeber-Riel (Werbung) 150.

101 Janis/Feshbach (Fear Rousing) und Berkowith/Cottingham (Interest-Value).

Aussage bezieht sich aber lediglich auf *angstauslösende Werbung;* [102] entsprechende Untersuchungen über positive Emotionen auslösende Werbung liegen m. W. nicht vor.

Abbildung 36: Die Beziehung zwischen angsterzeugenden Stimuli und ihrer Wirkung auf die
Einstellungsänderung

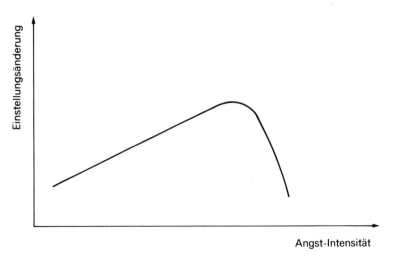

Um weitere Zusammenhänge zwischen informativer und bedürfnisstimulierender Werbung zu erhellen, sind die Untersuchungen von Cohen von hohem Wert. In seinem Experiment arbeitet er mit zwei Gruppen von Stimuli, solchen, welche bedürfnis-aktivierend wirken und Stimuli, die über Möglichkeiten der Bedürfnisbefriedigung informieren. [103] Seine Versuchspersonen teilte er ebenfalls in zwei Gruppen, nämlich in jene mit hohem Bedürfnisdruck (high on need cognition) und solche mit niedrigem Bedürfnisdruck (low on need cognition).

Das Ergebnis der Untersuchung bestand, verkürzt wiedergegeben, darin, dass die *Reihenfolge,* in der die Elemente der Botschaft angeordnet wurden, für den Kommunikationserfolg ausschlaggebend sein kann. Für Personen mit zum vornherein hohem Bedürfnisdruck spielte es keine Rolle, ob die bedürfnisstimulierenden Botschaftselemente *vor* den informierenden dargeboten wurden oder *nach* ihnen. Hingegen war bei Personen mit niedrigem Bedürfnisdruck der Kommunikationserfolg deutlich höher, wenn die bedürfnisstimulierenden Elemente *vor* den informierenden dargeboten wurden, als wenn sie zeitlich nachgelagert waren.

102 Die angstauslösende Werbung „besteht in der Anspielung auf ungünstige Folgen, wenn
Schlüsse der Kommunikation nicht befolgt werden." Penzhofer (Kommunikation) 13.
Dadurch werden Emotionen ausgelöst, welche auf dem Kontinuum zwischen „angenehm — unangenehm" näher bei „unangenehm" eingestuft werden. Häufig wird auch
von „negativ gerichteter" Emotion gesprochen, womit man andeuten will, dass das
Streben einer emotionalisierten Person nicht auf die Erreichung eines positiv bewerteten Zustandes gerichtet ist, sondern auf die *Vermeidung eines unangenehmen Zustandes.*

103 Cohen (Cognition).

Die Untersuchungsanalyse sollte nach der Absicht von Cohen Auskunft über die optimale Anordnung von Werbeargumenten geben. Bauer und Cox verwendeten diese Ergebnisse aber zu Recht zur Stützung und Verfeinerung ihrer Hypothese. Danach brauchen Individuen mit hohem Bedürfnisdruck *keine vorgängige Bedürfnis-Aktivierung;* sie nehmen direkt Informationen entgegen, welche über Möglichkeiten der Bedürfnisbefriedigung informieren (Informationen über Produktmerkmale). Dieser informierende Teil der Werbebotschaft reicht bei ihnen zur wirksamen Einstellungsbeeinflussung aus.

Anders verhält es sich mit jenen Personen, die ohne erhöhten Bedürfnisdruck der Werbebotschaft gegenüberstehen. Wenn diese letzteren nicht den bedürfnisaktivierenden Teil der Botschaft empfangen haben, ändert sich ihre Einstellung nicht in der gewünschten Richtung.

Für die Werbung ist daraus folgende Verhaltensregel abzuleiten: Ist ein Produkt zu bewerben, welches ein aktuelles und mit Sicherheit vorhandenes Bedürfnis befriedigt, so spielt eine emotionale Stimulierung keine ausschlaggebende Rolle. Dagegen kann eine wirksame Werbung für ein Produkt, welches nicht dringliche Bedürfnisse befriedigt, auf emotionale Stimuli nicht verzichten. Eine nur informierende Werbung führt in diesem Falle nicht zum Ziel.

Die genannten Untersuchungen über die Kombination von emotionalen und informierenden Botschaftselementen lassen sich in den sechs folgenden Thesen zusammenfassen:

1. Die Einstellungsbeeinflussung ist wirkungsvoller, wenn auf beide Komponenten der Einstellung Einfluss genommen wird, d. h. auf die Produktvorstellungen und auf die Bedürfnisse.
2. Es existieren zahlreiche Werbestimuli (Bilder, Wörter, Sätze, usw.), die nachweislich Bedürfnisse aktivieren, d. h. Emotionen auszulösen vermögen. Intensität und Richtung dieser Emotionen lassen sich mittels Hautgalvanometer und Befragung messen.
3. Angstauslösende Werbung fördert bei geringer Intensität die Einstellungsbeeinflussung, nimmt aber nach Erreichen eines Optimums an Wirkung abrupt ab (sog. Bummerang-Effekt).
4. Die optimale Angst-Intensität ist um so höher, je glaubhafter das Produkt als „Instrument" zur Angstreduktion hingestellt werden kann.
5. Die Einstellungsänderung ist wirksamer, wenn durch die Werbung vorerst Emotionen aktiviert werden und erst anschliessend über die bedürfnisbefriedigende Merkmale des Produktes informiert wird.
6. Die Werbung für Produkte, welche dringliche Bedürfnisse befriedigen, bedürfen keiner emotionalen Stimuli. Dagegen kann Werbung, die auf nichtaktuelle Bedürfnisse stösst, ihre Wirkung durch Einsatz emotionaler Stimuli erhöhen.

33   Die Werbetaktik

331   Die Wahl der Kanäle

331.1   *Entscheidungskriterien bei der Wahl der Kanäle*

Die Wahl der Kommunikationskanäle wird allgemein mit *Mediaselektion* bezeichnet; das Ergebnis dieses Wahlaktes ist der *Mediaplan.*

Betrachtet man die Stellung des Entscheidungsbereiches „Kanäle" in der Entscheidungshierarchie der Werbung, so wird deutlich, dass das primäre Entscheidungskriterium der Mediawahl, die (wirtschaftliche) Erreichbarkeit der Zielgruppe sein muss. Mit anderen Worten besteht die Aufgabe der Medien darin, die Werbebotschaft an die Zielpersonen „heranzutragen". Ist dies gelungen, so spricht man von einem *Berührungserfolg.* Damit hat das Medium seine Hauptaufgabe erfüllt und es entscheidet die Qualität der Botschaft und deren Gestaltung, ob die weiteren Werbeziele — z. B. die Einstellungsänderung — erreicht werden.

Wenn gesagt wird, das Hauptziel der Medienwahl sei der Berührungserfolg, d. h. die Herstellung von Kontakten mit der Zielperson, ist damit das Zielkriterium noch zu wenig präzise umschrieben. Es kann nämlich nicht einfach darum gehen, die Zielpersonen-Kontakte bei gegebenem Werbebudget zu maximieren. Das Ziel Berührungserfolg ist durch sog. *Kontaktmasszahlen* näher zu spezifizieren.

Zum einen ist zu berücksichtigen, dass eine einzelne Zielperson sowohl zu wenig, als auch zu oft mit einem Werbemittel in Berührung kommen kann. Oder m. a. W. ist anzunehmen, dass eine gewisse optimale *Kontakthäufigkeit* existiert, nach deren Überschreitung (oder Unterschreitung) der Grenznutzen jedes weiteren Kontaktes abnimmt und u. U. sogar negativ wird. Grundlage für die Bestimmung der optimalen Kontakthäufigkeit ist die *Werbewirkungskurve* (auch Kontaktbewertungskurve genannt). Auf die Problematik dieser Wirkungskurve soll hier nicht näher eingegangen werden, [104] da zur Zeit noch keine eindeutigen empirischen Befunde vorliegen. Gut bewährt haben sich allerdings die logistische Wirkungskurve [105] sowie die degressive (konvexe) Kurve. [106]

Abbildung 37: Logistische und degressive Wirkungskurven

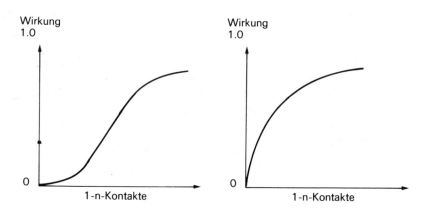

104 Vgl. dazu Schweiger (Mediaselektion) 143 ff.; Rehorn (Werbung); Gutjahr (Werbepsychologie) 110 ff.
105 Vgl. z. B. die empirischen Erhebungen von GfK, Nürnberg; Girardet (Media-Selektions-Programme) 112.
106 Vgl. z. B. die Untersuchungen von Strong/Ray/Sawyer/Strong (Frequency).

Abbildung 38: Kontaktverteilungen [107]

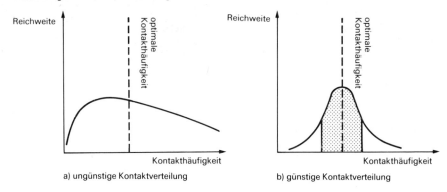

a) ungünstige Kontaktverteilung

b) günstige Kontaktverteilung

Neben der Kontakthäufigkeit ist auch die *Kontaktverteilung* (Abbildung 38) bei der Beurteilung alternativer Mediapläne zu berücksichtigen. Es ist unökonomisch, wenn z. B. 10 % der Zielgruppe fünfzigmal oder mehr mit dem Werbemittel Kontakt hatte, während die übrigen 90 % nur einige wenige Male der Werbung ausgesetzt waren.

Aus den genannten Gründen ist es notwendig, den Berührungserfolg zu spezifizieren und durch konkretere Masszahlen auszudrücken. Die folgenden Kontaktmasszahlen werden bei den meisten heute üblichen Mediaselektionsmodellen berücksichtigt:

1. Die Reichweite, bezogen auf die Zielgruppe
2. Die Kontakthäufigkeit
3. Die Kontaktverteilung.

Die *Reichweite* ist ein Ausdruck für die Anzahl der Zielpersonen, die durch einen Streuplan mindestens einmal erreicht werden. [108] Die *Kontakthäufigkeit* entspricht der durchschnittlichen Kontaktzahl je Zielperson; während die *Kontaktverteilung* Auskunft darüber gibt, wieviele Personen wie oft mit dem Werbemittel in Berührung kommen.

Das Hauptziel der Mediawahl liegt unbestritten in der Erreichung der Zielpersonen, d. h. im Berührungserfolg. Wie aber schon weiter oben betont wurde, [109] ist anzunehmen, dass auch zwischen den Entscheidungsbereichen „Kanäle" und „Botschafts-Bedeutung", bzw. (indirekt) der „Kommunikations-Wirkung" *schwache Ziel-Mittel-Beziehungen* bestehen (gestrichelte Linie in Abbildung 39).

Diese schwachen Ziel-Mittel-Beziehungen sind zum einen darauf zurückzuführen, dass die Art, wie das Medium als solches wahrgenommen wird („exklusiv", „seriös", „tendenziös", usw.), auch Auswirkungen hat auf die Interpretation und Akzeptanz der darin enthaltenen Werbebotschaften. Die Tatsache z. B., dass als Kanal eine Zeitschrift mit kultiviertem und exklusivem Image gewählt wird, färbt sowohl auf die Wahrnehmung der darin enthaltenen Anzeige und auf die Wirkung dieser Anzeige ab. Die Wirkung wird eine andere sein, als wenn die gleiche Anzeige in einem billig aufgemachten Sensationsblatt erschiene.

---

107 HÖR-ZU-Serie, 3.
108 Sie kann auch definiert werden als eine mindestens 2-malige, 3-malige, usw. Erreichung.
109 Vgl. S. 84 f.

Abbildung 39: Die Ziel-Mittel-Beziehungen zwischen den Entscheidungsbereichen

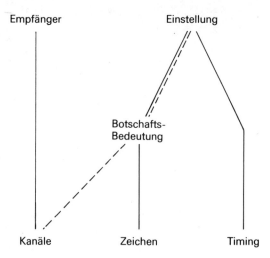

Ein ähnlicher Effekt wird durch *unterschiedliche Darstellungsmöglichkeiten* in den einzelnen Medien erzielt. Es ist im Hinblick auf die Kommunikations-wirkung ein Unterschied, ob das Produkt lediglich in einer Schwarz-Weiss-An-zeige abgebildet werden kann, oder ob seine Vorzüge in der realen Konsum-situation durch einen TV-Spot demonstriert wird.

Selbst bei unterstelltem identischem Berührungserfolg der beiden Medien, wird die Wirksamkeit sehr unterschiedlich zu veranschlagen sein.

Um die unterschiedliche Eignung eines Mediums für die Präsentation eines Werbemittels auszudrücken, wird häufig der Ausdruck „Kontaktqualität" ge-wählt. [110] Für sie liegt beim heutigen Stand der Mediaforschung noch keine operationale Masszahl vor. Der Kontaktqualität trägt der Mediaplaner dadurch Rechnung, dass er aufgrund seiner Erfahrung und seines „Fingerspitzengefühls" die Medien unterschiedlich *gewichtet*. Auf diese Möglichkeit werden wir weiter unten noch zu sprechen kommen.

Zusammenfassend können wir feststellen, dass im Entscheidungsbereich „Kanäle" die Alternativen (die Medien sowie deren Kombinationen) aufgrund von *vier Zielkriterien* zu beurteilen sind:

1. Reichweite, bezogen auf die Zielgruppe
2. Kontakthäufigkeit
3. Kontaktverteilung
4. Kontaktqualität

Berührungserfolg

Das Ziel der Mediaselektion können wir damit wie folgt formulieren: Es sind jene Medien, bzw. Medienkombinationen zu bevorzugen, die bei maximaler Erreichung der Zielgruppe die als optimal bezeichnete Kontakthäufigkeit bei möglichst gleichmässiger Verteilung der Kontakte herstellen, wobei die Kon-taktqualität der Medien berücksichtigt werden muss. [111]

---

110 Vgl. z. B. Freter (Mediaselektionsmodelle) 281.
111 In Anlehnung an Schweiger (Mediaselektionsmodelle) 355.

Für die Beurteilung der Konsequenzen alternativer Medienbelegungen werden dem Planer eine grosse Menge von Daten angeboten. Das Datenmaterial ist heute schon derart umfangreich, dass immer häufiger zu computerisierten Entscheidungsmodellen übergegangen wird.

Die Zahl und die Qualität der verfügbaren Modelle ändert von Jahr zu Jahr. Es kann aus diesen Gründen hier nicht darum gehen, einzelne Programme zu beschreiben. Der Weg, der hier beschritten werden soll, ist folgender: Wir wollen vorerst das Computerprogramm als Black Box betrachten und uns auf die Frage konzentrieren, welche *Input-Einheiten* die Mediaselektionsmodellen notwendig sind, um den Output zu errechnen. Im darauf folgenden Kapitel sollen die drei wichtigsten Grundtypen von Modellen kurz charakterisiert und beurteilt werden.

331.21   Inputs von Mediaselektionsmodellen

Die erforderlichen Inputs der meisten heute üblichen Selektionsmodelle sind in Abbildung 40 angeführt. Die Inputs gliedern sich grundsätzlich in zwei Kategorien: In die *planspezifischen Inputs* (Abbildung 40 oben) und die *Standard-Inputs* (Abbildung 40 unten).

1. Planspezifische Inputs:

Zielgruppe: Wesentliches Eingabe-Element ist die anzuvisierende Zielgruppe und die Gewichtung ihrer einzelnen Sub-Segmente

Abbildung 40: Inputs und Outputs eines Media-Selektionsmodells

Planspezifische Inputs:

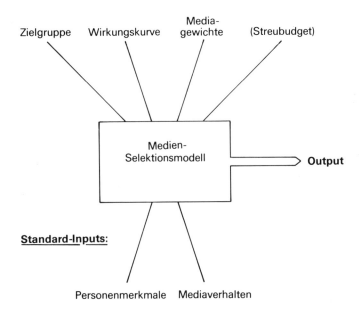

Standard-Inputs:

Für die Zwecke der Mediaselektion muss die Zielgruppe in Kategorien beschrieben sein, die auch in den entsprechenden Leser-, Zuschauer- und Zuhörerforschungen ausgewiesen werden. Wenn die Mediaforschung — wie das noch vor einigen Jahren der Fall war — nur soziodemographische Personenmerkmale erfasst, so nützt es für die Zwecke der Mediaselektion wenig, wenn die Zielgruppe in psychologischen oder Verhaltensmerkmalen umschrieben ist. In diesem Fall ist eine Umformulierung der Zielgruppe in soziodemographische Kategorien unumgehbar.

Nur zu oft stellen sich dann allerdings die in der Mediaforschung ausgewiesenen Merkmale für die Beschreibung der Zielgruppe als irrelevant heraus. So ist z. B. die Zielgruppe in psychologischen oder Verhaltensmerkmalen wohl präzise und eng genug definiert, doch zeigt sich dann, dass diese Individuen sich über alle Alters- und Einkommensklassen gleichmässig verteilen.

Aus diesem Grunde versuchen die neueren Publikumsforschungen vermehrt auch gewisse psychologische Merkmale zu erheben. Doch sind solchen Bestrebungen natürliche Grenzen gesetzt, indem auch diese psychologischen Kriterien für die Beschreibung vom Zielpublikum der verschiedensten Produktgattungen geeignet sein müssen. Im konkreten Einzelfall diskriminieren sie aber oft ungenügend zwischen Zielpersonen und Nicht-Zielpersonen.

Kontakthäufigkeit: Die als optimal beurteilte Kontakthäufigkeit muss bei jedem Planungsproblem neu in das Modell eingegeben werden. Die Frage, welches die optimale Kontakthäufigkeit ist, versucht man mit den sog. *Wirkungskurven* zu beantworten. Diese beschreibt den Zusatz werblicher Wirkung bei steigender Zahl der Kontakte.

Im Bereich der „hohen Grenzwirkung" ist der zu erwartende Zuwachs an Werbewirkung je zusätzlicher Kontakt am grössten. Die Mediaselektionsmodelle versuchen nun, auf unterschiedlichste Art, die Reichweiten innerhalb des Bereiches „hohe Grenzwirkungen" zu maximieren; in den links und rechts liegenden Bereichen hingegen zu minimieren.

Abbildung 41: Wirkungsverlauf von Werbekontakten

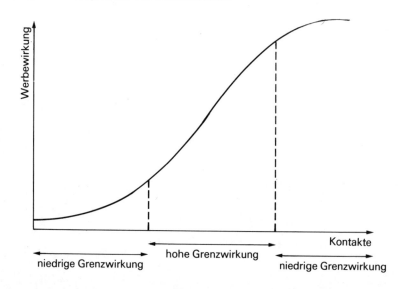

Mediengewichte: Um der unterschiedlichen Eignung eines Mediums für die Präsentation des Werbemittels Rechnung zu tragen, werden die Medien gewichtet. Die grossen Medienanalysen erheben keinerlei Angaben darüber, welcher Werbeträger für die Übertragung welcher Botschaften am geeignetsten ist. Damit bleibt bis auf weiteres, trotz computerisierten Selektionsmodellen, die Werbeträgerwahl gutteils eine „Kunst" des Planers. Sein Fingerspitzengefühl und seine „inneren Modelle" haben über die Inputvariable Mediengewichte einen erheblichen Einfluss auf den Output eines solchen Modelles.

Streubudget: Obwohl in dieser Arbeit die Ansicht vertreten Budgetsumme sei als *abhängige Variable* der Werbeplanung zu betrachten und falle als Ergebnis des Planungsprozesses an, [112] ist in den gängigen Mediaselektionsprogrammen des Streubudget eine Inputvariable. Häufig muss das eingegebene Budget ergänzt werden durch Richtlinien, wieweit es gegebenenfalls über- oder unterschritten werden darf.

2. Standard-Inputs:

Die Standardinputs bestehen aus den Daten, welche die Mediaanalysen aufweisen. Solche Datenbänke sind nicht planspezifisch, d. h. sie können die Grundlage zur Lösung einer Vielzahl unterschiedlicher Planungsprobleme bilden.

Die grossen regelmässigen Erhebungen über die Medien und ihre Nutzer sind in der Schweiz die AG für Werbemittelforschung (WEMF), in der Bundesrepublik Deutschland die Media-Analyse (MA), die Allenspacher Werbeträger-Analyse (AWA) und die Multi-Media-Analyse (IMMA).

Die Standard-Inputs enthalten Informationen über die das Medium nutzenden Personen, über deren Mediaverhalten sowie über die Belegungskosten der einzelnen Medien.

Personenmerkmale: Für jedes in die Befragung einbezogene Individuum werden gewisse Merkmale wie Alter, Geschlecht, usw. und neuerdings auch psychologische und Verhaltensmerkmale ausgewiesen.

Mediaverhalten: Für sämtliche Personen wird die *Nutzungswahrscheinlichkeit* jedes untersuchten Werbeträgers ausgewiesen. Die Nutzungswahrscheinlichkeit 1 des Individuums A für die Neue Zürcher Zeitung bedeutet z. B., dass A jede Ausgabe dieser Zeitung liest; die Nutzungswahrscheinlichkeit 0,5, dass das betreffende Individuum jede zweite Ausgabe liest; die Nutzungswahrscheinlichkeit 0, dass A die Neue Zürcher Zeitung überhaupt nie liest.

Belegungskosten und Rabatte: Zu den Standard-Inputs zählen auch die Angaben über Belegungskosten in den einzelnen Medien. Bei den meisten Programmen können auch Rabatte für Mehrfachbelegungen berücksichtigt werden.

331.22 Arten von Mediaselektionsmodellen

Die heute üblichen Verfahren der Mediaselektion können entweder als Optimierungs-, Evaluierungs- oder Satisfizierungsmodelle bezeichnet werden. Es kann im Rahmen dieser Arbeit nicht darum gehen, die unterschiedlichen Verfahren ausführlich darzustellen und zu diskutieren. Hierüber sind in neuerer Zeit um-

112 Vgl. die Ausführungen in Kapitel 432.

fangreiche Monographien erschienen, die sich eingehend mit diesem Problem auseinandersetzen. [113] Im folgenden sollen die genannten drei Verfahrenstypen stichwortartig charakterisiert und auf die wichtigsten gegen sie vorgebrachten Einwände hingewiesen werden.

331.221 Optimierungsmodelle

Von den mathematischen Programmierungsmodellen der linearen, nicht-linearen und der dynamischen Programmierung ist vor allem die lineare Programmierung für Mediaselektionsprobleme herbeigezogen worden. Mit ihrer Hilfe wird versucht, die sog. *gewichtete Kontaktsumme* unter Beachtung verschiedener Nebenbedingungen zu maximieren. Die gewichtete Kontaktsumme unterscheidet sich von der ungewichteten insofern, als bei ihr sowohl die Reichweite, bezogen auf die vorgegebene Zielgruppe, als auch die qualitative Eignung des Mediums berücksichtigt wird. Hingegen wird in der gewichteten Kontaktsumme die Anzahl aller durch einen Mediaplan hergestellten Kontakte ausgewiesen und die *Verteilung* dieser Kontakte unberücksichtigt gelassen. M. a. W. ist die gewichtete Kontaktsumme die gleiche, wenn ein Prozent der Zielpersonen 90 % der Kontakte und 99 % der Zielpersonen nur 10 % Kontakte auf sich vereinigt.

Aus diesem Umstand ergeben sich denn auch die hauptsächlichsten Einwände gegenüber dieser Methode. Kumulationen und Überschneidungen bleiben bei der linearen Programmierung unberücksichtigt. Da aber gerade aufgrund der Daten von den heute üblichen Mediaanalysen diese Kumulationen und Überschneidungen berechnet werden *könnten*, bleibt einer der wesentlichsten Fortschritte der heutigen Mediaforschung ungenutzt. Dies erklärt auch die abnehmende Bedeutung der linearen Programmierung für die Zwecke der Mediaselektion.

331.222 Evaluierungsmodelle

Mit den Evaluierungsmodellen werden vorgegebene Mediapläne bewertet. Ein Evaluierungsmodell verfolgt also nicht das Ziel, optimale Streupläne aufzufinden, sondern die Wirtschaftlichkeit einer vom Mediaplaner selbst festgelegten Mediakombination zu veranschlagen.

Die Bewertung einer Planalternative erfolgt anhand der Zielkriterien Reichweite, Kontakthäufigkeit, Kontaktverteilung und Kontaktqualität. Anhand dieser Kriterien wird für jeden eingegebenen Medienplan ein Wirkungsindex errechnet. Setzt man diesen Wirkungsindex mit den Einschaltungskosten des jeweiligen Streuplanes in Beziehung, so erhält man ein Mass für dessen Wirtschaftlichkeits. [114]

In der Praxis sind zahlreiche Varianten von Evaluierungsmodellen verbreitet. Alle Modelle beruhen grundsätzlich darauf, die eingegebenen Zielkriterien, die Standard-Inputs und die Daten des eingegebenen Streuplanes zu einem einzigen *Gesamtindex* zu verknüpfen. Die einzelnen Programme unterscheiden sich vor allem durch die Reihenfolge, in der die Variablen miteinander verknüpft werden.

113 Vgl. vor allem Schweiger (Mediaselektion); Freter (Media-Selektion); Landert (Presse- und Mediaselektion). Die vorliegenden Ausführungen basieren hauptsächlich auf diesen Werken.

114 Vgl. Schweiger (Mediaselektionsmodelle) 230.

Häufig ist die in Abbildung 42 folgende Schrittfolge anzutreffen. [115]

Der Vorteil der Evaluierungsmodelle liegt vor allem darin, dass sie sämtliche heute als notwendig erachteten Zielkriterien berücksichtigen können. Darin sind sie den Modellen der mathematischen Programmierung weit überlegen.

Der offensichtliche Nachteil dieser Modelle besteht darin, dass sie wohl einen Mediaplan, am heutigen Stand des Wissens gemessen, sehr gut bewerten können, jedoch keinen Weg aufzeigen, um auf bessere Streupläne zu kommen. Hier liegt auch der Grund, weshalb heuristische Verfahren zur Findung von guten Streuplänen, die sog. Satisfizierungsmodelle, sich zunehmender Beliebtheit erfreuen.

Abbildung 42: Flussdiagramm eines Evaluierungsmodelles

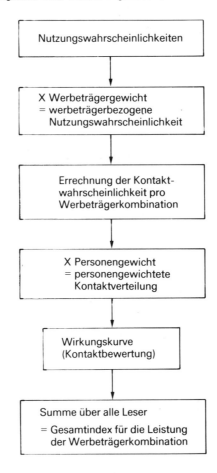

115 In Anlehnung an Meffert (Anwendung) 43 sowie Schweiger (Mediaselektionsmodelle) 232.

331.223 Satisfizierungsmodelle

Die Satisfizierungsmodelle sind dadurch charakterisiert, dass sie ein Evaluierungsmodell, wie es oben beschrieben wurde, als wesentlichen Bestandteil enthalten. Darüber hinaus können diese Modelle selbständig nach besseren Plänen suchen.

Die Varianten von Satisfizierungsmodellen sind zahlreich. [116] Sie unterscheiden sich sowohl hinsichtlich des darin enthaltenen Evaluierungsmodelles, als auch durch Verwendung unterschiedlicher heuristischer Algorythmen. Eines der bekanntesten Modelle ist das High Assay-Programm, entwickelt von der Werbeagentur Young and Rubicam. Das Flussdiagramm dieses Modelles ist in Abbildung 43 wiedergegeben.

Abbildung 43: Flussdiagramm des High Assay-Modells [117]

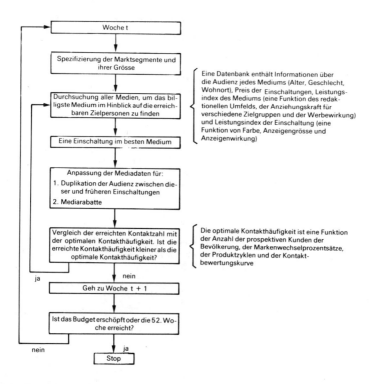

Die Vorteile der Satisfizierungsmodelle gegenüber den Evaluierungsmodellen sind offensichtlich: sie ersetzen das manuelle Ausarbeiten von Streuplänen vollständig. Dabei verzichten sie zwar auf das anspruchsvolle Ziel der mathematischen Optimierungsverfahren, den bestmöglichen Streuplan zu finden. Sie bilden hingegen das Selektionsproblem genauer als diese ab; d. h. insbesondere sind sie in der Lage, alle als notwendig erachteten Zielkriterien zu berücksichtigen.

---

116 Vgl. hierzu die ausführliche Darstellung und Diskussion der heute üblichen Satisfizierungsmodelle bei Schweiger (Mediaselektionsmodelle) 234 ff.

117 Schweiger (Mediaselektionsmodelle) 224.

Die Nachteile ergeben sich aus den gegenüber den Evaluierungsmodellen meist höheren Durchlaufkosten. Sie sind bedingt durch die grosse Zahl von Planalternativen, die in heuristischen Programmen zu überprüfen sind.

332   Die Wahl der Zeichen (Botschaftsgestaltung)

Die Wahl der Zeichen steht zur Botschafts-Bedeutung in einer Ziel-Mittel-Beziehung. Die einmal entschiedene Botschafts-Bedeutung ist Entscheidungsprämisse für die Gestaltung. Sie begrenzt zum einen die Menge der zulässigen Gestaltungsalternativen, hat darüber hinaus aber auch eine heuristische Funktion, nämlich die Suche nach Gestaltungsalternativen in zieladäquate Richtungen zu weisen und positiv Gestaltungseinfälle zu generieren. [118]

Die Zahl von Gestaltungsalternativen ist naturgemäss unüberblickbar. Entsprechend problematisch ist auch ihre wissenschaftliche Analyse. Es ist unrealistisch, die Hoffnung zu hegen, dass in absehbarer Zeit das Feld der kommunikativen Ausdrucksmöglichkeiten systematisch und vollständig erforscht sein könnte. Der an praktischen Gestaltungsfragen Interessierte muss sich bis auf weiteres mit gewissen *Einzelerkenntnissen* begnügen und in den weiten unerforschten Lücken auf seine „inneren Modelle" vertrauen.

Ohne die genannten Schwierigkeiten zu leugnen, wollen wir uns hier aber nicht der weitverbreiteten Lösung anschliessen und bei Problemen der Botschaftsgestaltung ausschliesslich auf die Kraft naturwüchsiger Intuition der Gestalter verweisen. „Die Werbung begann als eine Kunst, und zuviele Werbeleute wollen, dass es dabei bleibt." Dieser Ausspruch von Rosser Reeves scheint auch heute noch zu gelten. Die ständig wachsende Zahl empirisch überprüfter Wirkungszusammenhänge auf dem Gebiet der Semiotik und vor allem der Psycholinguistik deuten aber darauf hin, dass das unbestimmte Feld des „Kreativen", „Intuitiven", usw. mindestens bruchstückhaft dem empirisch Erfassbaren und Prognostizierbaren weichen wird.

Eine Auswahl dieser Einzelerkenntnisse darzustellen, ist Ziel dieses Kapitels. Wir werden anknüpfen an die beiden Zeichenklassen *konventionelle Zeichen* und *Ikonen.*

Bei der Analyse der konventionellen, d. h. verbalen Zeichen, [119] gehen wir von Einflussfaktoren aus, welche für die Wirkung dieser Zeichen beim Perzipienten bestimmend sind. Bei der Analyse der Ikonen fehlen dagegen solche empirisch ermittelte Einflussfaktoren. An ihrer Stelle findet man in der semiotischen Literatur eine Reihe von Betrachtungen, die vielleicht spekulativ genannt werden können, die aber soweit plausibel sind, dass es vertretbar ist, gewisse Empfehlungen für eine zielgerichtete Botschaftsgestaltung daraus abzuleiten.

Die Gesamtheit der gewählten Zeichen, die Werbebotschaft, soll bei den Zielpersonen eine bestimmte Bedeutung aktualisieren. Um diese Aufgabe wahrzunehmen, müssen aber gleichzeitig gewisse *Nebenbedingungen* [120] erfüllt sein.

---

118 Vgl. dazu die von Simon postulierten Funktionen von Zielen. Simon (Concept) 309 ff.

119 Konventionelle und verbale Zeichen werden hier einfachheitshalber gleichgesetzt. Streng genommen gibt es aber auch einige nicht-konventionelle, d. h. ikonische Zeichen, die verbaler Natur sind (Beispiel: „Wau wau" für Hund, „Kikeriki", usw.).

120 Nebenbedingungen wird hier im Sinne von notwendigen, aber nicht hinreichenden Bedingungen verstanden.

In der Literatur werden zwei solche Nebenbedingungen genannt: die Erzielung von Aufmerksamkeit [121] durch die Werbebotschaft und die (unspezifische) Emotionalisierung. [122] Auf diese Bedingungen und auf die Frage, inwiefern ihnen durch die Botschaftsgestaltung Rechnung getragen werden kann, soll im Anschluss an die Analyse der konventionellen und ikonischen Zeichen eingegangen werden.

Eng mit der Gestaltung verknüpft ist die Frage nach der *Objektivität in der Werbung.* Durch Einsichten, welche die Semiotik und die Psycholinguistik uns liefern, stellt sich diese Frage in einem etwas anderen Licht. Die damit verbundene Problematik soll am Schluss des folgenden Kapitels zur Sprache kommen.

332.1 Konventionelle Zeichen

Konventionelle Zeichen treten vor allem als gesprochener oder geschriebener *Text* in Erscheinung. [123] Der Werbetext soll bei den Empfängern die intendierte Bedeutung aktualisieren. Ist dies gelungen, so sagen wir, der Text wurde decodiert oder der Text wurde verstanden. Dabei ist wesentlich, dass nicht irgendeine Bedeutung aktualisiert wird, sondern präzise jene, die im übergeordneten Entscheidungsbereich festgelegt wurde; m. a. W.: dass der Werbetext „richtig" verstanden wird.

Wovon hängt es ab, welche Zeichen beim Perzipienten welche Bedeutung aktualisieren? Folgende Einflussfaktoren haben sich als ausschlaggebend erwiesen: [124]

Lernerfahrung: Die gesamte Lernerfahrung des Individuum ist wesentlich für die Frage, welche Zeichen welche Bedeutung aktivieren. Dies trifft grundsätzlich für alle Zeichensysteme zu; für die konventionellen Zeichen aber noch in viel ausgeprägterem Masse als für Ikonen.

Dass Individuen verschiedener Sprachgebiete über völlig verschiedene Codes [125] verfügen, braucht kaum besonders erwähnt zu werden. Für die Werbepraxis fast ebenso bedeutend ist die Tatsache, dass auch die *Schichtzugehörigkeit* die Verwendung unterschiedlicher Codes mit sich bringt. [126]

Persönlichkeitsvariablen: Unter den Persönlichkeitsvariablen sind vor allem der *Intelligenzquotient* und das *Bildungsniveau* für das Kommunikationsverhalten bestimmend. [127] Komplexe Werbeaussagen und Argumentationen

---

121 Vgl. z. B. Kropf (Werbung) 212; Aaker/Myers (Advertising) 272 ff.

122 Vgl. z. B. Kroeber-Riel (emotionale Werbung) 158.

123 Genau genommen müssten z. B. auch gewisse Firmensignete, Markenbezeichnungen, usw. konventionelle Zeichen genannt werden.

124 In Anlehnung an Teigeler (Verständlichkeit). Die folgenden Ausführungen basieren hauptsächlich auf Teigeler (Verständlichkeit) sowie Engelkamp (Psycholinguistik). In einer sehr ansprechenden und mit vielen Beispielen illustrierten Form handelt Betz dieses Thema ab. Vgl. Betz (Sprachkritik).

125 Unter Codes verstehen wir ein System von Zuordnungsregeln, welche Zeichen mit bestimmten Bedeutungen verbindet.

126 Vgl. die ausführliche Diskussion diesbezüglicher Befunde bei Oevermann (Herkunft) 89 ff.

127 Teigeler (Verständlichkeit) 31.

sind Personen mit niederem Intelligenzquotient oder Bildungsniveau schwer zugänglich, ebenso Personen, die auf dem betreffenden Gebiet über wenig *Vorinformationen* verfügen.

Motivationale und emotionale Zustände des Empfängers entfalten ihre Wirkungen vor allem über das Phänomen der *selektiven Wahrnehmung*. Worte, Sätze, usw., die einen Interessensbereich oder die augenblickliche Motivlage des Empfängers berühren, haben erhöhte Chancen, richtig decodiert und verstanden zu werden. [128] Dagegen werden die subjektiv unwichtig eingestuften Botschaften nur flüchtig, oft fehlerhaft oder überhaupt nicht decodiert.

Vokabular: Das Wort ist im allgemeinen das kleinste selbständig bedeutungstragende Element eines Satzes. Dabei hat sich das Verständnis des *einzelnen Wortes* — neben der Satzlänge — als wichtigster Bestimmungsfaktor für das Verständnis eines Textes erwiesen.

Das Verständnis eines einzelnen Wortes seinerseits ist im allgemeinen bestimmt durch seine Auftretenswahrscheinlichkeit. Häufig vorkommende Wörter sind leicht zu verstehen und leichter zu behalten. [129] Für den Werbetexter lässt sich daraus die Verhaltensregel ableiten: Um den Zielpersonen das sinngemässe Decodieren zu erleichtern, sind häufig vorkommende Wörter, insbesondere Wörter der jeweiligen Muttersprache und der Umgangsprache zu bevorzugen.

Ein Konflikt ergibt sich aber dann, wenn nicht nur verständlich kommuniziert werden soll, sondern wenn der Text gleichzeitig die *Aufmerksamkeit* erwecken soll. Denn oft haben gerade zweideutige und schwerverständliche Worte einen hohen Aufmerksamkeitswert.

Syntax: Die syntaktische Satzform hat zum einen Auswirkungen auf die *allgemeine Verständlichkeit* des Textes. Zum andern zieht eine Variation der syntaktischen Satzstruktur aber auch eine *Bedeutungsveränderung* mit sich: Ob die Aussage passiv oder aktiv formuliert ist, ob ein Wort zum Subjekt erhoben oder die Stellung eines Objektes einnimmt, ist jedesmal mit ganz spezifischen Konnotationen verbunden.

Die Untersuchungen über die Konsequenzen der Syntax auf die Satzbedeutung wurde von der Psycholinguistik angegangen. Ausgelöst wurde diese Forschungsrichtung durch die Theorie der generativen Grammatik von Chomsky, doch kann gesagt werden, dass eine umfassende Analyse dieser Probleme gerade erst begonnen hat. [130] Die Ergebnisse sind noch spärlich und z. T. auch kontrovers. Es ist hingegen zu erwarten, dass diese Forschungsrichtung für die Probleme des Werbetextens von hohem Interesse sein wird. Was die heute schon vorliegenden Untersuchungsergebnisse anbelangt, wollen wir auf die ausführliche Darstellung und Würdigung von Engelkamp und die dort zitierte Literatur verweisen. [131]. Hier soll nur auf einen Aspekt, nämlich auf die Auswirkungen der Syntax auf die allgemeine *Verständlichkeit* eingetreten werden. Für die Verständlichkeit von Texten haben sich die Variablen Satzlänge und Satztiefe bedeutsam erwiesen. [132]

---

128 Rohracher (Psychologie) 333.
129 Teigeler (Verständlichkeit) 37 ff.
130 Vgl. dazu Engelkamp (Psycholinguistik).
131 Engelkamp (Psycholinguistik).
132 Vgl. Teigeler (Verständlichkeit) 48—53.

Die *Satzlänge:* Grundsätzlich gilt: je länger ein Satz, desto schwieriger verständlich ist er. Allerdings ist der Informationsgehalt des Satzes zu berücksichtigen; je mehr neue Informationen er für den Empfänger enthält, desto kürzer muss er sein.

Die *Satztiefe:* Yngve hat eine Methode vorgeschlagen, den Komplexitätsgrad einer Satzstruktur in einer Masszahl auszudrücken, die er mit Satztiefe bezeichnet. [133]

Er geht davon aus, dass die *Komplexität eines Satzes* von der Speicherzeit abhängt, die das Decodieren benötigt. Dabei geht er wie folgt vor: „Er analysiert die gesprochene Sprache vom Sender aus und fragt: Wenn der Sender die Absicht hat, einen bestimmten Satz auszusprechen und er beginnt mit dem ersten Wort: wieviele Einheiten muss er dann noch hinzufügen, damit der Satz auf jeden Fall ein syntaktisch abgeschlossener Satz wird? Das wird bei jedem darauffolgenden Wort neu gefragt. Die Anzahl der auf jeden Fall noch zu sprechenden Einheiten, bis der Satz für den Sender syntaktisch abgeschlossen ist, ergibt für jedes Wort die sogenannte *Satztiefe.*" [134] Dem Wort mit der grössten Tiefe entspricht die maximale Belastung des menschlichen Kurzzeitspeichers, die zum Verständnis des entsprechenden Satzes nötig ist. Diesen Wert definiert Yngve als die Tiefe des Satzes. Von ihr hängt die Schwierigkeit ab, den Satz sinngemäss zu decodieren und seine Bedeutung zu erfassen.

332.2   Ikonische Zeichen

Ikonische Zeichen sind solche, die den bezeichneten Gegenstand analog abbilden, d. h. mit diesem im Minimum *ein Merkmal gemeinsam* haben. In der Werbung sind es Photographien, Zeichnungen und — oft an der Grenze zu den konventionellen Zeichen — Firmensignete oder Markenbezeichnungen.

Über die Wirkungszusammenhänge zwischen Ikonen und ihren Bedeutungen liegen m. W. wenige allgemeingültige Hypothesen vor. Es liegt dies wohl an der Schwierigkeit, die Ikone in eindeutig abgrenzbare Klassen einzuteilen. Wie soll z. B. die Wirkung einer Photographie mit der Wirkung einer Zeichnung exakt verglichen werden können? Allein Photographien sind derart inhomogene Phänomene: sie unterscheiden sich dimensional durch den abgebildeten Gegenstand durch Belichten, Perspektive, Farben u. v. ä. m. Durch die kleinste Variation einer solchen Komponente können die durch das Bild ausgelösten Konnotationen stark ändern.

Von der exakten empirischen Abklärung abgesehen, enthält die Literatur doch einige wesentliche Beiträge eher theoretischer und z. T. auch spekulativer Natur. Sie sollen hier kurz referiert werden, soweit diese Annahmen plausibel und praktisch relevant sind.

Die in unserem Zusammenhang interessierende Frage ist die nach den spezifischen Möglichkeiten der ikonischen Zeichen im Vergleich zu den konventionellen Zeichen. Der an praktischen Gestaltungsproblemen Interessierte möchte wissen, was das Bild besser kann als die Sprache und was nicht. Zudem

133 Yngve (hypothesis). Die vorliegenden Ausführungen basieren auf Teigeler (Verständlichkeit) 50 f.; Teigeler (Satzstruktur) 30 ff. und Engelkamp (Psycholinguistik) 40 f.
134 Teigeler (Verständlichkeit) 51.

interessiert ihn etwa zu erzielende Synergieeffekte, die durch den kombinierten Einsatz von Bild und geschriebenem Wort zu erzielen sind. Zu diesem Zwecke wollen wir vorerst die *Charakteristiken der Ikone* herausschälen, um davon gewisse Rückschlüsse für ihre Anwendung zu gewinnen.

Die schwachen Codes: Vom semiotischen Standpunkt aus ist die bemerkenswerteste Eigenschaft von Ikonen ihr ,,schwacher Code'', d. h. die kaum eindeutig zu definierende Zuordnung von Zeichen und Bedeutung. Ein Beispiel mag dies verdeutlichen: in einer Anzeige sehen wir die Farbphotographie eines Mädchens. Es sitzt angelehnt auf einem Ast, umgeben von Laubblättern und liest ein Buch. Was ist die denotative Bedeutung dieser Ikone? Es käme in Frage: ,,Ein Mädchen sitzt auf einem Baum'', ,,Ein Mädchen liest ein Buch'', ,,Der Frühling ist schön'', ,,Mit den Hosen dieses Mädchens kann man auf Bäume klettern'', ,,Mädchen klettern auch'', u. v. a. m. Im vorliegenden Fall hilft uns beim Decodieren der verbale Kontext: Unter dem Bild steht: ,,Macht einkaufen wirklich Spass? '', und es ist das Signet eines bekannten Versandhauses zu erkennen. Damit ist die denotative Aussage klar: ,,Das Kaufen beim Versandhaus erspart den Weg in die Stadt und ermöglicht, die Freizeit in der Natur zu geniessen.''

Das Beispiel macht deutlich, dass das Spektrum der Interpretationsmöglichkeit bei Ikonen fast unedlich gross ist oder m. a. W., dass mit Bildern nur aufgrund äusserst schwacher Codes kommuniziert werden kann. [135]

Die lockeren Codes von ikonischen Zeichen vermindern wohl die eindeutige Verständlichkeit der Aussage. Sie weisen aber für die Wirksamkeit der Kommunikation einen grossen Vorteil auf: die damit verbundene *Mehrdeutigkeit* verlangt dem Betrachter ein Minimum an Eigenleistung ab. Sie verführt ihn dazu, einen Moment beim Betrachten zu verweilen und die verschiedenen Interpretationsmöglichkeiten durchzuspielen. Es ist plausibel anzunehmen, dass dadurch die Behaltens- und Erinnerungswirkung wesentlich erhöht wird.

Die Notwendigkeit von Decodierungserleichterungen: Um die Interpretation von Ikonen in die gewünschte Richtung zu lenken, bedarf es vor allem eines *sprachlichen Kontextes,* d. h. es bedarf bestimmter verbaler Decodierungshinweise. Eine Kombination sprachlicher und visueller Zeichen lässt gleichzeitig gewisse Synergieeffekte wirksam werden: Die Verständlichkeit ist nämlich grösser, wenn gleichzeitig visuell und textlich kommuniziert wird, als wenn nur ikonische oder nur verbale Zeichen eingesetzt werden. [136] Ebenso wird durch die Kombination von Bild und Text die *Behaltenswirkung* der Kommunikation erhöht. [137]

Ikonische Codes können ad hoc gelehrt werden: Bilder bedürfen dann keiner Decodierungshinweise durch Texte, wenn sich der Empfänger das richtige Interpretieren in einem *vorangegangenen Lernprozess* angeeignet hat, d. h. wenn ein Code ad hoc hergestellt wurde. Eine Geschichte mittels ausschliess-

---

135 Es taucht hier natürlich sofort die Frage auf, ob das Verstehen von ikonischen Zeichen überhaupt auf einem gelernten Code beruhen, oder ob sie nicht gewissermassen prima vista verstehbar sind. Dass aber auch die Bedeutung von Ikonen nur bei Kenntnis des Codes erfasst werden kann, belegt Gombrich sehr anschaulich. Vgl. Gombrich (Bild) 59 ff.

136 Engelkamp/Hörmann (Effect).

137 Gombrich (Bild) 84.

lich ikonischer Zeichen zu erzählen, dürfte kaum möglich sein; Bilder lassen zu viele Interpretationsmöglichkeiten zu. Hingegen vermag ein einziges Bild die längste Geschichte heraufzubeschwören, wenn der Empfänger diese Geschichte bereits kennt und weiss, dass sich die Bilder auf diese Geschichte beziehen (z. B. bei der bildlichen Darstellung biblischer Episoden). Es liegt hier der Fall vor, dass ein sehr präziser visueller Code vorgängig gelernt wurde; dieser schliesst sämtliche anderen Interpretationsmöglichkeiten zum vornherein aus.

Solche starr und eng definierte Codes für das Decodieren ikonischer Darstellungen können durch die Werbung ad hoc gelehrt werden. Den Cowboy auf einem Plakat z. B. haben wir als Zigarettenwerbung der Marke Marlboro zu identifizieren gelernt. Darüber kommt selbst dann kein Zweifel auf, wenn auf dem ganzen Plakat kein Zigarettenpaket und der Name Marlboro nicht zu sehen ist. Ähnlich geht es uns mit vielen Firmensigneten, die wir eindeutig einer bestimmten Unternehmung zuzuordnen in der Lage sind.

Ist es der Werbung erst einmal gelungen, einen visuellen Code ad hoc zu vermitteln (zu lehren), so eignen sich die betreffenden Ikonen ganz ausgezeichnet für die Zwecke der *Erinnerungswerbung*. Ein immer wiederkehrendes Bildmotiv in der Werbung einer Unternehmung ist für die Erinnerungswerbung aus zwei Gründen geeignet: Bilder können in *sehr kurzer Zeit* decodiert werden (z. B. beim Durchblättern einer Zeitschrift oder beim Vorbeifahren an einer Plakatsäule). Zum andern kann ein einziges Bildmotiv ganze Komplexe von denotationen und vor allem von Konnatationen „heraufbeschwören". Eine Eigenschaft, die den verbalen Zeichen in viel geringerem Masse zukommt.

Die Möglichkeit der perzeptuellen Akzentuierung durch ikonische Zeichen: Bei der Definition des ikonischen Zeichens haben wir gesehen, dass dieses mindestens ein Merkmal mit dem zu bezeichnenden Gegenstand gemeinsam haben muss. In der Regel sind es natürlich viel mehr, doch haben Ikone nie alle Eigenschaften mit dem abgebildeten Gegenstand gemeinsam (da sie sonst mit ihm identisch wären).

Daraus leitet sich für jeden Entwerfer von Ikonen die Notwendigkeit ab, die abzubildenden Eigenschaften *auszuwählen.* Durch das bewusste Weglassen gewisser Merkmale oder durch das bewusste Hervorheben von Merkmalen wird aber das erzeugt, was wir als *perzeptuelle Akzentuierung* bezeichnen. [138]

Die verschiedenen Typen von ikonischen Zeichen eignen sich für perzeptuelle Akzentuierung unterschiedlich gut. Zeichnungen bieten dem Gestalter besonders viele Möglichkeiten, die perzeptuelle Akzentuierung vorzunehmen. Dagegen sind Photographien oder Filme eher an die „objektive Beschaffenheit" des abzubildenden Gegenstandes gebunden. Die neuere Technik bietet aber auch hier zunehmend Möglichkeiten, Akzentuierungen vorzunehmen.

Ikonen haben hohen konnotativen Bedeutungsgehalt: Wie oben gezeigt wurde, kann die Übermittlung denotativer Aussagenkomponenten mittels Ikonen mit Decodierungsschwierigkeiten verbunden sein. Ganz anders verhält es sich mit den konnotativen Bedeutungskomponenten: Bilder eignen sich hervorragend, um *Assoziationen* und insbesondere *Emotionen* auszulösen. Sie werden also immer dann das geeignete Ausdrucksmittel sein, wenn in der

138 Vgl. z. B. Engelkamp (Psycholinguistik) 147.

Werbebotschaft weniger der Sachnutzen, als der „psychologische Zusatznutzen" im Vordergrund steht. Hier sind Ikonen oft ohne textliche Deco-
dierungshilfe verständlich.

332.3 Gestaltungsmittel zur Erweckung von Aufmerksamkeit

Es wurde oben festgehalten, dass ein Werbemittel erst dann seine „Botschafts-
Übermittlungsfunktion" wahrnehmen kann, wenn es ihm gelingt, ein Mindestmass an bewusster Zuwendung des Empfängers zu gewinnen.
Bevor die Mittel der Aufmerksamkeitserweckung zur Sprache kommen, soll
noch auf einige theoretische Aspekte eingegangen werden. Wir schliessen uns
hier der Definition der Aufmerksamkeit von Howard und Sheth an, welche
dieses Konstrukt wie folgt definieren: „It is the flow of information into the
buyer's nervous system as contrastet with the much greater amount of information to which the buyer is actually exposed." [139]
Gemessen wird die Variable Aufmerksamkeit im allgemeinen an der *Pupillen-
erweiterung*. Es wurde festgestellt, dass Informationen, denen sich eine Versuchsperson bewusst zuwendet, eine Pupillenvergrösserung hervorrufen, die auf
relativ einfachem Wege erfasst werden kann. [140]
In der Werbeforschung erfreut sich vor allem der *Wiedererkennungstest* (aided
or unaided recall) grosser Beliebtheit. Es handelt sich hier um einen Test, der in
zahlreichen Varianten praktiziert wird. Meist wird der Versuchsperson die zu
testende Anzeige vorgelegt, wobei grössere oder kleinere Teile verdeckt sind.
Die Versuchsperson hat darüber Auskunft zu geben, ob sie diese Anzeige schon
gesehen habe, welches Produkt hier beworben werde und was der Inhalt der
Werbebotschaft sei. Aus solchen Ergebnissen wird der Schluss gezogen, dass
Anzeigen mit hohem Wiedererkennungswert gute Aufmerksamkeitserfolge erzielten: Anzeigen mit weniger gutem Wiedererkennungswert dagegen weniger
Aufmerksamkeit auf sich zu ziehen vermochten. Die Gültigkeit solcher Aussagen ist allerdings fragwürdig. Dies rührt vor allem daher, dass bei solchen
Experimenten die *Gedächtnisleistung* ein erheblicher unkontrollierter Störfaktor darstellt. Anzeigen mit relativ niedrigem Wiedererkennungswert können
z. B. die Aufmerksamkeitserweckung sehr gut erfüllt haben, wenn der niedere
ausgewiesene Wiedererkennungswert auf schnelles Vergessen der Botschaft zurückgeführt werden kann (z. B. weil sie als subjektiv nicht wichtig eingestuft
wurde). Da auch die Aufmerksamkeitserweckung anhand der Pupillenvergrösserung in neuester Zeit nicht unangefochten ist, dürften die Forschungen auf
diesem Gebiet noch nicht abgeschlossen sein. [141]
Unproblematischer und weiter fortgeschritten ist hingegen die Abklärung der
Fragen, welche Faktoren die Aufmerksamkeit beeinflussen. Auf die wichtigsten
dieser Faktoren wollen wir an dieser Stelle eingehen.
Physische Intensität der Stimuli: Stimuli, die sich durch ungewöhnlich physische Intensität von ihrer Umgebung abheben, werden bevorzugt wahrgenommen und verarbeitet. [142] Überlaute, knalligfarbige oder grosslettrige

139 Howard/Sheth (Theory) 61. Ähnlich auch Ruch/Zimbardo (Psychologie) 217 f.
140 Vgl. dazu Hess/Polt (Pupil).
141 Vgl. Ruch/Zimbardo (Psychologie) 221.
142 Rohracher (Psychologie) 534.

Werbung bedient sich dieses Gestaltungsmittels. Dabei ist weniger die absolute Intensität massgebend, als vielmehr die Intensität im Verhältnis zu den umgebenden Stimuli. So reicht z. B. die Farbigkeit des Werbemittels allein kaum aus, um in einer Illustrierten die Aufmerksamkeit der Zielpersonen auf sich zu lenken. Hingegen wirkt selbst ein unauffälliges Grün in einer schwarz-weiss gedruckten Tageszeitung als Blickfang.

Aktuelle Bedürfnisse betreffende Stimuli: Verweist die Botschaft auf Möglichkeiten der Befriedigung akuteller Bedürfnisse, so hat sie erhöhte Chancen, die bewusste Zuwendung des Betrachters zu gewinnen. Überspitzt kann sogar gesagt werden, dass der Mensch aktiv seine Umgebung nach Befriedigung versprechenden Stimuli absucht. [143]

Es könnte eingewendet werden, dass jede Werbung in irgendeiner Form über Möglichkeiten der Bedürfnisbefriedigung informiere. Für die Zwecke der *Aufmerksamkeitserweckung* ist es jeodch entscheidend, dass dieser Teil der Werbebotschaft „prima vista", d. h. in sehr kurzer Zeit erfasst und decodiert werden kann. [144] Wie oben gezeigt wurde, ist für diese Zwecke die *ikonische Darstellung* hervorragend geeignet: ist die Bezugnahme auf ein aktuelles Bedürfnis durch eine Zeichnung oder eine Photographie hergestellt, so kann dies vom Betrachter augenblicklich erfasst werden und ist geeignet, die Aufmerksamkeit zu erwecken.

Eine häufige Anwendung dieses Gestaltungsmittels ist die Bezugnahme auf sexuelle Bedürfnisse. So soll z. B. die Abbildung eines nackten Mädchens beim Mann Pupillenerweiterungen von über 20 % bewirken. [145]

Interessen betreffende Stimuli: Botschaften, die eine Interessensphäre der Zielperson berühren, werden bevorzugt wahrgenommen. Hier gilt wiederum, was bereits oben gesagt wurde, nämlich dass die Bezugnahme auf ein Interessensgebiet innerhalb sehr kurzer Zeit vom Betrachter erkannt werden muss. Dies kann praktisch nur durch *ikonische Abbildungen* erreicht werden oder allenfalls durch kurze Schlagzeilen.

Mehrdeutige Stimuli: Mehrdeutige, widersprüchliche, aber auch unerwartete oder „konfliktäre" Stimuli erwirken eine bewusste Zuwendung des Betrachters. Als Beispiel sei die untenstehende Figur von Berlyne angeführt. [146]

143 Rohracher (Psychologie) 329 ff.
144 Über die Frage, wie lange diese Decodierungszeit höchstens sein darf, bestehen m. W. keine Untersuchungen. Hingegen weiss man, dass visuelle Sinneseindrücke — bevor sie decodiert werden — bis höchstens eine Sekunde quasi als photographisches Abbild im sog. ikonischen Speicher (Ultrakurzzeitspeicher) festgehalten werden. Gemäss der Theorie von Neisser verblassen diese Sinneseindrücke nach Ablauf einer Sekunde, sofern sie nicht weiter verarbeitet werden. Es ist plausibel anzunehmen, dass der Botschaftsteil, der lediglich den Zweck hat, Aufmerksamkeit zu erzeugen, innerhalb dieser Sekunde decodierbar sein muss. Vgl. Neisser (Psychologie) 30 ff.
145 Vgl. die Untersuchungen von Hess/Selter/Shlien (Pupil response) 165 ff.
146 Berlyne (Novelty) 560 ff.

Die Verwendung mehrdeutiger Stimuli ist ein beliebtes Mittel sowohl von Werbegestaltern, als auch von Bühnenautoren („Verfremdungseffekte"), um die bewusste Zuwendung des Betrachters zu gewinnen. Dabei muss es sich nicht immer um graphische „Widersprüche" wie im obigen Fall handeln, auch Schlagzeilen sind oft in der Lage, im Leser eine gewisse kognitive Inkonsistenz hervorzurufen und ihn dadurch am Verweilen an der Werbebotschaft zu gewinnen. Als Beispiel könnte die Werbung eines Photokopiergeräte-Herstellers angeführt werden: „Hier kostet jede Kopie gleich viel. Also weniger."

Wie Behrens mit Recht betont, ist der Einsatz von solchen „Blickfängen" immer mit der Gefahr verbunden, *unerwünschte Nebenwirkungen* zu erzielen. Der Einsatz einer knalligen Farbe kann wohl die Aufmerksamkeit erwecken, ruft aber vielleicht Assoziationen hervor, die mit dem vornehm-dezenten Erscheinungsbild der angebotenen Leistung nicht übereinstimmen. Ein ähnliches Beispiel führt Behrens an: „So wäre es z. B. möglich, kopflose — im ursprünglichen Sinne des Wortes — Menschen als Blickfang für die Werbebotschaft einer Lebensversicherung abzubilden. Die Aufmerksamkeitswirkung wäre wahrscheinlich sehr hoch und ein passender Text schnell gefunden, aber das Imageprofil der betreffenden Lebensversicherung würde durch diese Abbildung wahrscheinlich in einer unerwünschten Weise verändert werden." [147]

332.4   *Gestaltungsmittel zur unspezifischen Emotionalisierung*

Neben dieser Aufmerksamkeitserweckung muss noch eine weitere Anforderung an die gestaltete Botschaft gestellt werden: Die Wirksamkeit beeinflussender Kommunikation wird deutlich erhöht, wenn es gelingt, die Zielperson zu emotionalisieren, d. h. Emotionen zu erwecken. „Sie beeinflussen, wie bereits angedeutet wurde, den Ablauf von anderen psychischen Prozessen. Ein Individuum, das nicht unter irgendwelchen emotionalen Spannungen steht, arbeitet sozusagen auf ‚Sparflamme', seine Aufmerksamkeit ist reduziert, seine Wahrnehmung ist weniger scharf, sein Denken weniger effizient. Schon allein deswegen ist es unsinnig zu fragen, ob man ‚emotional' oder ‚rational' werben soll. Eine rein rationale Werbung, die nur kognitive Wirkungen hat, kommt bei den Empfängern grundsätzlich nicht so gut an wie eine Werbung, die auch emotional wirkt." [148]

Diese Emotionen haben *nicht* den Zweck, gezielt Bedürfnisse zu aktivieren (wie weiter oben ausgeführt wurde). Vielmehr handelt es sich hier um *unspezifische Emotionen,* die lediglich die Funktion haben, das allgemeine Aktivierungsniveau der umworbenen Person zu heben und damit die gesamten Prozesse der Informationsaufnahme und -verarbeitung zu fördern.

Emotionale Reize lassen sich in zwei Dimensionen beschreiben: nach ihrer Intensität (stark-schwach) und nach ihrer Richtung (angenehm-unangenehm). Für eine wirksame Einstellungsbeeinflussung ist eine *mittlere Intensität* optimal sowie die Einstufung des Reizes als „angenehm". Eine zu starke Emotionalisierung ist unerwünscht und bewirkt, ähnlich dem Bumerang-Effekt [149] eine Hemmung der psychischen Leistungsfähigkeit.

147 Behrens (Werbewirkungen) 106.
148 Kroeber-Riel (emotionale Werbung) 158 f.
149 Vgl. S. 117 f.

Als emotionale Stimuli kommen sowohl sprachliche als auch visuelle Zeichen in Frage. Kroeber-Riel und seine Mitarbeiter haben die emotionale Wirkung politischer Schlagworte experimentell abgeklärt. Es zeigte sich, dass z. B. Worte wie „modern", „Reform", „Krise" und „fortschrittlich" einen hohen emotionalen Gehalt aufweisen. [150] Untersuchungen auf anderen Sprachgebieten sind m. W. noch nicht durchgeführt worden, wären aber für die Werbung von höchstem Interesse.

Auf den hohen emotionalen Gehalt ikonischer Zeichen wurde schon an anderer Stelle hingewiesen. Tatsächlich sind Photographien, Filme und Zeichnungen in der Werbung ein beliebtes und häufig angewandtes Mittel, um die gewünschte Emotionalisierung zu erzeugen.

Der Einsatz von emotionalen Stimuli ist — wie dies für die Aufmerksamkeitserregung gilt — von der Gefahr begleitet, *unerwünschte Nebenwirkungen* zu erzielen. Werbung mit Sex-Appeal wäre beispielsweise gut geeignet, die gewünschte Emotionalisierung herzustellen. Es muss aber die Frage gestellt werden, ob eine solche Werbung mit dem gewünschten Erscheinungsbild der Marktleistung in Harmonie steht. Es ist gut möglich, dass ein halbnacktes Mädchen in einer Anzeige von den Zielpersonen als „unseriös" oder „unpassend" empfunden wird. Auch das in neuerer Zeit aufgekommene konsumeristische Bewusstsein trägt dazu bei, dass offensichtlich emotionale Werbung zunehmend kritisch beurteilt wird. Ein Grund, weshalb die „sachliche Werbung" neu in Mode gekomme ist (und gerade dadurch wieder emotional aufgeladen wird).

332.5   Objektivität in der Werbung

Es besteht in der Werbung der allgemein anerkannte und gesetzlich sanktionierte *Grundsatz der Wahrheit.* In der Praxis sind mit der Feststellung der „objektiven" Wahrheit natürlich oft nicht leicht zu lösende Abgrenzungsprobleme verbunden, auf die hier nicht näher eingegangen werden soll. Abgesehen aber von offensichtlich unwahren Werbeaussagen, besteht in der Werbung die Möglichkeit der sog. *perzeptuellen Akzentuierung.* Ein Phönomen, das mit jeder Zeichenübermittlung untrennbar verbunden ist und das Engelkamp am Beispiel der Sprache anschaulich darstellt: „Es ist ein psychologischer und in der Wahrnehmung verankerter Unterschied, ob ich den ruhigen, blässlichen Karl sehe, wie der von dem grobschlächtigen Emil geschlagen wird, oder ob ich den grobschlächtigen Emil sehe, wie er wieder einmal auf den blassen Karl einschlägt." [151] Dieses Beispiel zeigt, dass der Sender von Zeichen gar nicht anders kann, als gewisse „kognitive Akzentuierungen des im Satz abgebildeten Weltausschnittes" [152] vorzunehmen. So ist es im obigen Fall unmöglich zu entscheiden, welche der beiden Formulierungsvarianten die „objektiv wahre" und welche die „unwahre", „nicht objektive" Variante ist. Dass wir ähnliche Phänomene im Bereich der ikonischen Zeichen wiederfinden, versteht sich von selbst. Die Beleuchtung des beworbenen Produktes, die Einstellung der Kamera und vieles mehr, sind Gestaltungsmittel, um solche Akzentuierungen vorzunehmen.

---

150 Kroeber-Riel (Reizstärke).
151 Engelkamp (Psycholinguistik) 147.
152 Engelkamp (Psycholingusitik) 175.

Aus dieser Warte scheint die idealistische Forderung nach „Objektivität" in der Werbung höchst problematisch zu sein und der Natur der Kommunikation zu widersprechen. Es ist auch nicht abwägig anzunehmen, dass der seit jeher mit der Kommunikation vertraute Mensch auf solche sprachliche Verzerrungen gewappnet ist und diese beim Empfangen der Botschaft ganz automatisch zu einem gewissen Grade „entzerrt".

333   Das Timing der Werbung

333.1   Allgemeines

Im Bereich „Kanäle" sind die zu belegenden Medien und auch die Anzahl der Einschaltungen in diesen Medien bestimmt worden. Wie sind diese einzelnen Einschaltungen auf die Planungsperiode zu verteilen? Diese Frage ist im Rahmen des Timing zu beantworten.

Das Werbe-Timing ist ein Entscheid, der nur in *enger Kooperation* mit andern Unternehmungsbereichen gefällt werden darf. Der Grund liegt darin, dass es gutteils auf das Timing der Werbung zurückgeführt werden kann, wann die Nachfrage zu erwarten ist und die Produktion sowie die Distribution ihre Leistungen zu erbringen haben.

In der untenstehenden, von Kotler stammenden Darstellung sind zwölf Möglichkeiten der zeitlichen Verteilung des Werbeeinsatzes graphisch dargestellt. [153]

Abbildung 44: Alternativen des Timing

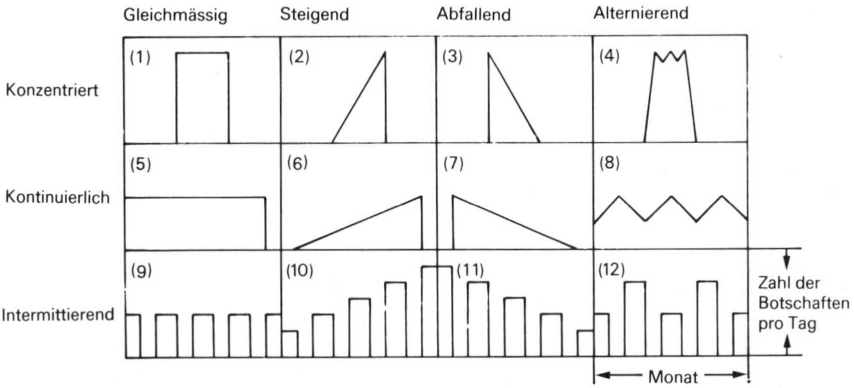

Die Verteilung der Werbeimpulse kann konzentriert, kontinuierlich oder intermitierend gestaltet sein; die Sendefrequenz kann gleichmässig, steigend, abfallend oder alternierend sein.

Um auf die Frage einzugehen, welche die „richtige" zeitliche Verteilung des Werbeeinsatzes sei, ist es zweckmässig, drei verschiedene Ausgangssituationen zu unterscheiden. Das „richtige" Timing wird ein anderes sein, je nachdem die zu erwartende Umsatzentwicklung konstant verläuft, saisonale Schwankungen

153 Kotler (Marketing) 694.

auftreten und je nachdem, in welcher Produkt-Lebens-Phase sich das betreffende Produkt befindet.

333.2   Das Timing bei konstantem Umsatzverlauf

Die Probleme des Timing treten zurück, wenn die Umsatzentwicklung konstant
verläuft. Ist eine solche Situation gegeben, so kann angenommen werden,
dass — unter Berücksichtigung der entsprechenden Inkubationszeiten [154] — eine
gleichmässige Verteilung der Werbekontakte am wirksamsten ist. Die Untersuchungen von Zielske sind geeignet, diese Hypothesen zu stützen. [155]
Zielske teilte eine durch Zufall ausgewählte Stichprobe in zwei Gruppen. Die
erste Gruppe erhielt dreizehn Anzeigen wöchentlich. Der zweiten Gruppe wurde die gleiche Anzahl Anzeigen, aber im Abstand von vier Wochen zugestellt,
sodass es ein ganzes Jahr dauerte, bis sie alle Anzeigen erhalten hatte. Die
Erinnerung an die Werbung wurde laufend ermittelt. Das Ergebnis ist in Abbildung 45 dargestellt.
Berechnet man die Fläche unterhalb der Kurve a) und der Kurve b), so erhält
man einen ungefähren Indikator für die Wirksamkeit der beiden Timing-Grobal-
ternativen. Die Tatsache, dass die Fläche unterhalb der Kurve b) fast andertalb-
mal grösser als jene unter a) ist, weist auf die höhere Effizienz gleichmässig
verteilter Werbekontakte hin. Eine solche Verteilung scheint bei konstant ver-
laufendem Umsatz am erfolgsversprechendsten zu sein.

Abbildung 45: Erinnerung bei wöchentlichen und bei vierwöchentlichen Abständen
zwischen den Kontakten

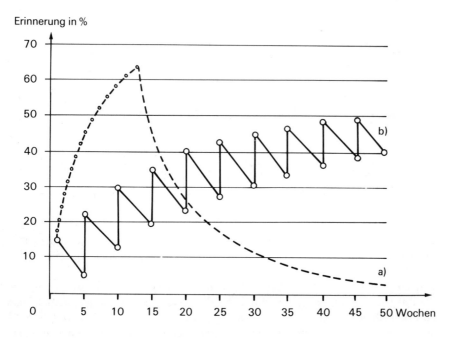

154 Vgl. Weinhold (Marketing) 121.
155 Vgl. Zielske (Remembering).

Kuehn formulierte ein mathematisches Modell zur Ermittlung des optimalen Timing bei saisonalen Schwankungen. [156] Sein Modell ist von hoher praktischer Relevanz und hat im deutschsprachigen Literaturbereich noch kaum Eingang gefunden. Die Schlussfolgerungen, die aus seinem Modell gezogen werden können, sollen deshalb hier kurz dargestellt werden.

Kuehn zeigte, dass die Wahl des richtigen Timing bei saisonal schwankendem Umsatzverlauf von zwei Faktoren abhängt: vom Ausmass des *Übertragungs-effektes* der Werbung und vom Ausmass der *gewohnheitsmässigen Markenwahl,* seitens des Konsumenten. Sein Modell basiert auf der Annahme der vollkommenen Konkurrenz unter den Anbietern.

1. Übertragungseffekt der Werbung: Werbung zeitigt im allgemeinen sowohl eine sofortige Wirkung, als auch eine zeitlich verzögerte Wirkung. Eine Übertragung von fünfzig Prozenten im Monat bedeutet, dass die Wirkung eines Werbekontaktes im darauf folgenden Monat um fünfzig Prozent abnehmen wird; eine Übertragung von zwanzig Prozent bedeutet, dass nur zwanzig Prozent der erstmaligen Werbewirkung im zweiten Monat erhalten bleibt; usf.

2. Gewohnheitsverhalten bei der Markenwahl: Für jede Marke lässt sich ein Wahrscheinlichkeitswert angeben, dass der Konsument — ohne werbliche Beeinflussung — auch im nächsten Monat die gleiche Marke wählt. Eine Markentreue von z. B. 95 Prozenten bedeutet, dass auch im nächsten Monat 95 Prozent aller Käufer die gleiche Marke wählen werden, unabhängig von den werblichen Anstrengungen der Unternehmung.

Abbildung 46 zeigt eine saisonal schwankende Umsatzkurve und drei von Kuehn als optimal errechnete Werbeimpuls-Verteilungen. [157] Der Kurve (1) liegt ein Übertragungseffekt von null Prozent; Kurve (2) ein solcher von fünfzig Prozent und Kurve (3) ein Übertragungseffekt von 75 Prozenten zugrunde. In allen drei Fällen wird ein hoher Grad von Gewohnheitsverhalten unterstellt, nämlich eine Markentreue von 90 Prozent.

Abbildung 46: Optimaler Werbeeinsatz bei hohem gewohnheitsmässigem Kaufverhalten

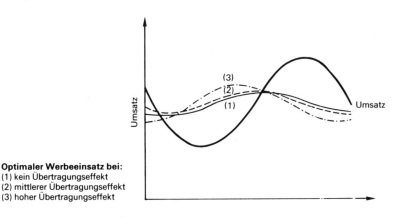

Optimaler Werbeeinsatz bei:
(1) kein Übertragungseffekt
(2) mittlerer Übertragungseffekt
(3) hoher Übertragungseffekt

156 Vgl. Kuehn (Advertising).
157 Vgl. Kuehn (Advertising) 280.

Abbildung 47 zeigt die gleiche Umsatzkurve wie oben mit den drei jeweils „optimalen" Werbeeinsatzkurven, entsprechend keinem Übertragungseffekt (1), 50 Prozent (2) und 75 Prozent (3) Übertragungseffekt. Der Unterschied zur obigen Abbildung besteht einzig darin, dass den untenstehenden Kurven *keine* gewohnheitsmässige Markenwahl unterstellt wird.

Abbildung 47: Optimaler Werbeeinsatz ohne gewohnheitsmässigem Kaufverhalten

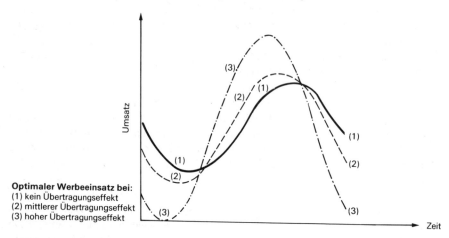

Die Schlussfolgerungen, die sich aus Kuehn's Modell ableiten lassen, sind folgende:

Ist anzunehmen, dass im konkreten Fall mit keinem Übertragungseffekt und keiner gewohnheitsmässigen Markenwahl zu rechnen ist, so ist es zweckmässig, den Werbeeinsatz direkt proportional zum Umsatz zu planen (sog. prozyklische Werbung) (vgl. Abbildung 48).

Ist dagegen mit einem Übertragungseffekt und/oder mit Gewohnheitskäufen zu rechnen, so hat der Werbeeinsatz dem Umsatzverlauf voranzugehen (vgl. Abbildung 49).

Abbildung 48: Optimaler Werbeeinsatz bei fehlendem Übertragungseffekt und fehlendem gewohnheitsmässigem Kaufverhalten

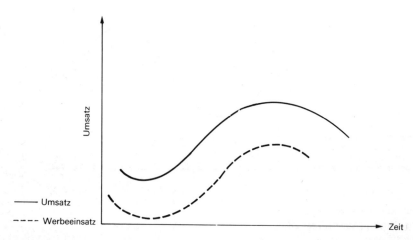

Abbildung 49: Optimaler Werbeeinsatz bei Übertragungseffekt und/oder Gewohnheitskäufen

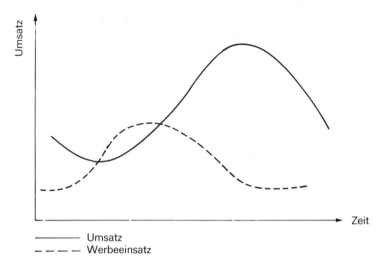

Unter sonst gleichen Umständen bewirkt eine Erhöhung der Markentreue eine Verkleinerung der Amplitude des „optimalen" Werbeeinsatzes (vgl. Abbildung 50).

Abbildung 50: Optimaler Werbeeinsatz bei hoher Markentreue

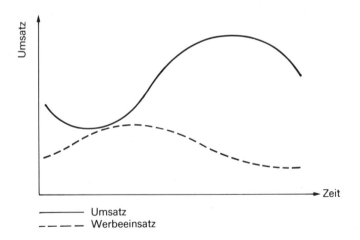

Dagegen zieht eine Erhöhung des Übertragungseffektes eine Erhöhung der Amplitude des Werbeeinsatzes nach sich (vgl. Abbildung 51).
Die Untersuchungen von Kuehn beziehen sich auf häufig gekaufte und billige Produkte. Betrachten wir aber seltener gekaufte, teure Produkte (Haushaltmaschinen, TV-Apparate, Automobile, usw.), so wird sich noch ein weiterer Einflussfaktor geltend machen: es ist in diesem Fall zu berücksichtigen, dass der *Kaufentscheid* dem *Kaufakt* eine kleinere oder grössere Zeitspanne *vorangehen* kann. Der „optimale" Werbeeinsatz verschiebt sich auf der Zeitachse entsprechend mehr nach links.

143

Abbildung 51: Optimaler Werbeeinsatz bei hohem Übertragungseffekt

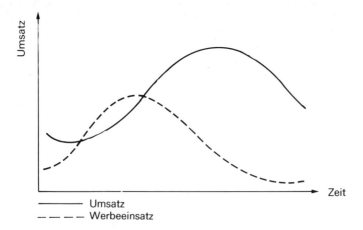

——— Umsatz
– – – – Werbeeinsatz

Die Modellbetrachtung von Kuehn lehrt uns vor allem folgendes: Bleiben bei der Planung des Werbeeinsatzes die oben genannten Einflussfaktoren unberücksichtigt, so können Werbeausgaben unwirtschaftlich sein und Geldverschwendung bedeuten. Zum andern kann aber eine nicht zeitgemäss eingesetzte Werbung auch ungewollte Schwankungen oder Verschiebungen der Nachfrage hervorrufen und damit die Planung der Produktion und der Distribution empfindlich stören. [158]

333.4   Das Timing während des Produktlebenszyklus'

Die Umsatzentwicklung eines einzelnen Produktes im Zeitablauf wird als *Lebenszyklus* des betreffenden Produktes bezeichnet. Es zeigt sich, dass diese Lebenszyklen häufig einen typischen Verlauf aufweisen, wie er in Abbildung 52 veranschaulicht ist. [159] Ein Produkt durchschreitet dabei die Phasen der Einführung, des Wachstums, der Reifezeit und des Niedergangs. Der gesamte Lebenszyklus kann sich, je nach Art des Produktes, über sehr verschiedene Zeiträume erstrecken. Der Schwarz-Weiss-Fernseher hat einige Jahrzente überdauert; der Hula Hoop-Ring lediglich ein halbes Jahr.
Der Einsatz der Werbung erfolgt in den verschiedenen Produkt-Lebens-Phasen mit unterschiedlichem Gewicht. In der nachfolgenden, von Forrester übernommenen Abbildung ist ein möglicher Verlauf des Werbeeinsatzes (hier gemessen in Franken Werbeaufgaben) eingezeichnet (vgl. Abbildung 53). [160]
Während der *Phase der Produkteinführung* besteht die Aufgabe der Werbung darin, den Produktnamen bekannt zu machen, eine Produktvorstellung aufzubauen [161] und eventuell Bedürfnisse zu schaffen. Diese anspruchsvolle Kom-

---

158 Dies hebt vor allem Forrester hervor; vgl. Forrester (Advertising) 101.
159 Zur Problematik des Lebenszyklus' und seiner empirischen Evidenz vgl. Scheuing (Marketing) 195 ff.
160 Vgl. Forrester (Advertising) 108.
161 Vgl. S. 100 ff.

munikationsaufgabe bedarf einer entsprechend intensiven Werbung, was sich in einer Massierung der Werbeausgaben während der Einführungsphase niederschlägt. [162]

Abbildung 52: Das Produktlebenszyklus

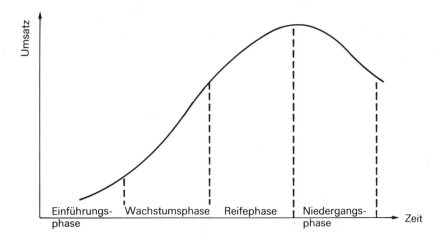

Abbildung 53: Der Werbeeinsatz während des Produktlebenszyklus' (nach Forrester)

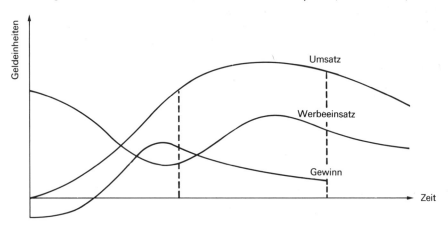

In der *Wachstumsphase* wird die Unternehmung vor allem von der Wirkung der Einführungswerbung (time lag) sowie von der in dieser Phase aktiven Mund-zu-Mund-Werbung profitieren. Die Umsatzkurve wächst scheinbar von selbst. Dazu tritt häufig der Umstand, dass die anbietende Unternehmung vorerst ihre Produktionskapazitäten ausdehnen muss, um die steigende Nachfrage zu befriedigen. dies alles führt zu einer Herabsetzung der anfänglich hohen Werbeausgaben.

162 Die Richtigkeit dieses Vorgehens hat Parsons in seiner empirischen Studie nachgewiesen. Person (Product).

In der *Reifephase* sind auch andere merktreife Produkte auf dem Markt anzutreffen. Es entwickelt sich ein Konkurrenzkampf und daraus eine neue Kommunikationsaufgabe für die Werbung: es geht nun darum, die Produktvorstellungen zu differenzieren und zu festigen. Das führt zum typischen Entscheidungsbild der sog. „mee too-Werbung"; die kleinsten Produktunterschiede werden unter grossem Werbeaufwand hervorgehoben und dramatisiert.

Während der Phase des Niedergangs lässt der Konkurrenzkampf häufig nach, weil sich viele Unternehmungen bereits neuen Märkten zugewandt haben. Das Produkt ist nachgerade bekannt. Die verbleibenden Unternehmungen beschränken sich auf Erinnerungswerbung.

34 Die Werbebeziehung von der eigenen Unternehmung zum Absatzmittler und von diesem zum Absatzpartner

In den vorangegangenen Ausführungen analysierten wir mögliche Alternativen und deren Konsequenzen in den sechs Entscheidungsbereichen der Werbung. Unsere Ausführungen bewegten sich notwendigerweise auf einer generell-abstrakten Ebene. Dies ist auf unsere Bemühungen zurückzuführen, Aussagen für eine grosse Zahl von Unternehmenstypen und Werbung für die verschiedensten Arten von Marktleistungen vornehmen zu können. Soweit wir jedoch durch Beispiele auf konkrete Fälle Bezug nahmen, konzentrierten wir uns durchwegs auf die Werbebeziehung zwischen der eigenen Unternehmung und dem Absatzpartner. Diese Beziehung stand uns jeweils als Modell vor Augen.

Im vorliegenden Kapitel stehen die Werbebeziehungen zwischen der eigenen Unternehmung und dem Absatzmittler sowie diejenige zwischen Absatzmittler und Absatzpartner im Vordergrund der Betrachtung (dick ausgezogene Linien in Abbildung 54).

Abbildung 54: Die Kommunikationsbeziehung im AMUS

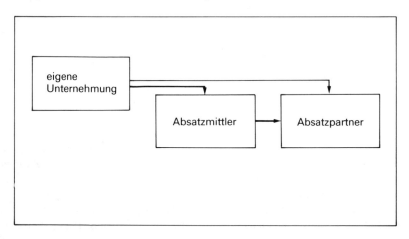

Bei deren Analyse halten wir uns an das Schema der Entscheidungshierarchie mit ihren sechs Entscheidungsbereichen. [163] Dabei heben wir lediglich die *Be-*

163 Vgl. S. 83.

sonderheiten hervor, welche die Beziehungen zum und vom Absatzmittler gegenüber jener zwischen der eigenen Unternehmung und den Absatzpartnern kennzeichnen.

341   Die Beziehung von der eigenen Unternehmung zum Absatzmittler

Wenn hier von der Absatzmittlerumwerbung die Rede ist, so meinen wir die Beziehung von der eigenen Unternehmung zum Einzelhandel, d. h. zum letzten Glied in einer Handelskette.
Die Absatzmittlerwerbung unterscheidet sich ziemlich grundsätzlich von der Werbung um den Konsumenten. Der Hauptgrund liegt wohl darin, dass die *Bedürfnisse* des Absatzmittlers von jenen der Konsumenten inhaltlich verschieden sind. Die „Bedürfnisse" des Händlers sind identisch mit seinem *Zielsystem:* mit den vom Produzenten angebotenen Produkten will der Händler Gewinn erzielen, Umsätze steigern, usw. Dabei ist eine *teilweise* Harmonie zwischen den Händlerzielen und den Konsumentenbedürfnissen anzunehmen, da der Händler nur dann Gewinne, Umsätze, usw. erzielen kann, wenn auch der Konsument mit dem Produkt zufrieden ist. Darüber hinaus hat der Absatzmittler aber auch Interesse an einer höheren Handelsspanne, an Rabatten, Verkaufsunterstützungen, die dem Konsumenten gleichgültig sind (Zielindifferenz) oder seine Interessen sogar zuwiderlaufen (Zielantinomie).

341.1   Die Wahl der zu umwerbenden Absatzmittler

Die komplexen Probleme der Zielpersonenbestimmung, denen sich die Konsumentenumwerbung gegenübersieht, treten bei der Absatzmittlerumwerbung zurück. In diesem Bereich treten eine überschaubare Zahl von Segmentierungskriterien auf, die etwa sein können:
— Grösse des Absatzmittlers
— Sortiment des Absatzmittlers
    — Breite
    — Tiefe
    — Preisniveau
    — . . .
— Geographische Lage.

341.2   Die Bestimmung der Kommunikations-Wirkung

Wir unterscheiden zwei Arten von Kommunikations-Wirkungen: die Einflussnahme auf die *Vorstellung* über die Marktleistung und ihrer Merkmale sowie die Einflussnahme auf die *Bedürfnisstruktur.*
Eine Änderung der Bedürfnisse des Handels, d. h. eine Einflussnahme auf sein Zielsystem, ist kaum als realistische Variante zu betrachten. Hier steht die

---

164 Sog. vertikale Gemeinschaftswerbung; vgl. dazu Keller (Gemeinschaftswerbung) 76 f.

Information über die angebotene Leistung eindeutig im Vordergrund. Folgende Merkmale der Leistung können für den Händler von Interesse sein:
— Art, Qualität, Lagerfähigkeit etc. des Produktes sowie (Konsumenten-) Nutzen
— Nebenleistungen durch den Produzenten (bzw. Grossisten):
    — Unterstützung durch Verkaufsförderung
    — finanzielle Unterstürzung der Werbung des Händlers
    — Rücknahmegarantien
— Einkaufspreise, Rabatte, Boni, Handelsspanne, eventuell Lagerhaltungskosten
— bisherige Markterfolge des Produktes (z. B. im Ausland), Markterfolgsprognosen
— geplante überregionale Verkaufsförderungs-Aktionen, Werbeaktionen.
Gerade die letzte Komponente, die in Aussicht gestellten überregionalen Werbeaktionen, geben ein schlagkräftiges Argument für die Absatzmittlerumwerbung ab. Denn nicht selten ist der Handel erst dann bereit, ein neues Produkt in sein Sortiment aufzunehmen, wenn ihm der Absatz durch die werblichen Bemühungen des Produzenten als gesichert erscheint.

341.3   Die Bestimmung der Botschaftsbedeutung und deren Gestaltung

Besonderheiten für die Botschaftsbestimmung bei der Absatzmittlerumwerbung ergeben sich vor allem aus zwei Umständen: Werbung wird hier relativ selten als einzige Marktbearbeitungsmassnahme eingesetzt. Vielmehr spielt bei der Einführung eines Produktes im Handel der persönliche *Verkauf* eine eminent wichtige Rolle. Das „Werbematerial" dient nicht selten als zusätzliche schriftliche Dokumentation, welche vom Verkäufer persönlich überreicht, oder vor einem Vertreterbesuch zugestellt wird. Damit tritt die Bedeutung von Gestaltungsmitteln durch Aufmerksamkeitserweckung, Emotionalisierung, usw. zugunsten einer klaren und sachlichen Information zurück.

341.4   Die Wahl der Kanäle und das Timing

Werden die Werbemittel vom Verkäufer der eigenen Unternehmung überbracht, so übernimmt er die Funktion des Kanals. Im übrigen dürfte die persönliche *Direktanschrift* (direct mail) das geeignete Werbemedium sein. Unterstützt eventuell von Anzeigen in den einschlägigen Fachzeitschriften.
Beim Timing gilt es vor allem die Zeitspanne zu berücksichtigen, die von der ersten Information bis zur endgültigen Vertragabschliessung verstreichen (Inkubationszeiten). Erst nach Ablauf dieser Zeit hat die Produktion, die Distribution sowie die auf den Verbraucher gerichteten Marketingaktivitäten einzusetzen.

342   Die Beziehung vom Absatzmittler zum Absatzpartner („Händler-
       werbung")

Historisch betrachtet war die Werbung eine typische und fast ausschliessliche
Aufgabe der Absatzmittler. [165] Bis zum heutigen Tag ist die Entwicklung dadurch gekennzeichnet, dass der Produzent ein stets wachsender Anteil dieser
Aufgabe an sich zog und den Letztverbraucher direkt mit seiner Werbung anzusprechen begann (sog. Sprungwerbung).
Allgemein kann man feststellen, dass die Händlerwerbung und die Produzentenwerbung sich durch folgende Charakteristiken unterscheiden: Letztere wirbt
schwerpunktmässig produkt- oder markenorientiert, während die Händlerwerbung eine grössere Vielfalt von Werbeobjekten umfasst: Das Verkaufs-
geschäft, das Sortiment, die Serviceleistung und den Standort. Im übrigen zeichnet sich die Händlerwerbung dadurch aus, dass sie ein *regional begrenztes* Publikum anspricht.

342.1   Die Wahl der Zielpersonen bei der Händlerwerbung

Bei der Zielpersonenwahl in der Händlerwerbung ist vor allem die *regionale
Abgrenzung* als Segemtierungskriterium vorherrschend. Im übrigen können, je
nach Sortiment, Alters-, Geschlechts-, Berufszugehörigkeit oder u. U. sogar
psychologische Merkmale als Segmentierungskriterien eine gewisse Bedeutung
erlangen. Häufig schliesst auch das Preisniveau des Sortiments zum vornherein
gewisse Kaufkraftklassen aus.
Da der Händler — im Gegensatz zum Produzenten — mit dem Letztverbraucher
persönlich in Berührung kommt, bietet sich ihm eine gute Möglichkeit, Stammkunden und Gelegenheitskunden zu unterscheiden und erstere namentlich zu
erfassen. Damit wird es möglich, die Stammkunden mit persönlich adressierter
Werbung anzusprechen.

342.2   Die Bestimmung der Kommunikationswirkung

Händlerwerbung kann sowohl auf die Stimulierung von Bedürfnissen, als auch
auf die Beeinflussung von Vorstellungen abzielen. Vor allem bezüglich letzterer
ergeben sich einige Besonderheiten.
Die zu beeinflussende Vorstellung bezieht sich bei der Händlerwerbung in den
wenigsten Fällen auf ein einzelnes Produkt. Vielmehr geht es darum, eine
günstige Vorstellung vom Geschäftslokal, von der Bedienung, vom Standort und
vom gesamten Sortiment zu schaffen. Freilich werden oft einzelne Produkte
hervorgehoben, auf Sonderaktionen aufmerksam gemacht, usw. Doch steht hier
nicht zuletzt die Absicht dahinter, damit die Leistungsfähigkeit des Geschäftes
als Ganzes zu demonstrieren und weniger die Absicht, den Umsatz dieses speziellen Produktes zu fördern. „Derartige ,Lockvogelangebote' sollen letztlich
potentielle Käufer auf das Handelsunternehmen aufmerksam machen, für die

---

165 Vgl. Weinberg (Werbung) 906.

Verkaufsstätte Referenzen schaffen und einen Sog in das Geschäft auslösen." [166]

342.3 Die Bestimmung der Botschafts-Bedeutung und deren Gestaltung

Während als Kommunikationswirkung ein umfassendes Vorstellungsbild der
Firma angestrebt wird, kommt in den Werbebotschaften der Händler oft lediglich ein einzelnes Produkt oder ein Ausschnitt aus dem Sortiment zur Darstellung (vgl. oben).
Bei der Gestaltung der Botschaft sind gegenüber der Produzentenwerbung kaum
Besonderheiten zu beachten. Das Erscheinungsbild der Händlerwerbung zeichnet sich zwar häufig durch eine gewisse werbliche „Unbeholfenheit" aus, was
vom Endverbraucher aber durchaus toleriert wird. Nicht selten versuchen sogar
Werbeagenturen, im Sinne einer wirtschaftlichen Zielerreichung, diese Unbeholfenheit bewusst als Stilmittel einzusetzen.

342.4 Die Wahl der Kanäle und das Timing

Die Möglichkeiten, die Werbemittel an die Zielpersonen „heranzutragen", sind
beim Handel äusserst vielfältig. Im weitesten Sinne ist das Schaufenster ein
gewichtiges Werbemedium. Vitrinen ausserhalb des Verkaufspunktes, sog. point
of sales-Werbung, Kundenzeitschriften, Leuchtanschriften, Tragtaschen, aber
auch Anzeigen in lokalen Zeitungen sowie Direktwerbung sind weitere Kommunikationskanäle.
Das Timing der Absatzmittlerwerbung ist gekennzeichnet durch zahlreiche saisonale Schwankungen. Nachfragezyklen treten zum einen bei spezifischen Produkten (Eiscrème, Früchte, Gemüse, usw.) auf; aber auch der Umsatz als ganzes
ist im Einzelhandel periodischen Schwankungen unterworfen. Solche Schwankungen zeigen sich innerhalb verschiedenster Zeitperioden; innerhalb der
Woche, des Monats und des Jahres. Ihnen ist beim Planen des zeitlichen Werbeeinsatzes Rechnung zu tragen.

---

166 Weinberg (Werbung) 913.

4 Die Bestimmung des Werbebudgets

41 Allgemeines

Unter dem Werbebudget verstehen wir die Gesamtheit der für eine Periode geplanten Werbeausgaben.[1] Diese Ausgaben erwachsen zum einen aus der Tätigkeit des Planens als solcher (Planungskosten) und andererseits aus der Produktion und Streuung der Werbemittel (Durchführungskosten).

Die Erarbeitung der Werbepläne nimmt im allgemeinen zwischen 15 und 20 Prozent des Gesamtbudgets in Anspruch.[2] Dieser Prozentsatz ist aber gewissermassen ein „politischer Preis", der hauptsächlich auf die bestehenden Honorarordnungen der Werbeverbände und weniger auf sachliche Überlegungen zurückzuführen ist. Gross kommt aufgrund seiner Untersuchungen zum Schluss, dass dieser Prozentsatz ganz allgemein *zu niedrig* ist und dass eine höhere Investition in die Planungsarbeit zu einem wirtschaftlicheren Einsatz der Werbung führen würde.[3]

Den Fragen nach der optimalen Budgetaufteilung werden wir hier nicht weiter nachgehen, sondern uns mit der Festlegung des *Gesamtbudgets* gründlicher beschäftigen. Die Bestimmung des Gesamtbudgets wird in zwei Abschnitten behandelt, von denen der eine mit „theoretische Modelle" und der andere mit „praxisbezogene Methoden" überschrieben ist. Diese Titel sind bewusst etwas provozierend formuliert. In der Tat gibt es in der Werbung kaum ein anderes Gebiet, in dem sich Theorie und Praxis derart ferne stehen. Während man sagen kann, dass sich die mathematischen Modelle der Mediaplanung schon vor Jahren in der Praxis gut durchgesetzt haben, gilt das für die Budgetierungsmethoden bei weitem nicht. Einfache Daumenregeln, wie die Festlegung der Budgethöhe anhand eines fixen Prozentsatzes der Umsätze, u. ä. m., herrschen vor.[4] Die Schlussfolgerungen, die wir aus der Analyse der gängigen mathematischen Budgetierungsmodelle ziehen, werden uns zeigen, dass die Skepsis der Praxis gar nicht so unbegründet ist.

Im folgenden Abschnitt wollen wir einige der bekanntesten Modelle kurz charakterisieren, die Voraussetzungen, auf denen sie beruhen, herausschälen und ihre Eignung für die Werbepraxis zu beurteilen versuchen. Daran anschliessend sollen die in der Praxis üblichen Budgetierungsmethoden zur Darstellung kommen und kritisch gewürdigt werden.

---

1 Über die unterschiedlichen Definitionen von „Werbebudget" vgl. Korndörfer (Aufstellung) 43 ff. Die hier gewählte Definition lehnt sich jener von Bidlingmaier an. Vgl. Bidlingmaier (Marketing 2) 421. Mit der Frage, ob diese Werbeausgaben im betrieblichen Finanzwesen als Kosten zu behandeln oder ob sie als Investitionen zu aktivieren sind, setzt sich Dean auseinander. Vgl. Dean (Advertising) 15 ff.

2 In sehr grossen Märkten wie in den Vereinigten Staaten kann der Anteil der Planungskosten auch deutlich unter dem obigen Wert liegen.

3 Vgl. Gross (Aspects).

4 Vgl. dazu die Untersuchungen über die Verbreitung der einzelnen Budgetierungsverfahren bei Korndörfer (Aufstellung) 70 ff.; vgl. auch Kuehn (Model) 126.

421   Das Grundmodell

Sieht man von den Problemen der Datenbeschaffung ab, so ist das optimale Werbebudget einfach und exakt zu bestimmen. Die Budgethöhe ist an jenem Punkt optimal, bei dem der zuletzt ausgegebene Werbefranken den damit erzielten zusätzlichen Ertrag nicht übersteigt. Oder anders ausgedrückt: Das Budget ist solange zu erhöhen, als daraus ein zusätzlicher Gewinn resultiert. In der untenstehenden Abbildung sind diese Zusammenhänge graphisch dargestellt.

Abbildung 55: Das marginal-analytische Modell[5]

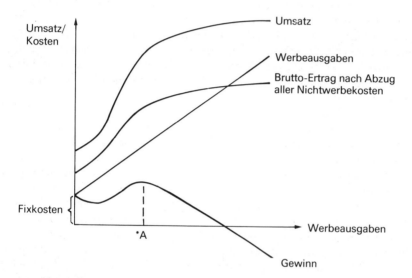

Dieses marginal-analytische Modell zur Bestimmung von optimalen Werbebudgets beruht auf einer Reihe von *Vereinfachungen,* von denen wir die wichtigsten anführen wollen.[6]

1. *Annahme über die Zielfunktion:* Einziges Werbeziel ist die Gewinnerzielung mittels Umsatzerhöhung. Vorgelagerte psychologische Werbeziele werden „übersprungen".[7]

2. *Annahme über die Wirkungsfunktion:* Das Modell geht von der Annahme aus, dass die Wirkung der Werbung auf den Umsatzverlauf bekannt sei oder m. a. W., dass wir uns im Zustand vollkommener Information befinden. Diese Annahme macht das marginal-analytische Optimierungsmodell zu einem rein *tautologischen Modell.* Als solches ist es „in sich selbst", d. h. logisch wahr. Einen Realitätsbezug erhält es erst durch die Angabe (Prognose) des konkreten Verlaufes der Wirkungskurve.

---

5 In Anlehnung an Longman (Advertising) 232.
6 Vgl. dazu auch Uherek (Planung) 419, der die Modellprämissen aus der Sicht des Mathematikers darstellt.
7 Vgl. Uherek (Planung) 419.

Der empirische Bezug kann auf zwei Arten hergestellt werden: Einmal durch die explizite Angabe der Einflussfaktoren der Wirkungskurve, d. h. durch *Spezifizierung der Antecedenzbedingungen der Wirkungshypothese.* Die zweite Möglichkeit besteht in der direkten Ermittlung des Wirkungsverlaufs aufgrund der Erfahrung. Gepaart mit der Annahme, dass sich deren Einflussfaktoren per Saldo nicht ändern, wird dieser Erfahrungs-Wirkungsverlauf auf die zukünftige Planperiode projiziert. Man könnte in diesem Fall von einer *„Pauschal-Hypothese"* sprechen.

Budgetoptimierungsmodelle, welche die Wirkungskurve aufgrund der Berücksichtigung der Einflussfaktoren prognostizieren, haben direkt oder indirekt etwa die folgenden Faktoren zu berücksichtigen: [8]

a) Die Wirkung der in der Vorperiode getätigten Werbeaktivitäten sowie die Wirkung der gegenwärtig getätigten Werbeanstrengungen in der Zukunft *(Übertragungseffekt).*

b) Den Einfluss der *Qualität* der eigenen Werbung.

c) Die Einflüsse der *übrigen absatzpolitischen Instrumente* auf den Wirkungsverlauf.

d) Den Einfluss der *Konkurrenzreaktionen.*

e) Der Einfluss *sonstiger Rahmenbedingungen* wie z. B. das psychologisch-soziologische „Klima", gesamtwirtschaftliche Faktoren, usw.

Die Darstellung des marginal-analytischen Modells geschah in der Absicht, der in der Literatur fast durchwegs anzutreffende Meinung entgegenzutreten, wonach es sich bei diesem Modell um einen „überwundenen", „unpraktikablen", usw. Lösungsansatz handle. [9] Es soll hier gezeigt werden, dass es sich vielmehr — anerkennt man die Gewinnmaximierung als Oberziel — um ein *jeder* rationalen Budgetentscheidung zugrundeliegendes Modell handelt. Freilich ist dieses „Grundmodell" vorerst mit empirisch gehaltvollen Informationen über den Wirkungsverlauf „anzureichern".

Die Leistungsfähigkeit eines Budget-Optimierungsmodelles ist vor allem daran zu messen, wie gut es das Problem der Wirkungsprognose zu lösen vermag. [10] Besondere Schwierigkeiten sind vor allem damit verbunden, dass die Werbewirkung mit einer *ökonomischen Grösse* (Umsatz, Gewinn) in Beziehung zu setzen ist. Ex definitione kann ja nur dadurch die Wirtschaftlichkeit des Werbeeinsatzes überprüft werden. [11]

Im folgenden wollen wir überblicksmässig einige der heute verfügbaren mathematischen Optimierungsmodelle kurz darstellen. Dabei interessiert uns vor allem die Frage, wie diese verschiedenen Modelle das Problem der *Wirkungsprognose* angehen, d. h. die Prognose der Wirkung der Werbeausgaben auf den Umsatz oder den Gewinn des beworbenen Produktes. Auf die z. T. unterschiedliche Art der Kosten- und Grenzkostenermittlung wird nicht näher eingegangen.

---

8 Diese Aufzählung ist hypothetisch.

9 Solche Kritik findet sich fast in der gesamten Literatur über Budgetoptimierungsmodelle. Vgl. z. B. Junk (Werbeprogrammplanung) 114; Uherek (Planung) u. a. m.

10 Vgl. Weinhold (Absatzführung) 45.

11 Die Ermittlung der Werbekosten und die Algorythmisierung des Modells bereiten weniger Schwierigkeiten.

422.1 Darstellung des Modells

Das Weinberg-Modell bezweckt nicht direkt die Auffindung der optimalen Budgethöhe. [12] Es soll primär die Frage beantworten, wie hoch eine Werbeinvestition sein müsste, um eine *Marktanteilssteigerung* von x Prozenten zu erzielen. Durch relativ einfache algebraische Umformung lässt sich aber die Weinberg-Funktion in ein marginal-analytisches Modell einbauen und so — bei Kenntnis des Grenzkostenverlaufes — das optimale Budget errechnen.

Weinberg spezifiziert die Antecedenzbedingungen der Wirkungshypothese explizite, indem er zwei „Bündel" von Einflussfaktoren in sein Modell einbezieht. Die Werbewirkung ist, seiner Auffassung nach, abhängig vom Ausmass und der Qualität der eigenen Werbeanstrengungen sowie von denen der Konkurrenz. Folgende Massgrössen erscheinen in seinem Modell:

e_c = Werbeänderungsrate der Unternehmung c
W_c = Werbeausgaben der Unternehmung c
W_k = Werbeausgaben der Konkurrenz
U_c = Umsatz der Unternehmung c
U_k = Umsatz der Konkurrenz.

Ist ΔM_c der erwartete zusätzliche Marktanteil der Unternehmung c, so hat die Wirkungsfunktion folgende allgemeine Form:

$$\Delta M_c = f\,(e_c) \qquad\qquad (1)$$

Die Variable e_c drückt die relative Wirksamkeit der Werbeanstrengungen der Unternehmung c aus. Sie wird errechnet aus dem Verhältnis der eigenen Werbeausgaben zu denen der Konkurrenz, wobei die absolute Budgetgrösse auf die jeweiligen Umsätze bezogen wird. Es gilt also:

$$e_c = \frac{W_c}{U_c} : \frac{W_k}{U_k} \qquad\qquad (2)$$

Die Konkretisierung der Gleichung (1) nahm Weinberg aufgrund historischen Datenmaterials vor. Ihm standen die Entwicklungen der Umsätze, der Werbeausgaben und der Marktanteilsverschiebungen der betreffenden Unternehmungen während einer Zeitspanne von acht Jahren zur Verfügung.

Bei der graphischen Darstellung der Beziehung zwischen Marktanteilsänderung und der Werbeänderungsrate (e_c), wählte Weinberg bei letzterer einen *logarithmischen Massstab:*

---

12 Vgl. Weinberg (approach).

Abbildung 56: Die Beziehung zwischen der Werbeänderungsrate und dem Marktanteil (nach Weinberg)

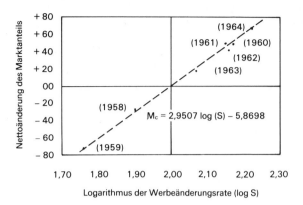

Durch die Verwendung des logarithmischen Massstabes erhielt Weinberg eine lineare Beziehung. Eine Regressionsanalyse bestätigt diesen Wirkungsverlauf mit hoher Signifikanz. Algebraisch nimmt dieser Zusammenhang folgende Gestalt an:

$$\triangle M_c = a \, 1n(e_c) + b \qquad\qquad (3)$$

Weinberg schlägt vor, die Grössen a und b in Formel (3) im konkreten Planungsfall mit Hilfe einer *Regressionsanalyse* zu ermitteln.

422.2 *Kritische Würdigung des Modells*

Dem Modell von Weinberg kommt zweifellos das Verdienst zu, erstmals den Werbewirkungsverlauf aufgrund der in der Wirklichkeit gemessenen *Einflussfaktoren* errechnet zu haben. Damit hat er das tautologische marginal-analytische Optimierungsmodell auf eine wirklichkeitsbezogene Basis gebracht und die Entwicklung von echten Budgetierungs-Entscheidungsmodellen eingeleitet. Auf Seite 153 haben wir versucht, die Einflussfaktoren anzuführen, denen ein realitätsnahes Budgetierungs-Optimierungsmodell Rechnung zu tragen hätte. Vergleichen wir nun diese Faktoren mit jenen, die direkt oder indirekt in das Modell von Weinberg eingeflossen sind, so kommen wir zu folgender Bilanz:
Die *Qualität* der eigenen Werbeanstrengungen sowie die *Reaktionen der Konkurrenz* sind offensichtlich in das Modell eingeflossen. Nicht berücksichtigt wurden hingegen der *Übertragungseffekt* der Werbung, d. h. die Tatsache, dass heute getätigte Werbeausgaben auch in weiterer Zukunft noch Wirkungen zeitigen werden und der heute beobachtete Werbeerfolg auch auf Anstrengungen der Vergangenheit zurückzuführen ist. Das Modell von Weinberg ist aus dieser Warte eindeutig als *statisches Modell* zu bezeichnen.[13] Im weiteren blieben auch unberücksichtigt die Einflüsse der *übrigen Marketingaktivitäten* der eigenen Unternehmung und jene der weiteren *Rahmenbedingungen.* Das

---

13 Vgl. auch Junk (Werbeprogrammplanung) und Spickschen (Werbeplanung) 100 f.

Weinberg-Modell wird also dann gute Entscheidungen gewährleisten, wenn sich die Einflüsse aller nichtberücksichtigten Faktoren in Zukunft per Saldo gleich verhalten wie in der vergangenen Periode. Sind aber wesentliche Veränderungen zu erwarten, so ist die Anwendung des Modells mit erheblichen Gefahren verbunden.

Aus der Sicht des Praktikers wird ein Entscheidungsmodell nicht nur danach beurteilt, wie gut es die reale Entscheidungssituation abbildet; ebenso bedeutend ist die Frage, wie einfach die Schätzung der im Modell verwendeten Bestimmungsgrössen zu bewerkstelligen ist.

Mit Formel (3) hat Weinberg die Errechnung des optimalen Werbebudgets im wesentlichen auf das Problem reduziert, die Umsätze der Konkurrenz, *die Werbeausgaben der Konkurrenz* sowie die Modellvariablen a und b zu schätzen. Die Qualität der Budgetentscheidungen hängt von der Qualität dieser Schätzungen ab. Sie ist einigermassen gewährleistet, wenn in der Vergangenheit die Umsätze und Werbeausgaben der Branche *systematisch erfasst und analysiert* worden sind. Im weiteren ist aber bei jedem Planungsfall erneut zu beurteilen, ob diese Erfahrungszahlen auch für die Zukunft Geltung haben werden. Treten während der Planungsperiode unerwartete Änderungen bei den Modellvariablen auf, so kann die errechnete Budgethöhe entsprechend weit vom Optimum zu liegen kommen.

Der in der Literatur erhobene Haupteinwand gegen das Weinberg-Modell richtet sich gegen die Vernachlässigung des Übertragungseffektes. In diesem Sinn ist das im nächsten Kapitel darzustellende Modell von Vidale und Wolfe eine Weiterentwicklung; es berücksichtigt erstmals den Wirkungsverlauf der Werbung in Abhängigkeit der Zeit und wird aus diesem Grunde häufig als *dynamisches Modell* bezeichnet.

423   Das Modell von Vidale und Wolfe

423.1   Darstellung des Modells

Vidale und Wolfe haben aufgrund kontrollierter Experimente die Wirkung der Werbung auf den Umsatz abgeklärt. [14] Dabei hat es sich als ausreichend erwiesen, die Werbewirkung als Funktion von drei Parametern (Einflussfaktoren) zu beschreiben:

1. Umsatzverfallskonstante (λ)
2. Marktsättigungskonstante (M)
3. Reaktionskonstante (r).

Die Umsatzverfallskonstante (λ) ist ein Ausdruck für den Umsatzrückgang eines Produktes, wenn keine Werbung mehr getätigt wird. Eine hohe Umsatzverfallskonstante von z. B. 0,25 bedeutet, dass der Umsatz innerhalb eines Zeitraumes von $\Delta t = 1$ auf 75 Prozent des Vorjahresumsatzes zurückgeht; eine Umsatzverfallskonstante von 0.05 bedeutet, dass der Umsatz lediglich auf 0.95 Prozent absinkt.

---

14 Vidale/Wolfe (Operations-Research), ins Deutsche übertragen bei Kroeber-Riel (Marketing) 316—332.

Die Marktsättigungskonstante (M) trägt der Erscheinung Rechnung, dass für jedes Produkt eine Obergrenze des zu erzielenden Umsatzes anzunehmen ist.

Die Reaktionskonstante (r) ist der dritte von Vidale und Wolfe berücksichtigte Einflussfaktor. Sie ist definiert, als der Umsatzzuwachs, der bei einem Ausgangsumsatz von S = 0 durch 1 Dollar Werbeausgaben erzielt wird.

Gemäss den Empfehlungen der Autoren erfolgt die *Messung der Parameter* am zweckmässigsten durch Testwerbung unter kontrollierten Bedingungen. Falls Vergangenheitsdaten verfügbar sind, können auch sie als Grundlage zur Parameterschätzung beigezogen werden.

Um die Wirkung der Werbung auf den Umsatz eines Produktes in einer Funktion abzubilden, werden die drei Parameter wie folgt miteinander in Beziehung gesetzt:

$$\frac{dS}{dt} = r\,\frac{M\text{-}S}{M} \cdot A(t) - \lambda S \qquad\qquad (1)$$

Dabei bedeutet S der Umsatz und A(t) die Werbeausgaben zur Zeit t. Verbal formuliert heisst diese Funktion: die Veränderung des Umsatzes ist um so höher, je höher die Reaktionskonstante, je höher das ungenutzte Umsatzpotential, je höher die Werbeausgaben und je niedriger die Umsatzverfallskonstante sind.

Gleichung (1) beschreibt den Wirkungsverlauf der Werbung unter Zuhilfenahme von drei Parametern. Durch eine rein algebraische Transformation lassen sich jene Werbeausgaben errechnen, die nötig sind, um den Umsatz auf einem bestimmten Niveau zu halten ($\frac{dS}{dt}$ = 0) oder, um eine bestimmte Umsatz-Zuwachsrate zu grantieren ($\frac{dS}{dt}$ = c). Bei Kenntnis der Produkt-Grenzkosten lässt sich analog das den grössten Gewinn einbringende Werbebudget errechnen.

423.2 Kritische Würdigung des Modells

Zur Beurteilung des Modells von Vidale und Wolfe ziehen wir wie oben zwei Kriterien heran. Einmal ist zu fragen: Inwieweit sind die von uns als wesentlich erachteten Einflussfaktoren auf die Werbewirkungskurve im Modell berücksichtigt? Zum andern ist, vor allem aus der Sicht der Praxis, die Frage von Bedeutung, wie einfach die Schätzung der im Modell verwendeten Bestimmungsgrössen vorzunehmen ist.

Ein paar von uns als wesentlich erkannte Faktoren sind *implizite* berücksichtigt. So sind z. B. die Qualität der Werbung, gewisse Charakteristiken des Produktes und des Marktes sowie — in beschränktem Ausmass — der Übertragungseffekt der Werbung über die drei von Vidale und Wolfe verwendeten Parameter ins Modell eingeflossen. Wie aber Hera mit Recht hervorhebt, darf das Vidale-Wolfe-Modell nur unter Vorbehalten als dynamisches Modell bezeichnet werden.[15] Werbewirkungen die *nach* der ins Auge gefassten Planungsperiode eintreten, werden auch bei Vidale und Wolfe nicht berücksichtigt. Richtigerweise müssten zur Budgetoptimierung solche Wirkungen auf den gegenwärtigen Zeit-

---

15 Hera (Erfassung) 24. Zur Präzisierung des Begriffes „dynamische Modelle" vgl. Korndörfer (Aufstellung) 163 ff.

punkt zurück diskontiert werden. Daneben bleiben auch die Einflüsse der übrigen Marktbearbeitungsmassnahmen und vor allem jene der Konkurrenz ebenfalls ausser acht.

Eine wesentliche Schwachstelle des Modells zeigt sich, wenn die Werte der drei Parameter konkret bestimmt werden sollen. Vidale und Wolfe selbst haben dieses Problem mittels sich über mehrere Jahre erstreckender kontrollierter Experimente angegangen. Im konkreten Planungsfall scheidet diese Methode natürlich aus. Die Autoren schlagen deshalb vor, die Parameter durch *Testwerbung* auf einem Testmarkt in Erfahrung zu bringen. Ein solcher Weg ist mit erheblichen Kosten verbunden und darüber hinaus liegen die entscheidenden Daten erst nach Ablauf wertvoller Zeit vor. Diese Vorgehensweise ist allenfalls dann zu rechtfertigen, wenn auch zu anderen Marktforschungszwecken (z. B. Produkttest, Copytest, usw.) ein Testmarktexperiment durchgeführt werden soll.

424   Der adaptive Modelleinsatz von Little

424.1   Darstellung des Modells

Im Gegensatz zu den vorangegangenen Modellen versucht das Modell von Little das Problem der Werbewirkungsprognose nicht über die Erfassung ihrer Einflussfaktoren zu lösen. [16] Vielmehr misst es *direkt* die Wirkungskurve, bezogen auf eine bestimmte Unternehmung in einer bestimmten Marktsituation. Da sich diese Kruve in der Zeit aber ständig verändert, muss sie laufend auf dem neuesten Stand gehalten werden. Dazu werden periodisch Ist-Wert-Messungen durchgeführt. Der Budgetoptimierung wird jeweils die neueste (adaptierte) Wirkungskurve zugrunde gelegt. Begonnen wird mit einer *Schätzung* der Werbewirkungskurve. Aufgrund einer Marginalanalyse lässt sich das bezüglich dieser Annahme optimale Budget errechnen. In der Werbeperiode t wird dieses Budget eingesetzt, mit Ausnahme von 2n Experimentiermärkten. Auf dem Experimentiermarkt N_1 wird für die Werbung *weniger* Geld ausgegeben, auf dem Teilmarkt N_2 bewusst *mehr* als dem optimalen Budget entsprechen würde. Die nun erzielten Umsätze auf den beiden Testmärkten geben zusätzliche Informationen über den aktuellen Verlauf der Wirkungskurve. Für die Werbeperiode (t+1) steht nun eine durch die Erfahrung verbesserte Wirkungskurve zur Verfügung. Eine solche Adaption der Wirkungskurve wird jährlich durchgeführt.

Little unterstellt einen Wirkungsverlauf der Werbung von der folgenden allgemeinen Form:

$$S(A) = a + \beta A - \gamma A^2 \qquad\qquad (1)$$

wobei S(A) = Umsatz, A = Werbeausgaben und a, β, γ Modellparameter darstellen.

Das Problem der Budgetoptimierung ist durch diese Gleichung auf die Schätzung der drei Parameter a, β und γ reduziert. Parameter a wirkt auf das

---

16 Vgl. Little (Model).

Budgetoptimum nur indirekt ein[17] und wird deshalb von Little nicht näher spezifiziert. γ wird zwecks Vereinfachung konstant angenommen. Die gesamte Analyse von Little kann sich somit aus den Parameter β konzentrieren.
In Abbildung 57 ist ein hypothetischer Wirkungsverlauf gemäss Formel (1) für die Werbeperiode t wiedergegeben.

Abbildung 57: Das Testmarktergebnis

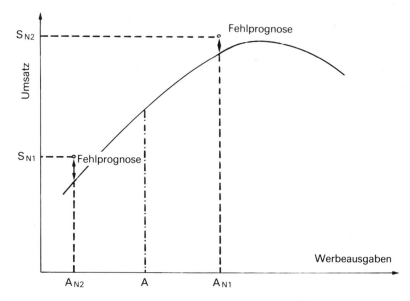

$\overline{A}$ entspricht dem optimalen Werbebudget an der Stelle $\frac{dP}{dA} = 0$.
A_{N1} und A_{N2} sind die niedrigeren, bzw. höheren Werbeausgaben auf den Testmärkten N_1 und N_2. Sie erzielten beispielsweise einen Umsatz von S_{N1}, bzw. S_{N2}. Aufgrund dieser Umsätze kann der Parameter $\overline{\beta}$ für die Planungsperiode t errechnet werden.
Der Budgetoptimierung für die Periode t + 1 wird nun aber nicht direkt der neu ermittelte Parameter $\overline{\beta}$ zugrunde gelegt, sondern ein Paramter $\beta(t + 1)$. Letzterer

---

17 Dies wird sofort ersichtlich, wenn man sich die Rechenoperationen gemäss dem marginal-analytischen Ansatz vor Augen führt:
Der Gewinn (P) berechnet sich aus der Bruttomarge (M), dem Umsatz (S) und den Werbeausgaben (A):
$$P = M \cdot S(A) - A \ (2)$$
Setzen wir die Gleichung (1) in Gleichung (2) ein, so erhalten wir:
$$P = M(a + \beta A - \gamma A^2) - A \ (3)$$
Zur Berechnung des Budgetoptimums differenzieren wir (3) nach A:
$$\frac{dP}{dA} = M\beta - 2M\gamma A - 1 \ (4)$$
setzen $\frac{dP}{dA} = 0$ und lösen nach A auf:
$$A = \frac{M\beta - 1}{2M\gamma} \ (5)$$
Man sieht: bei der Differenzierung von (3) fallen alle Konstanten und somit auch a weg.

ist ein gewichteter Durchschnitt vom ursprünglich geschätzten β_t und dem aus den Experimentergebnissen erhaltenen $\overline{\beta_t}$:

$$\beta(t+1) = a\beta(t) + (1-a)\overline{\beta}(t) \qquad (6)$$

Die neue (adaptierte) Wirkungsfunktion heisst demnach:

$$S(A) = a + \beta(t+1)A - \gamma A^2 \qquad (7)$$

424.2 Kritische Würdigung des Modells

Besondere Beachtung verdient die Idee von Little, ein *kontinuierlich lernendes Optimierungsmodell* zu konstruieren und damit zu fordern, das in vergangenen Perioden angefallene Datenmaterial systematisch auszuwerten und für die Verbesserung zukünftiger Entscheide fruchtbar zu machen.

Die Kritik des Modells muss vor allem daran ansetzen, dass Vergangenheitswerte der Umsatzwirkung unbesehen in die Zukunft projiziert werden. Diese Annahme kann bei einer ruhigen, gleichförmigen gesamtwirtschaftlichen und branchenspezifischen Entwicklung realistisch sein. Sie führt aber dann zu Budget-Fehlentscheiden, wenn plötzliche Änderungen der Konkurrenzaktivitäten oder anderer exogener Marktfaktoren auftreten. Auch Änderungen in den eigenen absatzpolitischen Aktivitäten wie z. B. vermehrte Verkaufsaktivitäten oder eine qualitative Veränderung der Werbung, führen zu einer durch das Modell nicht berücksichtigten Verschiebung des Budgetoptimums.

Insofern die ,,modelltechnischen'' Annahmen, wie z. B. der Kurvenverlauf gemäss Formel (1) und die Konstanthaltung von γ der Wirklichkeit entsprechen, können nur weitere empirische Überprüfungen schlüssig beantworten. Es ist aber anzunehmen, dass von diesen Vereinfachungen ebenfalls Fehler ausgehen.

Schliesslich ist auch zu bemerken, dass die praktische Durchführbarkeit der Experimente wohl für ausgesprochen grosse Märkte — wie sie in den USA zu finden sind — gegeben ist. In kleineren Märkten treten aus verschiedenen Gründen Schwierigkeiten auf. Einmal ist es kaum möglich, Testmärkte vom Gesamtmarkt zu isolieren und zu verhindern, dass die Werbeträger über die Grenze hinweg streuen. Zum andern dürfte es äusserst schwierig sein, z. B. in Europa einen isolierbaren Testmarkt zu finden, der ausreichend *repräsentativ* ist. Allein der Umstand, dass praktisch von Land zu Land in unterschiedlichen Sprachen geworben werden muss und unterschiedliche Gewohnheiten und Mentalitäten anzutreffen sind, lässt die Repräsentanz der Testmarktergebnisse als höchst fraglich erscheinen.

43   Praxisbezogene Methoden

Wir haben einführend zu Kapitel 4 festgehalten, dass sich die mathematischen Modelle zur Budgetbestimmung in der Praxis bis heute kaum durchgesetzt haben. Die Gründe dafür sind vermutlich weniger in der mangelnden Kenntnis der Modelle oder in der mangelnden Beherrschung des mathematischen Rüstzeuges zu suchen; die mathematisch ebenso anspruchsvollen Mediaselektionsmodelle haben sich ja durchwegs gut eingebürgert. Ausschlaggebender dürften die z. T. stark vereinfachten Modellannahmen und zum andern die schwerwiegenden Probleme der Datenbeschaffung sein.

Im folgenden sollen sehr kurz die in der Praxis fast durchwegs üblichen „Daumenregeln" angeführt und gewürdigt werden. Daran anschliessend wollen wir die sog. Ziel-Mittel-Methode betrachten, die wir als realistische Alternative den mathematischen Optimierungsmodellen gegenüberstellen wollen.

431   „Daumenregeln"

Gemäss Korndörfer orientieren rund 70 Prozent der werbetreibenden Unternehmungen ihr Budget am Umsatz. [18] Daneben wird auch der Marktanteil oder die Werbeausgaben der Konkurrenz als Massstab herbeigezogen, oder man gibt einfach das aus, was man sich gegenwärtig leisten zu können glaubt. [19] Unabhängig davon, ob diese Bezugsgrössen jeweils in der Vergangenheit liegen oder ob der in der zukünftigen Planperiode erwartete Umsatz, Marktanteil, usw. als Orientierung dienen; die Kritik bleibt immer dieselbe: der für eine rationale Budgetbestimmung notwendige Kausalzusammenhang fehlt. Zu der umsatzorientierten Budgetierungsmethode schreibt Korndörfer: „Das Verfahren unterstelle eine funktionale Abhängigkeit der Werbung vom jeweiligen Umsatz. In Wirklichkeit ist es gerade umgekehrt." [20]

Für die Budgetbestimmung aufgrund dessen, was man sich leisten kann, sind — ausser liquiditätspolitischen Überlegungen — keine sachlichen Gründe zu finden. Die Budgetbemessung nach den Werbeausgaben der Konkurrenz ist etwas differenzierter zu beurteilen. Es trifft zu, dass die Intensität der Konkurrenzwerbung oft die Wirkungsschwelle der eigenen Werbung absteckt und eine Unternehmung, die diese Schwelle unterschreitet, von den Absatzpartnern gar nicht mehr bemerkt wird. Genauere Anhaltspunkte für die eigenen zu tätigenden Werbeausgaben können jedoch von Informationen über die Konkurrenzwerbung nicht abgeleitet werden.

432   Die Ziel-Mittel-Methode zur Budgetplanung

432.1   *Darstellung der Methode*

Die Ziel-Mittel-Methode ist ein in der amerikanischen Praxis weit verbreitetes Budgetierungsverfahren. [21] In der theoretischen Literatur wird sie allerdings meist eher bei den „Daumenregeln" eingereiht, um sie den „exakten" mathematischen Budgetierungsmodellen gegenüberzustellen. Wir werden hier aber den Versuch unternehmen, diese Methode auch theoretisch zu rechtfertigen und ihre Evidenz aufzuzeigen. Es ist auch jene Methode, die wir als die tauglichste und zukunftsträchtigste Methode empfehlen werden. [22]

18 Vgl. Korndörfer (Werbebudget) 2216.
19 Vgl. dazu ausführlicher Kotler (Marketing) 667.
20 Korndörfer (Aufstellung) 53. Dean schreibt dazu: „Die Prozent-des-Umsatzes-Methode anwenden heisst den Wagen vor das Pferd spannen." Dean (Advertising) 53.
21 Vgl. Kotler (Marketing) 671.
22 Vgl. auch Weinhold, der in diesem Zusammenhang von *Massnahmenbudgetierung* spricht. Weinhold (Werbeplanung) 107.

In Kapitel 2 haben wir versucht, eine Entscheidungshierarchie der Werbung herzuleiten. Als normatives Modell richtet diese Entscheidungshierarchie folgende Forderung an den Werbeplaner: Jeder Entscheid auf jeder Stufe der Hierarchie ist derart zu fällen, dass die im jeweils übergeordneten Entscheidungsbereich gewählte Alternative am wirtschaftlichsten realisiert wird. D. h. konkret: auf der werbestrategischen Ebene sind die Zielpersonen und die Kommunikationswirkungen so zu wählen, dass die übergeordneten Marketingziele wirtschaftlich erreicht werden; auf der operativen Ebene ist jene Werbebotschaft zu finden, welche die Kommunikationswirkung wirtschaftlich erzielt und letztlich sind auf taktischer Ebene die Kanäle, die Botschaftsgestaltung und das Timing zu wählen, um die möglichst wirtschaftliche Realisierung der übergeordneten Entscheide zu gewährleisten.

Das Budget nach der Ziel-Mittel-Methode zu bestimmen heisst, den Werbeplanungsprozess nach „bestem Wissen und Gewissen" durchzuführen und am Ende zusammenzurechnen, wieviel die Durchführung dieses Werbeplanes kostet. Das Budget ist bei dieser Methode *abhängige Variable* der Gesamtheit der Planungsentscheide.

Besteht die Gewähr, dass das als Ergebnis des Planungsprozesses anfallende Werbebudget optimal ist? Ist die Entscheidungshierarchie richtig, d. h. besteht zwischen den einzelnen Stufen tatsächlich eine Ursache-Wirkungs-Beziehung und ist auf den einzelnen Ebenen richtig entschieden worden, so ist das Budget tatsächlich optimal. [23] Der Grund liegt darin, dass jeder einzelne Entscheid bereits nach dem Kriterium der wirtschaftlichen Realisierung des Oberzieles gefällt worden ist. Die Qualität des Budgetentscheides ist damit so gut wie die Qualität der Planungsentscheide.

Die angestellten Überlegungen zeigen, dass die Planungsentscheide und der Budgetierungsentscheid nicht isoliert voneinander oder irgendwie „parallel" getroffen werden dürfen. Vielmehr steht der Budgetierungsentscheid in logischer Abhängigkeit vom Planungsentscheid. Denn was wäre z. B. zu tun, wenn ein mathematisches Budgetoptimierungsmodell eine Budgetsumme aufwiese, welche von der durch die Werbeplanung als zur Zielverwirklichung notwendig erachteten Geldsumme *abweichen* würde? In einem solchen Fall ständen zwei „Optima" zur Auswahl zur Verfügung.

Selbst wenn die von einem mathematischen Optimierungsmodell ausgewiesene Summe dem wirklichen Optimum näher kommen würde, so kann das einzig darauf zurückzuführen sein, dass die ins Modell eingegangene Wirkungsprognose besser war als jene, die in der Planungsarbeit — bei der Prognose der Alternativen-Konsequenzen — verwendet worden ist. In einem solchen Fall ist nicht einzusehen, weshalb diese bessere Prognose nicht schon bei der Werbeplanung berücksichtigt wurde. Dies bedeutet nichts anderes, als dass sinnvollerweise eine Verbesserung der Budgetierung durch eine Verbesserung der Planungsmethode erzielt werden müsste.

Mit der konsequenten Anwendung der Ziel-Mittel-Methode ist die Gefahr verbunden, dass ein Werbebudget resultiert, das aus finanzpolitischen, insbeson-

23 Vgl. dazu auch Fried (So wirbt man) 96.

dere liquiditätspolitischen Gründen, nicht mehr vertretbar ist. Was ist in einem solchen Fall zu tun? Es kommen lediglich zwei Auswege in Betracht:

1. Das Anspruchsniveau bezüglich der Zielerreichung ist herabzusetzen. Die einzusetzenden Mittel und Massnahmen können entsprechend reduziert werden und als Folge davon, fällt ein kleineres Werbebudget an.
2. Die Qualität der Werbung wird verbessert. Die Ziele bleiben dieselben, hingegen wird geprüft, ob die Entscheide über die zielerreichenden Mittel und Massnahmen verbessert werden können. Ist dies der Fall, so kann ebenfalls ein kleineres Budget ausgewiesen werden.

432.2 Kritische Würdigung des Modells

Die mathematischen Optimierungsmodelle scheinen auf den ersten Blick bestechend, weil sie „exakte" Zahlen als Ergebnisse ausweisen. In der Ziel-Mittel-Methode fliessen offensichtlich mehr intuitive Urteile der am Planungsprozess beteiligten Personen ein.

Dazu ist aber folgendes hinzuzufügen: Auch die Werbeplanung wäre grundsätzlich in einem mathematischen Entscheidungsmodell zu optimieren. Dies haben wir jedoch als utopische Idealvorstellung erkannt; [24] hauptsächlich wegen der Komplexität der Einflussfaktoren, denen ein formalisiertes Modell in der Gegenwart und bis auf weitere Zukunft nie gerecht werden könnte. Ein Budgetoptimierungsmodell hat grundsätzlich die *gleichen Einflussfaktoren* zu berücksichtigen. Dass die heutigen Budgetierungsmodelle dennoch mathematisch programmiert sind, verdanken sie nur ihren *enormen Vereinfachungen.* Das anscheinend exakt ausgewiesene Budgetoptimum ist im Lichte dieser Vereinfachungen zu beurteilen.

Demgegenüber ist die Ziel-Mittel-Methode dem heutigen Stand des Wissens angepasst. Soweit exakt quantifizierbare Einflussfaktoren vorliegen, werden diese in der Ziel-Mittel-Methode berücksichtigt (z. B. in der Mediaselektion). Wo hingegen keine solchen quantitativen Informationen verfügbar sind, fliessen in dieses Modell immerhin die Erfahrung, die Urteile, kurz: die „inneren Modelle" der am Planungsprozess beteiligten Personen ein. Die Ziel-Mittel-Methode wird dadurch verbessert, dass auch im Planungsprozess, dank den Fortschritten der empirischen Forschung, zunehmend quantifizierbare Wirkungsprognosen verfügbar sein werden.

Unsere Kritik an den Optimierungsmodellen richtet sich auch dagegen, dass bei konsequent zielorientierter Planung und gleichzeitiger Anwendung eines Budgetoptimierungsmodelles, das Werbebudget im mathematischen Sinne *überbestimmt* ist. M. a. W. ist das Budget für die gleiche Periode in zwei unterschiedlichen Modellen beide Male abhängige Variable, was zu der theoretisch paradoxen Situation führen kann, dass zwei verschiedene Budgetoptima anfallen.

24 Vgl. S. 35 sowie S. 165 ff.

5 Ablauf der Werbeplanung

51 Die „Wissenschaftlichkeit" von Aussagen über den zweckmässigen Planungsablauf

Die Beurteilung eines Planungssystems in bezug auf seine Wissenschaftlichkeit hat von einer Zweiteilung in logisch-analytische und realwissenschaftliche, d. h. empirisch gehaltvolle Aussagen auszugehen. Beide dieser Aussagearten erfüllen wichtige Funktionen in einem Planungssystem, sie können einander nicht ersetzen, sind aber anhand unterschiedlicher *Wahrheitskriterien* zu beurteilen.

Bei den *logisch-analytischen Aussagen* handelt es sich in dieser Arbeit vor allem um die logischen Implikationen des axiomatisch verankerten *Rationalprinzipes.* Ausgehend von dieser als hier gültig akzeptierten Verhaltensmaxime, werden Aussagen abgeleitet, die keinen Anspruch auf Realitätsbezug erheben, die aber Soll-Charakter haben und als Kriterien für „vernünftiges" Handeln bezeichnet werden können.[1] Solche Aussagen werden oft als „Idealmodelle" oder „formal-theoretische Modelle" bezeichnet.[2] Ihre Wahrheit ist ausschliesslich logischer Natur.

Anders verhält es sich bei *realwissenschaftlichen Aussagen.* Sie behaupten das Vorliegen entweder eines Zustandes oder einer Gesetzmässigkeit in der Realität. Sie müssen überprüfbar sein und die Chance haben, „an der Erfahrung scheitern zu können."[3]

Was den heutigen Stand einer Theorie der Planung und speziell der Werbeplanung anbelangt, kann man feststellen, dass die logisch-analytische Planungstheorie relativ weit fortgeschritten ist.[4] Dies verdankt sie vor allem ihrer engen Anlehnung an die Entscheidungstheorie und der damit verbundenen Möglichkeit, von der Entscheidungslogik Begriffe und Modellvorstellungen übernehmen zu können.

Anders steht es um die emprische Planungstheorie. Wohl sind in gewissen Unternehmensbereichen mögliche Alternativen und ihre Wirkungen empirisch erforscht — wie gezeigt wurde, trifft dies teilweise für die Werbung zu —, hingegen liegen über das *Verhalten der am Planungsprozess beteiligten Personen* und die Effizienz unterschiedlicher Planungsabläufe in der sozialen Wirklichkeit wenig gesicherte Erkenntnisse vor. Dies trifft zu für die Theorie der Planung ganz allgemein und für die Werbeplanung im speziellen.

In Anbetracht dieser Umstände muss ernsthaft die Frage aufgeworfen werden, ob es beim heutigen Stand der Forschung zulässig ist, Verhaltensregeln für den zweckmässigen Ablauf des Planungsgeschehens zu geben. Diesbezügliche Erfahrungen, wie z. B. mit dem berühmten „Phasenschema" des Problemlösungsprozesses[5] raten jedenfalls zur *Vorsicht.*

---

1 Vgl. z. B. Stegmüller (Hauptströmungen II) 204.
2 Vgl. z. B. Wild (Unternehmungsplanung) 26.
3 Popper (Logik) 15.
4 Wild (Grundlagen) 28; Kosiol (Problematik) 388 ff.
5 Vgl. S. 32 f.

Der Weg, der hier beschritten werden soll, ist folgender: Vorerst sollen die Vorzüge der beiden Planungsvorgehen, der Simultanplanung und der Planung anhand der Entscheidungshierarchie, einander gegenübergestellt werden. Dabei werden wir letzteres Vorgehen als realistische Variante zum theoretischen Ideal der Simultanplanung erkennen.

Ausgehend von der Entscheidungshierarchie der Werbung werden wir dann ein Planungsvorgehen darstellen, welches aber eher den Charakter einer *logischen Möglichkeitsanalyse* [6] trägt. D. h. wir werden vorerst einmal jene Anforderungen herausschälen, welche vor allem aus entscheidungslogischer Sicht an einen rationalen Ablauf des Planungsprozesses zu stellen sind. In dieser Analyse geht es darum, jene Vorgehensweisen auszuschliessen, welche als „unvernünftig" oder „nicht-rational" zu bezeichnen wären. Dabei unterlassen wir es, auf konkrete personelle und soziale Gegebenheiten in Werbeagenturen oder -abteilungen bezug zu nehmen.

In einem weiteren Schritt werden wir die heutigen organisatorischen Gegebenheiten in Werbeagenturen und -abteilungen kurz darstellen. Schliesslich versuchen wir aufzuzeigen, inwiefern unser vorgeschlagenes Planungsschema bei diesen organisatorischen Gegebenheiten ablaufen könnte. Hier handelt es sich aber grösstenteils um *Vermutungen;* um Vorschläge, die vielleicht plausibel sind, sich u. U. bewährt haben und die bestenfalls durch ein paar empirische Untersuchungsergebnisse gestützt sind. Als „letzte Wahrheiten" werden wir sie nicht hinstellen dürfen; hier hätten weitere empirische Forschungen einzusetzen.

52 Simultanplanung und Planung nach dem Schema einer Entscheidungshierarchie

Ein betriebswirtschaftliches Ideal ist nach wie vor die *Simultanplanung.* Simultan planen bedeutet das gleichzeitige Festlegen aller Aktionsparamter. Zweck einer Simultanplanung ist es, die *Interdependenzen* zwischen den Aktionsparametern zu berücksichtigen und dadurch einen optimalen Gesamtentscheid zu erzielen.

Eine solche Planung setzt die Abbildung des Entscheidungsproblems in einem einzigen umfassenden Entscheidungsmodell voraus. In verschiedenen Unternehmungsbereichen ist diese Voraussetzung gegeben. Lagerhaltungs-, Produktionsablaufs- und Investitionsprobleme können heute z. T. in Simultanmodellen gelöst werden. Völlig anders verhält es sich mit dem „Werbeproblem". Im Rahmen der Werbeplanung ist eine unübersehbare Vielzahl von Aktionsparametern mit einer ebenso grossen Zahl von Ausprägungsgraden zu berücksichtigen. Man denke allein an die praktisch ins Unendlich reichende Zahl von Alternativen, die zur Gestaltung der Werbebotschaft in Betracht zu ziehen wären. Die Komplexität des „Werbeproblems" ist zu hoch, um es in einem umfassenden Entscheidungsmodell adäquat zu lösen. [7]

Auch die *Zentralisation* der Werbeentscheidungen auf einen einzigen Entscheidungsträger ändert an dieser Tatsache nichts Grundsätzliches. Die Zahl der zu berücksichtigenden Einflussfaktoren und die Zahl der Aktionsparameter ist

6 Wild (Unternehmungsplanung) 28.
7 Vgl. dazu die Ausführungen auf S. 32.

zu hoch und die menschliche Informationsverarbeitungskapazität zu gering, um die Werbung tatsächlich simultan zu planen.

Den genannten Schwierigkeiten haben wir zu begegnen versucht, indem wir den Problemkomplex „Werbeplanung" in Teilprobleme, d. h. in *sechs Entscheidungsbereiche* aufgelöst haben. Dadurch wurde ein Zweifaches erreicht:

— Die einzelnen Teilprobleme weisen eine wesentlich *reduzierte Komplexität* auf und sind damit der quantitativen Informationsverarbeitungskapazität des Entscheidungsträgers besser angepasst. Die Chance, dass alle möglichen Alternativen bewusst erkannt und sorgfältig beurteilt werden, steigt; und im gleichen Masse steigt die Qualität des (Teil-)Entscheides.[8]

— Die einzelnen Teilprobleme können jenen Entscheidungsträgern zugewiesen werden, die in bezug auf Ausbildung und Fähigkeiten am besten dafür geeignet sind. Die Bearbeitung des Problems durch den jeweiligen Fachmann kann ebenfalls zur Verbesserung der Entscheidungsqualität beitragen.

Die genannten Vorteile der Problemaufsplitterung erkauft man sich mit entsprechenden *Koordinationsproblemen.* Je grösser die Zahl der ausgegliederten Entscheidungsbereiche, je grösser die Schwierigkeit, den Interdependenzen[9] Rechnung zu tragen und die einzelnen Teilentscheide zu einem Gesamtoptimum zusammenzufügen. Frese spricht deshalb von „Autonomiekosten", die mit jeder Abweichung vom Ideal der Simultanentscheidung untrennbar verbunden sind.[10]

Um die Koordinationsschwierigkeiten zwischen den Werbeentscheidungsbereichen etwas abzuschwächen, wurden die sechs Entscheidungsbereiche in einem Ordnungsschema zusammengefügt; in der sog. *Entscheidungshierarchie.* In ihr sind die einzelnen Problembereiche derart angeordnet, dass im jeweils hierarchisch tiefer liegenden Entscheidungsbereich nach „Mitteln" gesucht wird, welche den übergeordneten Entscheid bestmöglichst realisieren. Damit sind die einzelnen Bereiche kausal zusammengefügt, und es besteht dafür Gewähr, dass sie sich auf ein gemeinsames Ziel hin ausrichten.

Wenn auch die Entscheidungshierarchie die gegenseitige Abstimmung der einzelnen Bereiche wesentlich erleichtert, so kann in ihr noch nicht eine Art Koordinationsautomatik erblickt werden.[11] Ein Planungsprozess, der sich an das Schema der Entscheidungshierarchie hält, erzielt kaum optimale Lösungen. Er kann hingegen als realistische Variante zum theoretischen Ideal der simultanen Werbeplanung bezeichnet werden.[12]

Zwei Gründe sind vor allem dafür verantwortlich, dass auch die Entscheidungshierarchie die Koordinationsproblematik nicht vollständig auszuräumen vermag:

Zum einen ist daran zu erinnern, dass die Entscheidungshierarchie bestenfalls ein gutes, aber nie ein vollständiges Abbild eines in Wirklichkeit viel komplexeren Netzwerkes von Ursache-Wirkungs-Beziehungen darstellt.[13] Zum

---

8 Vgl. Adam (Koordinationsprobleme) 618.

9 Als „Interdependenz" wird im allgemeinen die Tatsache verstanden, dass ein irgendwie definierter Erfolg bei gegebener Entscheidung im einen Bereich auch von den in anderen Bereichen gewählten Alternativen abhängt. Vgl. zum Begriff der Interdependenz Klein/ Wahl (Koordination) 56; Hax (Koordination) 44 ff. und Kirsch (Koordination).

10 Vgl. Frese (Organisation).

11 Vgl. auch Luhmann (Systemrationalität) 195.

12 Frese (Organisation) 408.

13 Vgl. S. 84.

zweiten ist die Koordination nur dann vollständig, wenn auf der jeweils betrachteten Hierarchieebene die Entscheidungsergebnisse der unteren Ebene schon bekannt sind; und umgekehrt auf der unteren Ebene jeweils die Alternativen mit in Betracht gezogen werden, die an übergeordneter Stelle bereits ausgesiebt worden sind.

Man sieht sofort, dass eine optimale Koordination eine vollständige Informiertheit jedes Entscheidungsträgers über die Entscheidungen jedes anderen Entscheidungsträgers voraussetzt. [14] Eine solche Transparenz ist in Wirklichkeit nie gegeben. Sie kann aber wenigstens annäherungsweise geschaffen werden, wenn zwischen den verschiedenen Ebenen der Hierarchie intensive Kommunikationsbeziehungen bestehen. Solche Beziehungen herzustellen und zu institutionalisieren, ist das Ziel von organisatorischen Regelungen. Auf Möglichkeiten solcher Regelungen wird in diesem Kapitel noch zurückzukommen sein.

53 Die Entscheidungshierarchie als strukturierendes Schema des Werbeplanungsprozesses

Ausgangspunkt unserer Betrachtungen bildet die folgende Überlegung: Jede Entscheidung bedarf eines Zieles als Wahlkriterium. Für einen durch die Entscheidungshierarchie gesteuerten arbeitsteiligen Entscheidungsprozess bedeutet dies, dass der jeweils übergeordnete Entscheid zeitlich vorgelagert gefällt werden muss. Der einzig logisch zulässige Entscheidungsverlauf in Organisationen ist folglich jener von oben nach unten („Abwärtsschreiten").

Diese Forderung bleibt nicht unwidersprochen. Zielentscheidungen können — ebenfalls aus logischen Gründen — nicht getroffen werden, wenn die zielerreichenden Mittel und ihre Konsequenzen nicht bekannt sind. Das bedeutet, dass rationales Entscheiden bereits Informationen über in untergeordneten Bereichen gewählte Alternativen und deren Konsequenzen voraussetzt. [15] Ein rationaler Entscheidungsverlauf in der Organisation hätte aus dieser Warte von unten nach oben zu erfolgen („Aufwärtsschreiten").

In diesem *Dilemma* befindet sich der nach optimalen Ergebnissen trachtende Entscheidungsträger. Angesichts der hohen Komplexität des Werbe(gesamt)entscheides ist aber das Ziel einer Optimierung ohnehin unrealistisch. Im Bereiche der Werbung kann es nur darum gehen, *befriedigende Lösungen* zu suchen. Damit eröffnet sich aber auch aus dem genannten Dilemma ein realistischer Ausweg, den wir mit „zyklische Anpassung" bezeichnen wollen. [16]

Das Vorgehen entsprechend der zyklischen Anpassung soll die *vertikalen Koordinationsprobleme* zu bewältigen helfen, d. h. in unserem Fall, die Abstimmung der drei Hierarchieebenen, der Strategie, der Operationen und der Taktik. Neben diesen vertikalen Koordinationsproblemen treten aber auch horizontale Koordinationsprobleme auf: z. B. die Abstimmung der Zielgruppenwahl und

14 Vgl. auch Luhmann (Systemrationalität) 192.

15 Vgl. Wild (Unternehmungsplanung) 83 f.

16 Von Wild mit „Gegenstromverfahren" bezeichnet. Wild (Unternehmungsplanung) 190. Dieses Verfahren ist dem von Newell/Simon/Shaw entwickelten Programm des ‚General Problem Solver' (GSP) sehr ähnlich. Vgl. dazu die Darstellung von Kirsch (Entscheidungsprozesse II) 169 ff., sowie die dort zitierten Quellenangaben.

der Bestimmung der angestrebten Kommunikations-Wirkung. Auf diese Probleme soll kurz im übernächsten Abschnitt eingegangen werden.

531   Vertikale Koordination mit Hilfe der zyklischen Anpassung

Der Grundgedanke dieses Vorgehens ist in Abbildung 58 und Abbildung 59 visualisiert. Abbildung 58 stellt den Prozess der zyklischen Anpassung im *Ablauf der Zeit* dar; während die folgende Abbildung die zu vollziehenden Aktivitäten und Entscheide in ihrer *logischen Abhängigkeit* aufzeigt. Verbal kann das Vorgehen wie folgt umschrieben werden:

1. In einer ersten Planungsphase wird die Werbestrategie, d. h. die anzusprechende Zielgruppe und die angestrebte Kommunikations-Wirkung formuliert. Es folgt der Entscheid, ob diese Strategie nochmals zu überarbeiten ist oder als vorläufig akzeptiert gelten kann. Im letzteren Fall wird sie zur ,,prov. Werbestrategie'' und bildet Grundlage zur Formulierung der Werbeoperationen.

2. Vertrauend auf die Richtigkeit der strategischen Entscheide werden geeignete Botschaftsalternativen aufgestellt und die geeignete ausgewählt. Wird diese Alternative im Lichte der momentan verfügbaren Informationen als gut befunden und (vorläufig) akzeptiert, so bildet sie — zusammen mit den werbestrategischen Entscheiden — Ausgangspunkt zur Formulierung der Werbetaktik. Andernfalls stehen zwei logisch zulässige Möglichkeiten offen: [17] es werden entweder die werbestrategischen oder die operativen Entscheide überarbeitet. Auf mögliche Gründe einer solchen Überarbeitung, werden wir weiter unten noch zu sprechen kommen.

3. Endlich wird auf der taktischen Ebene nach den geeigneten Kanälen, der Botschaftsgestaltung und dem Timing gesucht und jene Kombinationen gewählt, welche die übergeordneten Entscheide am wirtschaftlichsten zu realisieren geeignet ist. Sie bildet die provisorische Werbetaktik. Sie kann in der vorliegenden Form *definitiv akzeptiert* werden und dem Realisationssystem [18] zur endgültigen Ausführung übergeben werden. Unter diesen Umständen nehmen die bisher als provisorisch bezeichneten Werbestrategien und -operationen automatisch definitiven Charakter an. Wird die Werbetaktik hingegen *nicht* als definitiv akzeptiert, so muss der Planungsprozess entweder auf strategischer, operativer oder taktischer Ebene nochmals einsetzen.

Das typische dieses Vorgehens besteht darin, dass die Entscheide auf jeder Ebene der Hierarchie zunächst gefällt werden, ohne die übergeordneten Entscheide nochmals in Frage zu stellen und auch ohne die hierarchisch tiefer liegenden Entscheidungsprobleme gründlich durchzudenken. Diese ,,Blindheit'' gegenüber allen andern Problembereichen, schafft die eigentliche Leistung dieses Vorgehens, nämlich die Reduktion der Komplexität des gesamten Werbeentscheides auf ein für den Entscheidungsträger zu bewältigendes Ausmass. [19]

Die Folgen dieser Indifferenz gegenüber den jeweils hierarchisch über- oder untergeordneten Entscheidungsproblemen müssen abgeschwächt werden, durch den Einbau sog. Feedback-Schlaufen. Diese sollen die Möglichkeit schaffen,

---

17 Die Marketingzielsetzung wollen wir hier als gegeben betrachten.
18 Vgl. S. 42.
19 Diesen Aspekt hebt vor allem Luhmann hervor. Luhmann (Systemrationalität) 193.

Abbildung 58: Die zyklische Anpassung der Pläne im Zeitablauf

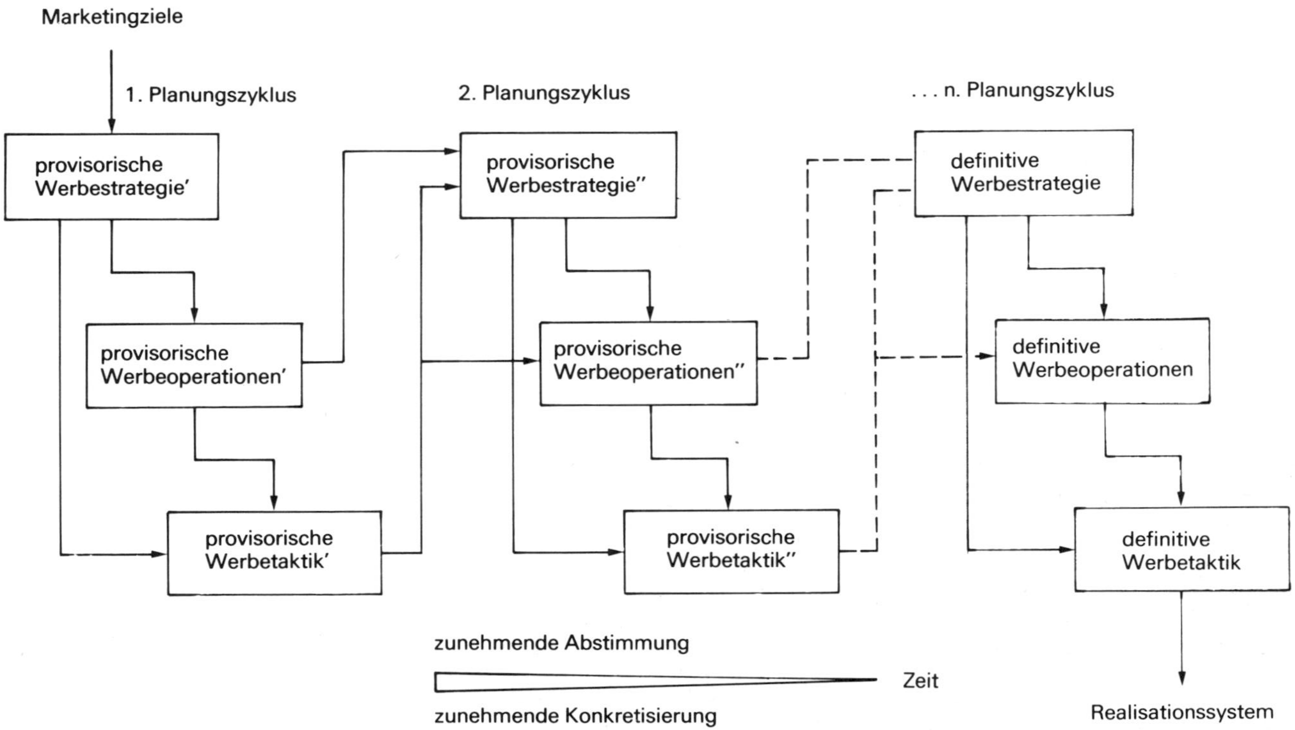

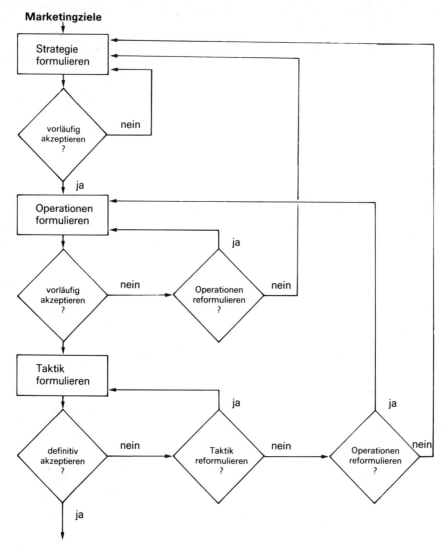

vorgelagerte Entscheide nochmals in Frage zu stellen und eine *Reformulierung* auszulösen. Zwei Anlässe können ein solches Rückwärtsschreiten notwendig machen:

1. Das strikte Einhalten des hierarchischen Abwärtsschreitens führt zwangsläufig dazu, dass auf höheren Hierarchieebenen Alternativen ausgesiebt werden, die sich u. U. erst auf tieferer Ebene als sehr vorteilhaft erweisen könnten. Solche Möglichkeiten sind zahlreich in der Werbung: Beispielsweise stellt sich eine bestimmte Zeitschrift, wegen ihres für das beworbene Produkt gut passenden redaktionelles Umfeldes, als besonders geeigneter Hauptwerbeträger heraus. Diese Kanal-Alternative ist aber nur zulässig, wenn die Möglichkeit besteht, auf der strategischen Ebene die Definition der Zielgruppe nochmals zu modifizieren und sie der hier besonders günstigen Kanal-Alternative anzupassen. Oder: der Gestalter hat einen bestechenden Einfall für die Visualisierung eines Produktvorteiles, was aber zwangsläufig eine Veränderung des Werbezieles nach sich ziehen würde. Oder umgekehrt ist der Anmeldetermin für die Fernsehwerbung abgelaufen, es muss auf andere Medien ausgewichen werden, und die Zielgruppendefinition muss den neuen Gegebenheiten angepasst werden.

2. Es ist zweckmässig, parallel zum Prozess der zyklischen Anpassung die einzelnen Entscheide zu *konkretisieren* und *detaillieren.* Die den Ausganspunkt bildende „provisorische Werbestrategie", „provisorische Werbeoperationen" und „provisorische Werbetaktik" dürfen noch relativ vieldeutig und vage definiert sein. So wäre es z. B. sinnlos, schon im ersten Anpassungszyklus detaillierte Gestaltungsentwürfe auszuarbeiten, wenn mit einer späteren Revision der Werbeziele gerechnet werden muss. Die Entwürfe sind erst im Laufe des Anpassungsprozesses detaillierter auszuarbeiten und zu konkretisieren. [20]

Dem logischen Ablaufschema auf Seite 170 ist zu entnehmen, dass im Falle eines Zurückgreifens auf vorher getroffene Entscheide, vorerst *die unmittelbar übergeordneten* Entscheide in Frage gestellt werden und erst anschliessend die Reformulierung höherliegender Entscheide in Betracht gezogen wird. Kirsch führt — unter Berufung auf das Programm des GPS — einige plausible Überlegungen für dieses Vorgehen an. [21] Logisch zwingend ist diese Reihenfolge natürlich nicht. Insbesondere wenn durch ein Rückwärtsschreiten nicht eine Änderung, sondern eine Konkretisierung und Detaillierung angestrebt wird, scheint es sinnvoll zu sein, direkt auf die oberste Ebene — die Werbestrategie — zurückzugreifen.

532   Die horizontale Koordination

Die horizontale Koordination unterscheidet sich von der vertikalen insofern, als hier die Entscheide auf ein gemeinsames Oberziel auszurichten sind. Die Notwendigkeit, diese hierarchisch „gleichwertigen" Entscheide aufeinander abzustimmen, ergibt sich aber auch hier wegen bestehender Interdependenzen. Diese Interdependenzen kommen darin zum Ausdruck, dass der am jeweiligen

---

20 Vgl. z. B. auch Bleicher (Organisation) 71.
21 Kirsch (Entscheidungsprozesse II) 187.

Oberziel zu messende Gesamterfolg bei gegebenem Entscheid im einen Bereich auch vom Entscheid im andern Bereich abhängig ist. Die praktische Relevanz dieser Problematik soll wiederum anhand eines Beispiels erläutert werden: Kristallisationspunkt häufiger Konflikte sind die beiden Entscheidungsbereiche „Kanäle" und „Botschafts-Gestaltung". Aus der Sicht des Gestaltungsverantwortlichen ist z. B. der Werbefilm das einzige mögliche Medium, um den Produktvorteil adäquat darzustellen, während der Mediaverantwortliche das Plakat wegen seinen günstigen Kontaktkosten vorzuziehen geneigt ist.

Konflikte dieser Art sind auf dem Verhandlungsweg und durch intensiven Austausch von Feedback-Informationen beizulegen. [22] Gemeinsam ist nach jener Alternativen-Kombination zu suchen, die ein Gesamtoptimum zu erreichen verspricht. In der Wirklichkeit ist das Finden des „Gesamtoptimums" nicht eben leicht. Der Grund liegt vor allem darin, dass Wirkungszusammenhänge in der Werbung nie eindeutig sind; es handelt sich fast immer um *Wirkungsvermutungen.* Die Folge davon ist, dass solche Abstimmungsprozesse durch gegenseitiges Überzeugen ausgetragen werden müssen und, wo dies nicht zum Ziel führt, nur durch das Machtwort einer höheren Instanz ausgeräumt werden können.

Unsere bisherige Analyse hat ihren Ausgang genommen von einem (hypothetischen) Rationalverhalten des Werbeplaners sowie vom Planungsvorgehen nach dem Schema der Ziel-Mittel-Hierarchie. Aufbauend auf diesen Prämissen haben wir versucht, die logisch zulässigen Möglichkeiten des Planungsvorgehens aufzuzeigen und haben von *faktischen Gegebenheiten* soweit als möglich abgesehen. Dies geschah in der Absicht, keine unüberprüften empirischen Zusammenhänge in unser Planungssystem einzuweben und nicht voreilig Schlüsse auf ein „richtiges" Planungsvorgehen zu ziehen.

Nachfolgend soll nun dieses Denken in „Idealmodellen" aufgegeben werden, zugunsten eines stärkeren Bezugs auf organisatorische, soziologische und psychologische Gegebenheiten und Gesetzmässigkeiten. Da über diesen Gegenstand aber nur wenige empirisch gesicherte Kenntnisse vorliegen, werden wir diesbezüglich grösstenteils auf Vermutungen, Erfahrungen, usw. abstellen müssen.

54   Der Planungsablauf in der Organisation

541   Die Organisationsstruktur von Werbeagenturen und Werbeabteilungen

Die nachfolgende Darstellung von möglichen Organisationsstrukturen ist im Sinne einer *Ist-Aufnahme* zu verstehen. Wir werden darauf verzichten, Zweckmässigkeits-Urteile oder Empfehlungen abzugeben. Diese Darstellungen verfolgen lediglich die Absicht, die organisatorischen Ausgangsbedingungen für die Applikation unseres Planungsvorgehens darzulegen.

22 Vgl. auch Heinen (Grundlagen); Bleicher (Organisation) 71.

Während im allgemeinen die Organisationsstrukturen von Unternehmungen äusserst vielfältig und unterschiedlich sind, besteht in der Werbung eine bemerkenswerte Konstanz. Werbeagenturen und -abteilungen unterschiedlicher Grössen weisen in ihrer Grundstruktur eine *ähnliche Aufgabenteilung* auf. Dieser Umstand kommt unseren Bestrebungen entgegen, Allgemeingültiges über den zweckmässigen Ablauf der Werbeplanung auszusagen.

Die Organisationsstrukturen in Werbeunternehmungen weisen meist eine *Dreiteilung ihrer Aufgaben* auf, die wir in Anlehnung an den in Agenturen üblichen Sprachgebrauch benennen wollen als:

1. Beratung
2. Gestaltung
3. Media. [23]

Diese Dreiteilung trifft für die weitaus grösste Zahl von Agenturen und Werbeabteilungen zu. Sobald wir jedoch bei unserer Analyse einen *höheren Auflösungsgrad* wählen, eröffnet sich uns eine unendliche Vielfalt von Möglichkeiten. Die Beratung, die Gestaltung und die Mediaabteilungen können, je nach Grösse der Werbeunternehmungen, in zahlreiche Teilaufgaben aufgefächert sein:

1. *Beratung:* Die Aufgabe „Beratung" umfasst die Gesamtleitung über die Werbeplanung. Der betreffende Stelleninhaber trägt in unternehmungseigenen Werbeabteilungen den Titel „Werbeleiter"; in Werbeagenturen meist „Account Supervisor", „Account Executive" oder ä. m. [24] Er wird in seiner Tätigkeit u. U. unterstützt von einem Kontaktassistenten, Werbeassistenten, Sachbearbeiter u. a.

2. *Gestaltung:* Dem Bereich „Gestaltung" sitzt der „Creative Director" oder der „Art Director" vor. Ihm können zur Seite stehen: der Graphiker, der Layouter, Texter, Illustrator, Display-Gestalter, der sog. FFF-Berater (Film, Funk, Fernsehen), u. a. m.

3. *Media:* Dem Bereich „Media" steht der Medialeiter vor. Er kann assistiert werden vom Mediaforscher, vom sog. Media-Buyer oder vom Mediaassistenten.

Die Unterschiede in der Feinstrukturierung der Organisation sind vor allem auf die *unterschiedlichen Grössen* der Werbeabteilungen oder Agenturen zurückzuführen. Je grösser die Unternehmung, desto feiner im allgemeinen die Aufgliederung von Teilaufgaben. Kleine und Kleinst-Agenturen arbeiten sogar häufig nur mit einem Berater und einem oder zwei Gestalter. Die Aufgabe der Mediaselektion liegt in diesem Fall meist in den Händen des Beraters.

---

23 Die Aufgabenbereiche „Verwaltung und Administration" sowie „Werbe-Services" (Marktforschung, Mediaforschung, usw.) werden hier nicht berücksichtigt, da sie für die Werbeplanung lediglich indirekt von Bedeutung sind. Ebenfalls unberücksichtigt bleibt der Bereich „Produktion", in dem die Aufgaben der Realisierung und Ausführung der Gestaltungsentwürfe vollzogen werden. Der Aufgabenbereich „Produktion" ist Bestandteil des Realisationssystems (vgl. S. 42 f.) und nicht des Entscheidungssystems. Allein mit letzterem befassen wir uns in dieser Arbeit.

24 Die hier angeführten Beziehungen beziehen sich auf *schweizerische* Verhältnisse. Vgl. dazu die Übersicht über Werbeberufe, herausgegeben von der Förderungskommission des Bundes Schweizerischer Reklameberater und Werbeagenturen BSR (Werbung).

Abgesehen vom unterschiedlichen Ausmass der Feingliederung, ergeben sich aber auch Unterschiede durch die Wahl der spezifischen Form der Projektorganisation. So sind einige Agenturen oder Werbeabteilungen nach dem sog. *Matrixsystem* ausgebaut. [25] In ihrer spezifisch auf die Werbung zugeschnittenen Form ist die Matrixorganisation dadurch gekennzeichnet, dass die Berater primär nach Projekten (Werbung für ein Produkt, eine Unternehmung, usw.) ausgerichtet sind. Die übrigen Aufgabenträger sind primär dem jeweiligen Abteilungsleiter unterstellt, wie dies in Abbildung 60 zum Audruck kommt. Der Abteilungsleiter bestimmt, wer von seinen Mitarbeitern jeweils für ein bestimmtes Projekt arbeitet. Dies hat zur Folge, dass der Berater über längere Zeit für den gleichen Auftraggeber arbeitet; die übrigen Mitarbeiter aber ad hoc herbeigezogen werden und entsprechend häufig wechseln.

Abbildung 60:   Die Organisationsstruktur einer nach dem Matrixsystem aufgebauten Werbe-unternehmung

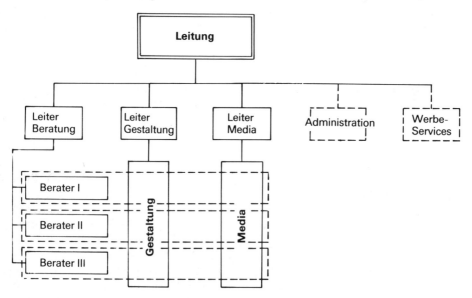

In neuerer Zeit setzt sich vermehrt das in ausgeprägterem Masse auf Projekte ausgerichtete „Agentur-in-der-Agentur-Prinzip" durch, wie wir es in Anlehnung an Weger bezeichnen wollen. [26] Diese Organisationsform ist dadurch gekennzeichnet, dass aus der Beratung, der Gestaltung, und eventuell der Mediaabteilung, mindestens ein Stelleninhaber dem Projekt zugeteilt werden. Die Mitarbeiter sind zu einem *dauerhaften Team* zusammengefügt und arbeiten für einen oder mehrere Auftraggeber. Diese Organisationsform ist in Abbildung 61 visualisiert.

25 Vgl. dazu Wegner (Werbeagentur).
26 Vgl. Weger (Werbeagentur) 163; vgl. auch Widmer (Werbeagenturen).

Abbildung 61: Die Organisationsstruktur einer nach dem „Agentur-in-der-Agentur-Prinzip" aufgebauten Werbeunternehmung

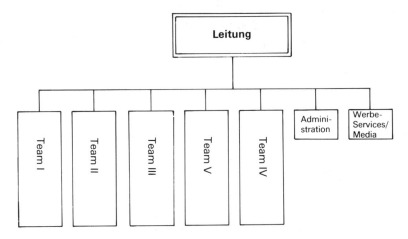

Die Teams können von unterschiedlicher Grössenordnung sein. Im Falle einer kleinen Gruppe ist neben dem Berater z. B. ein Graphiker und ein Texter zugeteilt. Die Aufgabe der Mediawahl wird vom Mediaberater wahrgenommen, der aber seinerseits einer zentralen Service-Stelle zugeordnet ist und für verschiedene Projektgruppen arbeitet. Grössere Teams umfassen neben den oben erwähnten Mitarbeitern auch einen Art Director, einen Layouter, Zeichner, einen teameigenen Mediaberater, u. a. m.

Es ist hier nicht der Ort, um die Vor- und Nachteile der oben beschriebenen Organisationsformen gegeneinander abzuwägen. Für uns ist allein die Tatsache wesentlich, dass in beiden Organisationsformen die Werbeplanung durch ein (ad hoc gebildetes oder dauerhaftes) *Team* abgewickelt wird und dass dieses Team mit Personen besetzt ist, die sich aus den drei Aufgabenbereichen *Beratung, Gestaltung* und *Media* rekrutieren. Im folgenden Abschnitt soll erörtert werden, wie dieses Team in Zusammenarbeit mit der Marketingabteilung des Auftraggebers, bzw. mit der unternehmungseigenen Marketingabteilung, die Planung der Werbung abwickelt.

542 Die Zuweisung von Aufgaben auf Aufgabenträger

Im vorliegenden Kapitel betrachten wir Entscheidungsbereiche als *Aufgabenbereiche.* Damit treten die organisatorischen Probleme in den Vordergrund, insbesondere die Frage, welche Mitarbeiter an welchen Aufgaben zu beteiligen sind und u. U. welche Kompetenzen ihnen zukommen sollen.

542.1 *Die provisorische Werbestrategie*

Von ausgeprägt marketingorientierten Unternehmungen wird die Werbestrategie, d. h. die anzuvisierende Zielgruppe sowie die angestrebte Kommunikationswirkung der Werbeagentur [27] vorgegeben. Das diese Zielvorgabe beinhaltende schriftliche Dokument wird als *Agentur-Briefing* bezeichnet. In ihm sind neben der Werbestrategie auch die Marketingziele sowie die relevanten Daten und u. U. Marktforschungsergebnisse angeführt. Unternehmungen mit keinem oder gering institutionalisiertem Marketing wenden sich häufig ohne präzis definierte Problemstellung an eine Werbeagentur. In einem solchen Fall ist es der agentureigene Werbeberater, der einen Strategievorschlag ausarbeitet und ihn vom Auftraggeber genehmigen lässt.

Das hier empfohlene Vorgehen leitet sich aus dem Grundgedanken des *Management by Objectives* ab. Gemäss dieser Managementkonzeption werden die Ziele jeweils von der hierarchisch übergeordneten und der unmittelbar betroffenen Instanz *gemeinsam fixiert.* [28] Übertragen auf unser Problem heisst dies, die Strategie zwischen dem agentureigenen Werbeberater und dem betreffenden Marketingverantwortlichen gemeinsam auszuhandeln. Die Vorteile dieser Konzeption zeigen sich einmal in der besseren Identifikation des Werbeberaters (und damit der Werbeagentur) mit den vereinbarten Zielen. Im weiteren ist auch anzunehmen, dass der Werbeberater — besser als der Marketingverantwortliche — über die Möglichkeiten und Grenzen des Werbemitteleinsatzes Bescheid weiss und damit zu einer realistischen Zielformulierung beitragen kann.

Der Marketingverantwortliche [29] und der Werbeberater der Agentur einigen sich auf die *provisorische Werbestrategie* (vgl. Abbildung 61). Diese bildet den Ausgangspunkt für die Formulierung der Werbeoperationen, d. h. die Festlegung der Werbebotschaft.

542.2   Die provisorischen Werbeoperationen

Es ist sinnvoll, an der Festlegung der Werbeoperationen das *gesamte Projektteam* der Agentur zu beteiligen. Das Auffinden der adäquaten Werbeaussage und die Bestimmung der gewünschten Konnotationen erfordert oft eine hohe *kreative Leistung.* Gerade die gruppendynamische Situation ist in der Lage, ein kreatives Potential zu aktivieren, das oft über das Mass der Einzelleistung hin-

27 Anstelle von „Werbeagentur" kann in den folgenden Ausführungen auch „unternehmenseigene Werbeabteilung" gesetzt werden.

28 Ausführlicheres über die Konzeption des Management by Objectives vgl. z. B. Grochla (Unternehmungsorganisation) 231 ff. und die dort zitierte Literatur.

29 Der Begriff „Marketingverantwortliche" steht hier für einen oder mehrere Vertreter der Marketingabteilung des Auftraggebers. In grossen Unternehmungen wird oft ein Mitglied der Marketingabteilung ausschliesslich für die Zusammenarbeit mit der Werbeagentur eingesetzt. Vgl. z. B. Greminger (Zusammenarbeit).

ausgeht. [30] Die hohe Effizienz der Teamarbeit für diesen Problemtypus ist auf folgende Faktoren zurückzuführen: [31]

— Die Zusammenarbeit verschiedener Individuen löst gewissermassen „Assoziations-Synergien" aus: „Es ist dieses unmittelbare Aufgreifen und ‚Weiterspinnen' der Ideen der anderen, das einerseits die Phantasie und Assoziationsbereitschaft des einzelnen stimuliert, andererseits — dank der grösseren Anzahl von Assoziationen — rein statistisch zu einer höheren Wahrscheinlichkeit eines ‚Treffers', einer brauchbaren Idee, führt." [32]

— Die Gruppensituation löst beim einzelnen Individuum eine Art „soziale Enthemmung" aus, die zu einer gesteigerten Produktivität des Assoziierens führt.

— Die Befriedigung von sozio-emotionalen Bedürfnissen durch die Gruppe steigert die Kreativität des einzelnen.

— Wo eine Aufgabe zum gemeinsamen Ziel eines Teams wird, besteht ein Druck auf das einzelne Mitglied, sich für diese Aufgabe einzusetzen. Umgekehrt führt die soziale Anerkennung, welche die Gruppe dem einzelnen für seine Beiträge zur Problemlösung zollt, zu einer erhöhten Motivation.

Im Falle der Formulierung der Werbeoperationen spricht noch eine weitere Überlegung dafür, alle Team-Mitglieder zu beteiligen. Im Laufe dieses Problemlösungsprozesses werden nämlich von allen Beteiligten Informationen angeeignet und verarbeitet, die für die nachfolgenden Entscheide (Media, Gestaltung, Timing) von unmittelbarer Bedeutung sind. Für den Mediafachmann und im besonderen Masse für die Gestalter ist dies eine Gelegenheit, sich mit der Problemsituation vertraut zu machen. Darüber hinaus ist der Ausgang der operativen Entscheidungen unmittelbar Zielkriterium und Anweisung für die Werbegestalter und mittelbar auch für die Mediawahl (Kontaktqualität). Die Beteiligung aller Team-Mitglieder spart in erheblichem Masse Kommunikations- und Koordinationskosten.

Das Ergebnis des operativen Entscheidungsprozess führt vorerst zu den provisorischen Werbeoperationen. Gemäss unserer Absicht, den Planungsprozess der Werbung zu formalisieren, ist dieser Entscheid *schriftlich zu fixieren.* Das entsprechende Dokument muss informieren über das oder die gewählten Werbeversprechen, eventuell die unterstützende Beweisführung, den „Werbesender"

30 Die Überlegenheit der Gruppe bei Problemlösungen ist nicht universell. Sie hängt vor allem von der Art des zu lösenden Problems ab. Untersuchungen zeigen, dass die Überlegenheit der Gruppe immer dann gegeben ist, wenn eine Aufgabe mit genau definierten Zielkriterien vorliegt und wenn eine grosse Zahl von Alternativen („unendlich" viele Lösungsmöglichkeiten) in Betracht zu ziehen ist. In komplexen Aufgaben, bei denen kein fixiertes Zielkriterium vorliegt und bei denen verschiedene Lösungsalternativen *simultan* in Betracht gezogen werden müssen, erweist sich das Individuum der Gruppe überlegen. Vgl. dazu Bunker/Dalton (Effectiveness) 204 ff. und die dort zitierten Untersuchungen.

Die Festlegung der Werbeoperationen ist eine Aufgabe, die sich entsprechend den obigen Kriterien für eine Bearbeitung im Team eignet. Die Wahl der Medien ist, wegen den Interdependenzen zwischen den Aktionsparametern (Medien), eher für eine individuelle Problemlösung geschaffen. Dafür sprechen auch Untersuchungen bei mathematischen Problemlösungsprozessen, welche die individuelle Leistung als effizienter erwiesen.

31 Die folgenden Ausführungen basieren hauptsächlich auf Ulrich (Kreativitätsförderung) 131 ff., den dort zitierten Untersuchungen sowie auf Scharmann (Teamarbeit).

32 Ulrich (Kreativitätsförderung) 131.

sowie über die auszulösenden Konnotationen. [33] Hat sich im Laufe des Problemlösungsprozesses gezeigt, dass Entscheide auf der übergeordneten strategischen Ebene (Zielgruppe und Kommunikationswirkung) unzweckmässig oder
unrealistisch gesetzt wurden, so ist das Dokument mit Hinweisen und An-
regungen für eine Strategieänderung zu ergänzen.

542.3   Die provisorische Werbetaktik

Die Werbetaktik umfasst so unterschiedliche Entscheidungsbereiche wie die
Wahl der Medien, die Gestaltung der Botschaft und die Bestimmung des
Timing. Diese Entscheidungsprobleme können nur teilweise in Teamarbeit gelöst werden, da sie sehr unterschiedliche fachliche und mentalitätsmässige Anforderungen an die Bearbeiter stellen.
Die *Mediaselektion* setzt Fachwissen voraus, welche den übrigen Mitarbeitern in
der Regel abgeht. Zudem ist die Natur des Mediaproblems für die Teamarbeit
wenig geeignet. [34]
Aus diesen Gründen ist der Mediaberater oft versucht, seine Aufgabe im Allein-
gang zu lösen. Dem steht aber die Tatsache entgegen, dass insbesondere
zwischen der Wahl der Medien und der Botschaftsgestaltung bedeutende *Interdependenzen* bestehen. Z. B. vertragen sich gewisse Werbebotschaften mit bestimmten Medien wegen ihres redaktionellen Umfeldes, deren ,,Images'' oder
wegen den beschränkten technischen Möglichkeiten (z. B. nur Schwarz-Weiss-
Druck) nicht. Solche Interdependenzen bedingen eine (horizontale) Koordination und einen entsprechend intensiveren Austausch von Feedback-Informationen.
Wenn die Mediawahl und die Botschaftsgestaltung auch nicht in Teamarbeit
gemeinsam gelöst werden können, so müssen doch Mittel und Wege gesucht
werden, die Abstimmung der beiden Bereiche sicherzustellen. Eine in der Praxis
häufig gewählte Lösung besteht darin, den Medialeiter an der sog. kreativen
Sitzung, d. h. bei der Wahl der Ausdrucksform der Botschaft, zu beteiligen.
Hier werden gemeinsam die Entschlüsse über die zu verwendenden *Mediengat-
tungen* (Zeitschrift, Tageszeitung, TV, Radio, usw.) und eventuell über die zu
belegenden Hauptwerbeträger gefasst. Die Feinplanung hingegen, d. h. die konkrete Festlegung der einzelnen Werbeträger, wird vom Medialeiter allein vollzogen.
Die Suche nach der adäquaten Ausdrucksform der Werbebotschaft, die *Botschaftsgestaltung,* kann im Team oder in Einzelarbeit erfolgen. Häufig wird
nach der ,,Grundidee'' für Gestaltung in einem Brainstorming gesucht, an dem
sich sämtliche Projektmitarbeiter beteiligen. [35] Die eigentlichen Gestaltungsentwürfe werden individuell ausgeführt.
Es ist hier aber daran zu erinnern, dass die Gruppensituation nicht für alle
Menschen günstig ist. [36] Gerade hervorragende Gestaltungsideen, welche in die
Geschichte der Werbung eingegangen sind, waren oft das Produkt eines einzel-

---

33 Vgl. Kapitel 32.
34 Vgl. Anm. 30, S. 177.
35 Über den zweckmässigen Einsatz anderer Kreativitätstechniken vgl. z. B. Johansson
      (Kreativität).
36 Vgl. Ulrich (Kreativitätsförderung) 129.

nen. Es ist deshalb auch bei der Suche nach der generellen Gestaltungsidee auf *personelle Besonderheiten* Rücksicht zu nehmen. Es kann z. B. sinnvoll sein, eine Teamsitzung für einige Zeit zu unterbrechen, die Mitarbeiter aufzufordern, individuell nach Lösungsmöglichkeiten zu suchen und dieses Ergebnis am nächsten Tag im Team „weiterzuspinnen''.

Die konkrete Ausarbeitung der Gestaltungsentwürfe und der Texte wird naturgemäss in individueller Arbeit ausgeführt. Der Austausch von Feedback-Informationen zwecks Koordination ist natürlich auch hier erwünscht und notwendig. So muss der Layouter z. B. wissen, wie umfangreich der Text sein wird; der Graphiker muss wissen, welche Produkteigenschaften im Text erwähnt sind und welche Produkteigenschaften in der Visualisierung hervorzuheben sind, usw.

Der Entscheidungsbereich des *Timing* ist für die Aufgabenzuteilung zweckmässigerweise in eine Grobplanung und eine Feinplanung zu differenzieren. Die *Grobplanung* umfasst die Bestimmung der saisonalen Schwerpunkte, die Verteilung der Werbekontakte über den Monat und über die Woche. Dieser Entscheid kann vom Werbeberater oder vom Projektteam gemeinsam getroffen werden. Für die Zuordnung dieser Aufgabe auf den Werbeberater spricht die Tatsache, dass hier oft marketing- oder produktionsbezogene Überlegungen miteinzubeziehen sind. [37] Die Diskussion dieses Problems im Team ist hingegen geeignet, Überlegungen und Erfahrungen an den Tag zu fördern, die leicht übersehen werden könnten.

Die *Feinplanung* des Timing, d. h. die konkrete Festlegung, zu welchem Zeitpunkt welcher Werbeträger eingeschaltet wird, ist Aufgabe des Mediaberaters. Nur er verfügt über die entsprechenden Daten, Erfahrungen mit Wirkungskurven und insbesondere über die Erscheinungszeiten und Anmeldefristen der einzelnen Medien.

Die Aufgabe der Feinplanung des Timing, die konkrete Festlegung der Streuzeiten, impliziert auch den Entscheid über die *Anzahl der Medieneinschaltungen*. Dieser Entscheid orientiert sich an der angestrebten Kommunikationswirkung: wie oft muss die einzelne Zeilperson mit der Werbebotschaft Kontakt haben, damit das Werbeziel erreicht wird? Diese schwierige und für das Werbebudget folgenschwerste Aufgabe wird im allgemeinen vom Mediaberater gelöst.

Das Ergebnis der provisorischen Werbetaktik umfasst eine grössere Anzahl von Dokumenten:

Den Mediaplan und das Timing: Sie können in einer Matrix dargestellt sein, die Auskunft gibt, wann welche Werbeträger eingeschaltet werden.

Die Gestaltungsentwürfe: Hier stellt sich die Frage, in welchem Detaillierungs- und Konkretisierungsgrad die Entwürfe auszuarbeiten sind. Eine skizzenhafte und wenig aufwendige Form drängt sich insbesondere dann auf, wenn sich im Laufe des Planungsprozesses die Notwendigkeit von Zielanpassungen gezeigt haben.

Das Budget: Erst nach dem Abschluss der taktischen Planungsaufgabe ist es möglich, die Kosten zu kalkulieren, die für die Erreichung des gesteckten Zieles notwendig sind. [38]

37 Vgl. S. 139.
38 Vgl. S. 161 ff.

Im Laufe des Planungsprozesses wird es sich in den meisten Fällen als notwendig erweisen, die Strategie, die Operationen und die Taktik zu reformulieren, d. h. entweder zu ändern oder — insofern sie vieldeutig oder unausgearbeitet sind — zu präzisieren.

Wird der gesamte Werbeplan als ausreichend abgestimmt und als befriedigende Lösung des Werbeproblems beurteilt, so wird er der Marketingabteilung und eventuell der Geschäftsleitung *präsentiert*. Diese entscheidet, ob noch Änderungen anzubringen sind oder ob der Planungsprozess als abgeschlossen gelten kann. Im Falle der Plangenehmigung sprechen wir von einem *Verbindlichkeitsentscheid*. [39] Nun sind die Dokumente dem *Realisationssystem* vorzugeben, das für die Ausführung der Pläne besorgt ist. [40]

Das Realisationssystem — dessen Aktivitäten in dieser Arbeit nicht näher untersucht werden — bringt die Gestaltungsentwürfe zur Druck- und Sendereife. Ausserdem ist es zuständig für die gesamte administrative Abwicklung der Mediaaufträge und der Kontrolle dieser ausführenden Tätigkeiten.

Abbildung 62: Das Werbe-Entscheidungs-System und das Realisationssystem

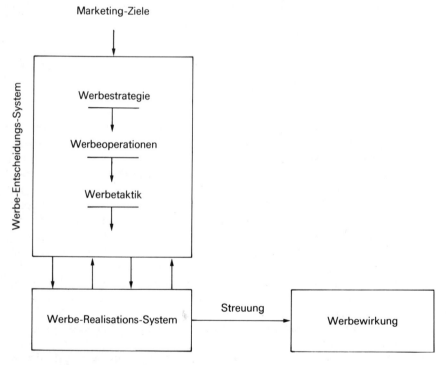

543* Die Fristigkeit der Werbeplanung

Die Differenzierung der Werbeplanung in eine strategische, operative und taktische Ebene haben wir aufgrund bestehender Ziel-Mittel-Beziehungen vor-

39 Vgl. S. 42 f.
40 Vgl. S. 42.

180

genommen. Die Anwendung der Ziel-Mittel-Beziehungen als Gliederungskriterien verbietet, wie wir bereits festgestellt haben,[41] die operativen Entscheide längerfristig zu planen als die strategischen oder die taktischen längerfristig als die operativen. Hingegen bleibt die Frage unbeantwortet, ob es sinnvoll sein könnte, die jeweils höher liegende Ebene *auf längere Frist* zu planen als die tieferliegenden.

Die Länge des Zeitraumes, über den sinnvollerweise zu planen ist, hängt im wesentlichen von *zwei Faktoren* ab: von der Inkubationszeit[42] und der Wirkungsdauer der Entscheide. Unter *Inkubationszeit* verstehen wir mit Weinhold „die Zeit, die verstreicht zwischen dem Zeitpunkt, in welchem das Werbemittel in der Öffentlichkeit erscheint, und dem Zeitpunkt, in welchem es seine Wirkung zu entfalten beginnt."[43] Unter der *Wirkungsdauer* soll dagegen der Zeitraum verstanden werden, welcher mit der Wirkung des Werbemittels beginnt und mit dem Abklingen derselben aufhört.

Abbildung 63: Die Inkubationszeit und Wirkungsdauer von Entscheiden

Wünschbar wäre eine Reichweite der Planung, welche die Zeitspanne der Inkubationszeit plus jene der Wirkungsdauer umfasst. Nur so ist ein lückenloses Ineinandergreifen von Aktionen und Wirkungen eigener Aktionen gewährleistet. In Wirklichkeit sind diese Zeiträume allerdings schwerlich abzuschätzen und ebenso problematisch ist die *Art* der Wirkung zu prognostizieren: Findet z. B. eine „nostalgisch"-gefärbte Produktvorstellung auch noch in fünf oder zehn Jahren den gewünschten Anklang?[44] Im folgenden wollen wir trotz den genannten Schwierigkeiten versuchen, einige plausible Regeln aufzustellen. Selbstverständlich kann es sich hier nur um Annäherungsgrössen handeln, die im Einzelfall zu modifizieren sind.

Fristigkeit der strategischen Werbeplanung: Der sinnvollerweise zu wählende Planungszeitraum hängt vor allem von der Art der angestrebten Kommunikationswirkung und von der Art des zu bewerbenden Objektes ab. Für ein modischen Zyklen unterworfenes Produkt kann relativ kurzfristig, d. h. auf ein oder zwei Jahre hinaus geplant werden, das Produkt wird nach Ablauf dieser Zeit ohnehin aus dem Markt gezogen werden können. Anders verhält es sich mit der Werbung, bezogen auf eine ganze Unternehmung, eine Werbung, bei der die Unternehmung deutlich als „Sender" hervortritt oder die

41 Vgl. S. 84.
42 Vgl. Weinhold (Werbeplanung) 107.
43 Weinhold (Werbeplanung) 107.
44 Vgl. dazu ausführlicher: Weinhold (Werbeplanung) 108 ff.

Bewerbung eines ganzen Sortimentes. Hier müssen die Wirkungen der angestrebten Vorstellungen auf mehrere Jahre bis Jahrzehnte hinaus abgeschätzt werden, weil es sehr kostspielig sein könnte, nachträglich Kurskorrekturen grösseren Ausmasses vorzunehmen.

Fristigkeit der operativen Werbeplanung: Der zeitliche Horizont der operativen Planung ist differenzierter vorzunehmen: gewisse Elemente der Botschaft wie z. B. der Produktname, der wahrzunehmende ,,Sender'' sowie gewisse konnotative ,,Stilelemente'' sind auf ebenso lange Zeit wie die strategischen Entscheide festzulegen. Dagegen können Informationen über Merkmale der Marktleistung variiert werden: vom gleichen Produkt kann einmal eher das Design und ein anderes Mal die Funktionalität hervorgehoben werden, sofern diese Argumentation im Dienste der auf strategischer Ebene umfassend definierten Produktvorstellung steht. Das gleiche gilt für die sog. unterstützende Beweisführung. Auch sie kann innerhalb kürzerer Zeiträume variiert werden, ohne dass nachteilige Folgen zu erwarten wären.

Der maximale Planungszeitraum der operativen Ebene ist durch jenen der strategischen Ebene begrenzt. Angenommen, die strategische Planung umfasse die Zeitspanne von fünf Jahren, so kann die taktische Planung diese Spanne voll ausschöpfen. Es wird aber in den meisten Fällen sinnvoll sein, diese Zeit in *mehrere operative Pläne von kürzerer zeitlicher Reichweite* zu zerlegen. [45] Dabei ist der erste Etappenplan konkretisiert und detailliert auszuarbeiten und mit zunehmendem zeitlichen Abstand kann der Grad der Konkretisierung und Detaillierung abnehmen. Abbildung 64 gibt diesen Sachverhalt graphisch wieder.

Dieses Vorgehen hat den Vorteil, dass auch auf operativer Ebene der gesamte Planungszeitplan durchgedacht werden *muss.* Daneben sind aber die Aufwendungen an Planungsarbeit für die zeitlich fernliegenden Jahre relativ gering, weil sie nicht detailliert ausgearbeitet zu werden brauchen.

Abbildung 64: Die zeitliche Reichweite der strategischen und der operativen Ebene

Strategische Planung

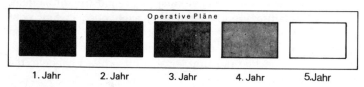

Fristigkeit der taktischen Werbeplanung: Im taktischen Bereich wird in der Regel nur kurzfristig geplant; d. h. bezogen auf ein Jahr. Verschiedene Faktoren bedingen diese Kurzfristigkeit. In erster Linie ist für die Detailarbeit der taktischen Planung eine Fülle von Informationen notwendig, die im allgemeinen nur auf kurze Sicht *verfügbar* ist. [46] So müssen beispielsweise die Mediapläne auf den jeweils neuesten Daten der Leserschafts- und Zuschauerschaftsanalysen basieren. Dazu kommt, dass hier kurzfristig disponiert werden *kann* und eigentlich nur die Anmeldefristen bei den Medien berücksichtigt zu werden brauchen.

45 Vgl. Wild (Unternehmungsplanung) 169.
46 Vgl. dazu Wittmann (Unternehmung) 174.

182

Im Bereiche der Botschaftsgestaltung ist oft auf Schwankungen im Stilempfinden der Empfänger, auf das Erscheinungsbild der Konkurrenzwerbung u. a. m. Rücksicht zu nehmen. Auch diese Informationen sind im allgemeinen erst kurzfristig verfügbar.

Im Zusammenhang mit der Planungstätigkeit im Zeitablauf soll hier auch kurz auf die *Planungsrhythmen* eingegangen werden. [47] Neben der Fristigkeit der Planung stellt sich auch die Frage, wann und wie oft die Pläne revidiert und fortgesetzt werden müssen. Der erste Anlass, die Planungstätigkeit wieder aufzunehmen, kann durch den Ablauf der taktischen Planperiode gegeben sein: wird hier auf ein Jahr hinaus geplant, so setzt die Planungstätigkeit mindestens alljährlich ein. Wird bei diesem Anlass auch die Planung auf strategischer und operativer Ebene um die entsprechende Zeitspanne vorangetrieben, so spricht man von *rollender Planung.* [48] Ihre Zweckmässigkeit gilt heute als unbestritten und ist auch bei der Planung der Werbung zu empfehlen.

55 Die Werbeerfolgskontrolle und ihre Bedeutung für die Werbeplanung

Unklarheit besteht in der Literatur vor allem über den *Gegenstand* der Werbeerfolgskontrolle: Werbung ist eine Form menschlicher Kommunikation und soll den Umworbenen — über einen in seinem Inneren ablaufenden psychischen Prozess — zum Kauf der Marktleistung führen. Wo soll die Kontrolle der Werbeeffizienz ansetzen? Ist Kontrollgegenstand die schliesslich herbeigeführte Kaufhandlung oder ist es sinnvoll, gewissermassen die erreichten Zwischenstationen im Kaufentscheidungsprozess zu messen?

Wird als Kontrollgegenstand die Kaufhandlung (bzw. die in Umsätzen gemessenen kumulierten Kaufhandlungen) herbeigezogen, so spricht man von der Kontrolle des *ökonomischen Werbeerfolges,* wird auf die psychologischen Vorstufen dieser Kaufhandlung abgestellt, so spricht man vom *ausserökonomischen Werbeerfolg.* [49]

Wir werden im folgenden der Frage nachgehen, ob die ökonomische oder ausserökonomische Werbewirkung der adäquate Erfolgsmassstab sei und mit welchen Methoden diese Wirkungskategorien allenfalls gemessen werden könnten.

551 Die Kontrolle des ökonomischen Werbeerfolges

Aus verständlichen Gründen ist die Praxis vor allem an der Frage interessiert, inwieweit ihre Werbung zur Umsatz- oder Gewinnsteigerung beigetragen hat. Aus definitionslogischen Gründen kann die Wirtschaftlichkeit der Werbeinvestition nur beurteilt werden, wenn diese Frage beantwortet ist. In der Literatur hat die Forderung der Praxis nach einer ökonomischen Werbeerfolgsmessung eine rege Diskussion ausgelöst. Sie konzentriert sich vor allem auf die beiden Problemkreise, a) ob der Umsatzerfolg der Werbung überhaupt gemessen werden *kann* und b) ob der Umsatzerfolg gemessen werden *soll.*

47 Vgl. dazu ausführlicher: Wild (Unternehmungsplanung) 177 ff. sowie Bleicher (Organisation) 62 ff.

48 Vgl. z. B. Wittmann (Unternehmung) 206 ff.; Wild (Unternehmungsplanung) 178; Weinhold (Marketingkonzepte) 17.

49 Vgl. z. B. Hörschgen (Kontrolle) 273 ff.

a) Die Schwierigkeit, die Umsatzwirkung der Werbung zu erfassen, liegt in der Vielzahl der Einflussfaktoren des Umsatzes begründet und in der Schwierigkeit, den Einfluss der Werbung zu isolieren. Eine Änderung des Umsatzes kann auf eine Änderung der eigenen absatzpolitischen Tätigkeiten, auf Veränderungen in der Bedürfnisstruktur der Konsumenten, auf technologische Veränderungen, auf Änderungen der Massnahmen der Konkurrenz u. a. m. zurückzuführen sein. [50]

Das Problem, den Einfluss der Werbung auf den Umsatz von den übrigen Faktoren zu isolieren und zu quantifizieren, wurde von verschiedenen Seiten anzugehen versucht. Als bekannteste Lösungswege sind zu nennen: das Marktexperiment (Testmarkt), die multiple Regressionsanalyse und die Simultan-Regressionsanalyse.

Die Versuchsanordnung eines *Testmarktes* ist relativ gut geeignet, die Umsatzwirkung der Werbung zu erforschen. Diese Methode ist aber kosten- und zeitintensiv und wird für die Zwecke der Werbeerfolgskontrolle so gut wie nicht verwendet. [51] Testmarkt-Experimente werden jedoch in der Phase des Pretesting zur Überprüfung kompletter Marketingkonzeptionen häufig angewendet.

Die Methode der *multiplen Regressionsanalyse,* wie sie in der weiter oben zitierten Untersuchung von Weinberg [52] dargestellt wurde, versucht auf statistisch-mathematischem Wege die Einflussfaktoren aufgrund von Vergangenheitsdaten zu isolieren. Zwei gravierende Mängel der multiplen Regressionsanalyse sind die Multikollinearität [53] sowie die Interdependenz zwischen der als abhängig und als unabhängig angenommenen Variablen (der sog. two-way-flow of influence). Die *Multikollinearität* ist dann gegeben, wenn verschiedene unabhängige Variablen miteinander korrelieren, also z. B. die Werbeausgaben der Konkurrenz von den eigenen Ausgaben abhängen oder umgekehrt. Ist eine solche Abhängigkeit gegeben, so sind die Regressionskoeffizienten und damit die Einflüsse der einzelnen Faktoren nicht mehr sinnvoll interpretierbar.

Dem Problem der *Interdependenz* zwischen abhängiger und unabhängiger Variable, versucht die Methode der *simultanen Regressionsanalyse* Rechnung zu tragen. Eine solche Interdependenz ist zwischen den Werbeausgaben und dem Umsatz anzunehmen. Die Werbeausgaben sind, wie dies die einfache Regressionsanalyse annimmt, zweifellos Ursache für einen erhöhten Umsatz. Da aber zahlreiche Unternehmungen ihre Budgets in Prozenten des Umsatzes festlegen, ist auch eine Ursache-Wirkungs-Beziehung in der umgekehrten Richtung anzunehmen. Dieser Umstand berücksichtigt die simultane Regressionsanalyse, indem sie in der einen Regressionsgleichung den Umsatz als abhängige Grösse einsetzt und in einer zweiten Gleichung die Werbeausgaben als abhängige Grösse des Umsatzes einsetzt. [54]

Die genannte Methode ist von Bass anhand konkreter Zahlen des Zigarettenmarktes überprüft worden und führte zu guten Ergebnissen. [55] Allerdings überprüfte Bass die Umsatzwirkung der Werbung über eine Zeitspanne von zwölf Jahren. Es ist sehr zweifelhaft, ob ähnlich zuverlässige Ergebnisse zu erwarten

50 Vgl. dazu Abbildung 17.
51 Vgl. Hörschgen (Kontrolle) 278; vgl. auch Jaspert (Werbeerfolgskontrolle) 2230.
52 Vgl. S. 154 ff.
53 Vgl. Aaker (Analysis) 63 f.
54 Vgl. Aaker (Analysis) 63 f.
55 Vgl. Bass (Simultaneous-Equation) 90 ff.

wären, wenn die Werbeerfolgskontrolle sich auf eine kürzere Periode bezieht, z. B. jährlich durchgeführt wird.

b) Es wurde im obigen Abschnitt zu zeigen versucht, dass der ökonomische Werbeerfolg grundsätzlich gemessen werden kann, dass die Messung aber — wegen schwierig isolierbarer Einflussgrössen — oft zu ungenauen Ergebnissen führt. Nun ist zwar, wie dies Schreiber mit Recht hervorhebt, [56] die Notwendigkeit, verschiedene Einflussgrössen voneinander zu trennen, keine Besonderheit der Werbeerfolgskontrolle, sondern ein Grundproblem der Sozialwissenschaft. Es handelt sich hier zudem nicht um ein grundsätzlich unlösbares Problem, und es besteht die berechtigte Hoffnung, dass eines Tages ein verbessertes Forschungsinstrumentarium vorliegen wird.

Gewichtiger erscheint uns hingegen die pragmatische Frage, welche Art von Werbeerfolgskontrolle zu einer Verbesserung der Unternehmungsentscheide beitragen kann. Ist es das Wissen um den ökonomischen Werbeerfolg oder das Wissen um das Erreichthaben oder Nichterreichthaben gewisser psychischer Werbewirkungen?

552   Die Kontrolle des ausserökonomischen Werbeerfolges

Um das Problem anzugehen, ob der ökonomischen oder ausserökonomischen Erfolgskontrolle den Vorzug zu geben sei, ist nochmals die Funktion der Erfolgskontrolle im System der Werbeplanung in Erinnerung zu rufen:
Die Entscheidungen der Werbung sollen — zusammen mit den übrigen absatzpolitischen Instrumenten — die Erzielung einer gewünschten Umsatzhöhe sicherstellen. Wird diese Soll-Wirkung der Werbung, aus welchen Gründen auch immer, nicht oder nicht mehr erzielt, so muss dem Werbe-Entscheidungs-System diese Abweichung gemeldet werden. Ein erster Zweck der Werbeerfolgskontrolle liegt somit in der *Feststellung einer eingetroffenen Soll-Ist-Abweichung.*
Das Werbe-Entscheidungs-System muss auf diese Soll-Ist-Abweichung in irgendeiner Weise reagieren und das Fliessgleichgewicht zwischen der Unternehmung und ihrer Umwelt wieder herstellen. Es muss seine Entscheide der neuen Situation anpassen oder die in der vergangenen Periode gemachten Fehler korrigieren. Dazu ist aber eine Information über eine globale Soll-Ist-Abweichung unzureichend. Sie muss ergänzt werden durch eine sog. *Abweichungsanalyse,* die durch Klärung der Abweichungsursachen auf konkrete Ansatzpunkte der Entscheidungsverbesserung hinweist. [57] Neben das Konstatieren einer (globalen) Soll-Ist-Abweichung tritt also noch eine weitere Funktion der Werbeerfolgskontrolle, das *Aufzeigen von Abweichungsursachen.*
Im Vordergrund des Interesses nach den Abweichungsursachen steht die Frage, in welchem Teil-Entscheid das erhoffte Ergebnis nicht eingetroffen ist. Dies kann aber nur dann eindeutig festgestellt werden, wenn jeder einzelne Entscheid der Entscheidungshierarchie auf sein Erreichen oder Nichterreichen überprüft wird. Erst dadurch lassen sich die Fehlerquellen lokalisieren und gezielte

---

56 Vgl. Schreiber (Fragen) 372.
57 Vgl. Wild (Unternehmungsplanung) 45.

Anpassungsmassnahmen einleiten. Anknüpfend an unsere Darstellung des Werbe-Entscheidungs- und Werberealisationssystems kann dies wie folgt visualisiert werden:

Abbildung 65: Ökonomische und ausserökonomische Erfolgskontrollen

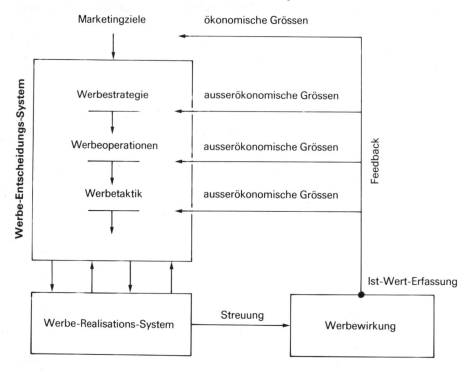

Auf die eingangs gestellte Frage, ob die ökonomische oder die ausserökonomische Werbeerfolgskontrolle zu bevorzugen ist, glauben wir damit eine Antwort geben zu können: vorausgesetzt, dass die Isolierung der übrigen Einflussfaktoren als gelungen angenommen werden darf, gibt die Information, dass ein gewünschter Umsatzerfolg nicht eingetreten ist, einen *ersten Hinweis,* dass die Werbeentscheide der abgelaufenen Planperiode Fehler aufgewiesen haben und Korrekturen vorzunehmen sind. Die Erfolgskontrolle, die jeden Entscheidungsbereich einzeln auf seinen Erfolg überprüft, erlaubt hingegen, die *Fehlerquelle zu lokalisieren* und die Ursachen zu spezifizieren. Dies hat aber einen gewichtigen Vorteil zur Folge: Das Isolieren der Fehlerquelle macht es überflüssig, den ganzen Werbeplan über Bord zu werfen; es genügt, einzelne Teilentscheide im Lichte der neueren Information zu überprüfen und anzupassen. Eine solche Planrevision ist ökonomischer und zeitsparend. [58]
Das Lokalisieren der Abweichungsursachen und ihre Zuordnung zu einzelnen Entscheidungsbereichen trägt dazu bei, eine in der Praxis häufig begangene Fehlreaktion zu vermeiden; nämlich das Herumwerfen des Steuers um 180 Grad, wenn die Werbekampagne nicht den gewünschten Erfolg eingebracht

58 Diesen Aspekt hebt vor allem Luhmann hervor. Vgl. Luhmann (Systemrationalität) 127 und 202.

hat. In solchen Situationen wird in der Praxis häufig die gesamte Kampagne aufgegeben, die Werbeagentur gewechselt und nach einer neuen „Werbeidee" gesucht. Die Kosten, die daraus erwachsen, können gewaltig sein: Der Lernprozess der an der Planung beteiligten Personen wird abgebrochen. Die Werbeplanung setzt wieder am ursprünglichen Ausgangspunkt ein, ohne die gemachte Erfahrung voll auszuschöpfen. Die Schwankungen im Erscheinungsbild der Werbung verunsichern den Konsumenten. Erzielte Teilerfolge im Aufbau einer Produktvorstellung werden hinfällig.

Schliesslich bestätigt noch eine weitere Überlegung unsere Auffassung, dass eine ökonomische Erfolgskontrolle wohl nützliche Informationen liefert, aber nie die ausserökonomische Erfolgskontrolle ersetzen kann: die Tatsache nämlich, dass die ökonomische Gesamtwirkung der Werbung sich als befriedigend erweisen könnte, obschon gewisse Teilentscheide weit vom Optimum entfernt sind. Beispielsweise treten beim Empfänger Schwierigkeiten oder gar Missverständnisse beim Decodieren der Werbebotschaft auf, die auf eine fehlerhafte Gestaltung der Botschaft zurückzuführen sind. Trotz solchen Mängeln wird u. U. ein guter Umsatzerfolg der Werbekampagne ausgewiesen. Allein eine ausserökonomische Werbeerfolgskontrolle kann aber die Tatsache an den Tag fördern, dass die gleiche ökonomische Werbewirkung mit geringeren Werbeinvestitionen hätte erzielt werden können oder dass — durch eine Korrektur des betreffenden Entscheides — mit dem gleichen finanziellen Einsatz ein höherer Umsatz hätte erwirtschaftet werden können.

Auf die Darstellung der *Messinstrumente,* anhand derer der ausserökonomische Werbeerfolg überprüft werden kann, soll hier verzichtet werden. Sie sind grösstenteils im Zusammenhang mit der Operationalisierung der psychologischen Wirkungsgrössen [59] bereits erwähnt worden. Ausserdem liegt zu diesem Thema eine ausgedehnte Spezialliteratur vor. [60]

---

59 Vgl. insbesondere S. 64 ff. und S. 77 ff.
60 Vgl. z. B. Lucas/Britt (Messung); Jaspert (Methoden); Spiegel (Untersuchungsmethoden); Fischerkoesen (Werbeerfolgsprognosen); Hilse (Messung).

Schlusswort

In den einleitenden Worten wurde zum Ausdruck gebracht, dass diese Arbeit nicht zuletzt aus der Unzufriedenheit mit den bestehenden Werbeplanungssystemen hervorgegangen ist. Diesen haben wir vorgeworfen, apriorisch, d. h. ohne zwingende logische oder empirische Begründung eingeführt worden zu sein.

Unser Vorgehen war dagegen von der Idee geleitet, vorerst einmal die formale Struktur eines Planungssystems zu analysieren und aufbauend auf diesen Einsichten ein Planungssystem für die Werbung zu formulieren. Dabei waren wir stets bemüht, die metatheoretischen Überlegungen offenzulegen und die Entwicklungsschritte, die zu diesem Planungssystem führen, für den Leser gedanklich nachvollziehbar zu machen. Wir beabsichtigen damit, unseren Untersuchungsgegenstand der Sphäre des blossen Meinens zu entziehen und unsere Ergebnisse einer rationalen Kritik zugänglich zu machen.

Es verbleibt nun die schwierige Aufgabe, eine kurze Bilanz aus unseren Anstrengungen zu ziehen. So könnte z. B. festgestellt werden, dass auch in unser Planungssystem hier und da unüberprüfte Apriorismen eingeflossen sind. Diese wurden offenkundig bei der Einführung des Werbe-Kommunikations-Systems und bei der Analyse seiner Elemente: haben wir tatsächlich alle von der eigenen Unternehmung dispositiv beeinflussbaren Systemelemente erfasst? Kann es sich nicht eines Tages zeigen, dass wir für die Werbung wesentliche Variablen übersehen haben und unser Katalog von Entscheidungsbereichen eben doch nicht abschliessend war?

Solche Befürchtungen können natürlich nie schlüssig zerstreut werden. Wir wollen aber darauf hinweisen, dass unsere Konstruktion des Werbeplanungssystems seinen Ausgangspunkt bei einem relativ gut bewährten und von zahlreichen Forschern akzeptierten ,,Grundmodell'' der Kommunikation genommen hat und dass alle weiteren Schlussfolgerungen so gut als möglich auf ihre logische oder empirische Richtigkeit überprüft worden sind.

Dass auch diese Überprüfungen nicht als ,,endgültig'' betrachtet werden können, zeigte sich beim Nachweis der Ziel-Mittel-Beziehungen, insbesondere bei jener zwischen dem Einstellungskonstrukt und der Kaufhandlung einerseits und der Botschaftsbedeutung andererseits: unsere Annahmen liessen sich wohl durch eine grössere Zahl empirischer Untersuchungsergebnisse stützen, doch müssen weitere empirische Forschungen die betreffenden Wahrscheinlichkeiten, sowie die Bedingungen, unter denen diese Ziel-Mittel-Beziehungen gültig sind, spezifizieren.

Der Mangel an empirisch erhärteten Wirkungszusammenhängen hat sich auch an anderer Stelle bemerkbar gemacht: bei der Analyse werblicher Alternativen und deren Konsequenzen. Viele, für den Werber höchst bedeutsamer Gesetzmässigkeiten sind noch unerforscht und manche davon werden es — vor allem wegen Problemen der Operationalisierung — auf lange Zeit bleiben. Schliesslich bleibt auch darauf hinzuweisen, dass manche verfügbaren und bewährten Gesetzmässigkeiten in dieser Arbeit aus Platzgründen unerwähnt blieben und diesbezüglich nur auf speziellere Literatur verwiesen werden kann.[1]

Einleitend haben wir festgehalten, dass unsere Untersuchungen von unternehmerischen Interessen geleitet seien und wir aufzeigen wollen, wie Werbung definierte Ziele unter gegebenen Bedingungen wirtschaftlich verwirklichen könne. Gegen eine Unternehmung, die ihre Handlungen den Massstäben der Rationalität unterwirft, ist nichts einzuwenden, wenn damit nur die eigene Interessenssphäre berührt wird. Nun hat aber gerade die Werbung ausgesprochen *Öffentlichkeitscharakter.* Das bedeutet, dass werbliche Massnahmen nicht nur gesetzte Ziele mehr oder weniger erreichen, sondern dass Nebenwirkungen anzunehmen sind, die mit den unternehmerischen Zielsetzungen nichts zu tun haben, die aber gesellschaftliche, kulturelle, religiöse u. a. Lebensbereiche von Mitmenschen berühren.[2]

Es wird dem kritischen Leser aufgefallen sein, dass mit der einen oder andern hier vorgeschlagenen Massnahme höchst problematische Nebenwirkungen verbunden sein können: Mit der Angst der Menschen operierende Werbung, Beeinflussen oder Schaffen von Bedürfnissen, emotionale Werbung, die sog. kognitive Akzentuierung, u. a. können — je nach Situation und Zweck, zu dem sie eingesetzt werden — als sehr problematisch bezeichnet werden.

Es versteht sich von selbst, dass solche ,,Nebenwirkungen'' von einem verantwortungsvollen Werber zu *bewerten* sind und bei der Wahl werblicher Alternativen — neben den legitimen unternehmerischen Interessen — mit einbezogen werden müssen. Ein sturer Zweckopportunismus in werblichen Belangen würde wohl in kürzester Zeit unsere Wirtschaftsordnung in Frage stellen und das Fortbestehen der freien Marktwirtschaft ernsthaft gefährden.

Die Gefahr des Werbers, an die Grenze des Erlaubten vorzudringen, ist nicht wegzuleugnen. Hier helfen keine Schönfärbereien,[3] sondern nur die ernsthafte Suche nach Möglichkeiten, Auswüchse der Werbung in Schranken zu halten.

Eine erste und ausschliesslich der Wissenschaft zukommende Möglichkeit besteht in der Offenlegung der empirischen Wirkungszusammenhänge. Aus ihnen lassen sich wohl Werbestrategien ableiten, aber — was in diesem Zusammenhang interessiert — sie können ebenso die Grundlage zu wirksamen ,,Gegenstrategien'' bilden. Das heisst durch die Einsicht des Konsumenten in die ihn leitenden Gesetzmässigkeiten, kann er diese gewissermassen ausser Geltung setzen oder sie doch wenigstens willentlich kontrollieren. Voraussetzung dazu ist allerdings, dass er *Kenntnis* von diesen Wirkungszusammenhängen hat. Solches ,,Gesetzeswissen'' zu vermitteln wäre eine Aufgabe, die konsumeristische Institutionen wahrnehmen könnten.

Eine ebenso wirksame wie drastische Massnahme, den Konsumenten vor Auswüchsen der Werbung zu schützen, sind gesetzgeberische Eingriffe des Staates. Sie sind allerdings in dem Masse überflüssig, als auf die Selbstverantwortlichkeit der Werber vertraut werden kann[4] und indem diese neben ihren wirtschaftlichen Interessen auch den Freiheitsbereich ihrer Mitmenschen respektieren.

1   Z. B. die zahlreichen Untersuchungen über Farben und ihre Wahrnehmung.
2   Vgl. dazu Weinhold (Freiheit) 43.
3   Kroeber-Riel (Schönfärberei) 127.
4   Vgl. dazu Weinhold (Freiheit) 43.

Literaturverzeichnis

Abkürzungen:

HBR Havard Business Review
JAR Journal of Advertising Research
JM Journal of Marketing
JMR Journal of Marketing Research
ZfB Zeitschrift für Betriebswirtschaftslehre
ZfbF Schmalenbachs Zeitschrift für betriebswirtschaftliche Forschung

Aaker, A. D. (ed.) (Analysis) Multivariate Analysis in Marketing: Theory and Application, Belmont, California 1971.

Aaker, A. D./Day, S. G. (Model) A Recursive Model of Communication Processes, in: Multivariate Analysis in Marketing: Theory and Application (Aacker, A. D. ed), Belmont, California 1971, S. 101—116.

Aaker, A. D./Myers, J. G. (Advertising) Advertising Management, Englewood Cliffs, New Yersey 1975.

Achenbaum, A. A. (Knowledge) Knowledge is a Thing Called Measurement, in: Attitude Research at Sea (Adler, L./Crespi, I. eds.), Chicago 1966.

Ackoff, R. L./Emery, F. E. (Systeme) Zielbewusste Systeme, Frankfurt/New York 1975 (deutsche Übersetzung).

Adam, D. (Koordinationsprobleme) Koordinationsprobleme bei dezentralen Entscheidungen, in: ZfB, Oktober 1969, 614—632.

Ahrens, H. J. (Skalierung) Multidimensionale Skalierung, Weinheim/Basel 1974.

Albert, H. (Wertfreiheit) Wertfreiheit als methodisches Prinzip. Zur Frage der Notwendigkeit einer normativen Sozialwissenschaft, in: Logik der Sozialwissenschaften, (Topitsch, E. Hrsg.), Köln 1972.

Allport, G. W. (Attitudes) Attitudes, in: Handbook of social psychology (Murchison, C. ed.), Worcester 1935, S. 798—844.

— (Pattern) Pattern and Growth in Personality, New York 1961.

Amstutz, A. E. (Simulation) Computer Simulation of Competive Market Response, Massachusetts 1967.

Anton, M. (Ziele) Die Ziele der Werbung in Theorie und Praxis, Wiesbaden 1973.

Aranguren, J. L. (Kommunikation) Soziologie der Kommunikation, München 1967.

Arndt, J. (Word of mouth) Word of mouth Advertising and Informal Communication, in: Risk taking and Information Handling in Consumer Behavior (Cox, D. F. ed.), Boston 1967, S. 188—239.

Arnold, M. G. (Emotion) Emotion and Personality, New York Columbia University Press, Vol. 2, 1960.

Atteslander, P. (Methoden I) Methoden der empirischen Sozialforschung, Berlin 1969.

— (Methoden II) Methoden der empirischen Sozialforschung, Berlin 1971.

Barban, A. M./Sandage, C. H. (Advertising) Readings in Advertising and Promotion Strategy, Homewood, Illinois 1968.

Barnett, N. L. (Advertising) Developing Effective Advertising for New Products, in: Multivariate Analysis in Marketing (Aaker, A. D. ed.), Belmont, California 1971, S. 282—289.

Bass, F. M. (Simultaneous-Equation) A Simultaneous-Equation Regression Study of Advertising and Sales of Cigarettes, in: Multivariate Analysis in Marketing (Aaker, A. D. ed.), Belmont, California 1971, S. 90—100.

Bass, F. M. /Talarzyk, W. W. (Attitude) An Attitude Model for the Study of Brand Preference, in: JMR, February 1972, S. 93—96.

Bass, M./Pessemier, E. A./Lehmann, D. R. (Attitudes) An experiment Study of Relationship between Attitudes, Brand Preference, and Choice, in: Behavioral Science, 1972, S. 532—541.

Bauer, R. A./Cox, D. F. (Communications) Rational vs. Emotional Communications, in: Risk Taking and Information Handling in Consumer Behavior (Cox, D. F. ed.), Boston 1967, S. 469—486.

Baumberger, J./Gmür, U./Käser, H. (Ausbreitung) Ausbreitung und Übernahme von Neuerungen, Band I und Band II, Bern 1973.

Behrens, G. (Lernen) Lernen und Interaktionen auf dem Markt, in: Konsumverhalten und Marketing (Kroeber-Riel, W. Hrsg.), Opladen 1973, S. 84—122.

— (Lernprozesse) Lernprozesse und Konsumentenverhalten, in: Handwörterbuch der Absatzwirtschaft (Tietz, B. Hrsg.), Stuttgart 1974, S. 1191—1198.

— (Werbewirkungen) Erklärungen von Werbewirkungen mit Hilfe eines mehrstufigen Gedächtnismodells, Saarbrücken 1973.

Bense, M. (Ästhetik) Einführung in die informationstheoretische Ästhetik, Reinbeck bei Hamburg 1969.

Bergler, R. (Hrsg.) (Eindurcksdifferential) Das Eindrucksdifferential, Bern 1975.

Berkowitz, L./Cottingham, D. (Interest Value) The Interest Value and Relevance of Fear-Rousing Communications, in: Journal of Abnormal and Social Psychology, 1960, S. 37—43.

Berlyne, D. E./Craw, M. A. et al, (Novelty) Novelty, complexity, incongruity, extrinsic motivation, and the GSR, in: Journal of experimental Psychology, 1963, S. 560—567.

Berthel, J. (Unternehmenssteuerung) Zielorientierte Unternehmenssteuerung. Die Formulierung operationaler Zielsysteme, Stuttgart 1973.

Betz, W. (Sprachkritik) Sprachkritik — Das Wort zwischen Kommunikation und Manipulation, Zürich 1975.

Bidlingmaier, J. (Marketing) Marketing, Band 1 und 2, Reinbeck bei Hamburg 1973.

— (Werbeziele) Festlegung der Werbeziele, in: Handbuch der Werbung (Behrens, K. Ch. Hrsg.), Wiesbaden 1970.

Bierfelder, W. H. (Entscheidungslogik) Entscheidungslogik, empirische Substanz und Kontrolle an der Realität, in: Die Unternehmung, Band I, 1970, S. 51—64.

Bledjian, F. (Massenkommunikation) Ergebnisse und neuere theoretische Ansätze über die Wirkung der Massenkommunikation auf die Einstellung der Reizpienten.

Bleicher, K. (Organisation) Zur Organisation von Entscheidungsprozessen, in: Zielprogramm und Entscheidungsprozess in der Unternehmung (Jacob, H. Hrsg.), Wiesbaden 1970, S. 55—80.

Bottenberg, E. H. (Emotionspsychologie) Emotionspsychologie, München 1972.

Bourne, F. S. (Bezugsgruppen) Der Einfluss von Bezugsgruppen beim Marketing (deutsche Übersetzung), in: Marketingtheorie (Kroeber-Riel, W. Hrsg.), 1972, S. 141—155.

Brauchlin, E. (Probleme) Wie man Probleme löst. Unterlagen zu einem Doktorandenseminar an der Hochschule St. Gallen, St. Gallen 1972/73.

— (Problemlösen) Problemlösen und Entscheiden. Unterlagen zu einem Seminar der Weiterbildungsstufe an der Hochschule St. Gallen, St. Gallen, Oktober 1972.

Brönimann, Ch. (Aufbau) Aufbau und Beurteilung des Kommunikationssystems von Unternehmungen, Bern/Stuttgart 1970.

Bunker, D. R./Dalton, G. W. (Effectiveness) The Comperative Effectiveness of Groups and Individuals in Solving Problems, in: Managing Group and Intergroup Relations (Lorsch, J. W./Lawrence, P. R. eds.), Homewood, Illinois 1972.

Carroll, J. G. (Language) Language and Thought, Englewood Cliffs, New Jersey 1964.

Carroll, J. D. (Multidimensional) An Overview of Multidimensional scaling methods Emphasizing Recently developed models for Handling individual Differences, in: Attitude research reaches new heights (American Marketing Association), 1971, S. 235—261.

Cherry, C. (Kommunikationsforschung) Kommunikationsforschung — eine neue Wissenschaft, Hamburg 1963.

Chmielewicz, K. (Formalstruktur) Die Formalstruktur der Entscheidung, in: ZfB, 1970, S. 239—268.

Christopher, M. (Scaling) Non-metric Scaling, in: Branc Positioning (Green, P./Christopher, M. eds.), University of Pennsilvania 1972, S. 46—62.

Cohen, A. K. (Cognition) Need for Cognition and Order of Communication as Opinion Change, in: The Order of Presentation in Persuasion (Hovland, C. J. ed.), New Haven 1957.

Cohen, J. B./Fishbein, M./Ahtola, O. T. (Nature) The Nature and Use of Expectancy-Value Models in Consumer Attitude Research, in: JMR, November 1972, S. 456—460.

Colley, R. (Goals) Defining Advertising Goals, New York 1961.

Cowling, A. (Purchase Decisions) Determining and Influencing Consumer Purchase Decisions, in: European Research 1973, S. 26—39.

Cox, D. F. (Audience) The Audience as Communicators, in: Risk Taking and Information Handling in Consumer Behavior (Cox, D. F. ed.), Boston 1967 S. 172—187.

— (Clues) Clues for Advertising Strategists, in: Risk Taking and Information Handling in Consumer Behavior (Cox, D. F. ed.), Boston 1967, S. 112—151.

Cunningham, S. M. (Perceived Risk) Perceived Risk as a Factor in Informal Consumer Communications, in: Risk Taking and Information Handling in Consumer Behavior (Cox, D. F. ed.), Boston 1967, S. 265—288.

Dallmer, H./Thedens, R. (Direct Marketing) Handbuch des Direcet Marketing, Darmstadt 1975.

Day, G. S. (Models) Evaluating Models of Attitude Structure, in: JMR, August 1972, S. 279—286.

Dean, J. (Advertising) Does Advertising Belong in the Capital Budget? , in: JM, October 1966, S. 51—21.

Delhees, K. H. (Motivation) Motivation und Verhalten, München 1975.

Dichter, E. (Word of Mouth) How Word of Mouth Advertising Works, in: Harward Business Review, November-December 1966, S. 147 ff.

Dichtl, E. (Multivariantenanalyse) Die Multivariantenanalyse im Dienste der Verhaltensforschung, in: Computergestützte Marketing-Planung (Hansen, H. R. Hrsg.), München 1974, S. 75—100.

Diller, H./Schoebert, R. (Imagerelationen) Räumliche Repräsentation von Imagerelationen durch nichtmetrische multidimensionale Skalierung, in: Jahrbuch der Absatz- und Verbrauchsforschung, Heft 4/1973.

Dröge, F./Weissenborn, R./Haft, H. (Wirkung) Wirkung der Massenkommunikation, Münster 1969.

Eco, U. (Semiotik) Einführung in die Semiotik, München 1968.

Edler, F. (Werbetheorie) Werbetheorie und Werbeentscheidung, Wiesbaden 1966.

Engelkamp, J. (Psycholinguistik) Psycholinguistik, München 1974.

Engelkamp, J./Hörmann, H. (effect) The effect of non-verbal information of the recall negation, in: Journal of experimental Psychology, 1974.

Ewert, O. (Gefühle) Gefühle und Stimmungen, in: Handbuch der Psychologie (Graumann, C. F. Hrsg.), Göttingen 1972, S. 229—271.

Fischerkoesen, H. (Werbeerfolgsprognosen) Experimentelle Werbeerfolgsprognosen, Wiesbaden 1967.

Fishbein, M. (Attitude) Attitude Theory and Measurement, New York 1967.

— (Attitude Change) Attitude, Attitude Change, and Behavior: A Theoretical Overview, in: Attitude Research Bridges the Atlantic (Levine, Ph. ed.), American Marketing Association 1975, S. 3—16.

Flechtner, H. J. (Kybernetik) Grundbegriffe zur Kybernetik, Stuttgart 1970.

Forrester, J. W. (Advertising) Advertising: A Problem in Industrial Dynamics, in: HBR, March/April 1959, S. 100—110.

Foster, D. W. (Planning) Planning for products and markets, London 1972.

Frank, R. E./Massy, W. F./Wind, Y. (Segmentation) Market Segmentation, Englewood Cliffs, New Jersey 1972.

Freitag, D. F. (Einstellungsmodelle) Methodische Probleme bei der Realisation eines Einstellungsmodelles, in: Jahrbuch der Absatz- und Verbrauchsforschung, Heft 2, 1973.

Frese, E. (Organisation) Organisation und Koordination, in: Zeitschrift für Organisation 1972, S. 404—411.

Freter, H. (Mediaselektionsmodelle) Mediaselektionsmodelle. Probleme der Datengewinnung und Datenverarbeitung, in: Computergestützte Marketingplanung (Hansen, H. R. Hrsg.), München 1974, S. 270—292.

— (Media-Selektion) Media-Selektion. Informationsgewinnung und Entscheidungsmodelle für die Werbeträgerauswahl, Wiesbaden 1974.

Fried, H. (So wirbt man) So wirbt man systematisch, Zürich 1974.

Fuchs, A. (Bedeutung) Grundzüge einer Verhaltenstheorie der Bedeutung, in: Das Eindrucksdifferential (Bergler, R. Hrsg.), Bern 1975, S. 33—68.

— (Eindrucksdifferential) Das Eindrucksdifferential als Instrument zur Erfassung emotionaler Bedeutungsprozesse, in: Das Eindrucksdifferential (Bergler, R. Hrsg.), Bern 1975, S. 69—100.

Gäfgen, G. (Entscheidung) Theorie der wirtschaftlichen Entscheidung. Untersuchungen zur Logik und Bedeutung des rationalen Handelns, Tübingen 1974.

Girardet, P. (Media-Selektions-Programme) Die Media-Selektions-Programme als Instrumente der Werbeplanung unter besonderer Berücksichtigung des Komplexes der Eingabedaten, Linz 1970.

Gisholt, O. (Marketing-Prognosen) Marketing-Prognosen. Unter besonderer Berücksichtigung intersubjektiver Befragungsmethoden, St. Gallen 1976.

Gombrich, E. H. (Bild) Das Bild, in: Kommunikation (Steinbuch, K. Hrsg.), Frankfurt am Main 1973, S. 73—102.

Gomez, P./Malik, F./Oeller, K.-H. (Systemmethodik) Systemmethodik. Grundlagen einer Methodik zur Erforschung und Gestaltung komplexer soziotechnischer Systeme, 2 Bände, Bern 1975.

Graumann, C. F. (Bedingungen) Nicht-sinnliche Bedingungen des Wahrenehmens, in: Handbuch der Psychologie, Band 1 (Graumann, C. F. Hrsg.), Göttingen 1972, S. 1039—1096.

— (Interaktion) Interaktion und Kommunikation, in: Handbuch der Psychologie, Band 7: Sozialpsychologie, 2. Halbband (Graumann, C. F. Hrsg.), Göttingen 1972, S. 1109—1262.

Green, P./Christopher, M. (Eds.) (Positioning) Brand Positioning, University of Pennsylvania 1973.

Green, P. E. (Applications) Marketing Applications of MDS: Assessment and Outlook, in: JM, January 1975, S. 24—31.

— (Robustness) On the Robustness of Multidimensional Scaling Techniques, in: JMR, February 1975.

Green, P. E./Carmone, F. J. (Scaling) Multidimensional Scaling and Related Techniques in Marketing Analysis, Allyn and Bacon, Boston 1970.

— (Stimulus) Stimulus Context and Task Effects on Individuals' Similarities Judgments, in: Attitude research reaches new heights (American Marketing Association), 1971, S. 263—299.

Green, P. E./Tull, D. S. (Research) Research for Marketing Decisions, New York 1970.

Greminger, W. (Zusammenarbeit) Zur Technik der Zusammenarbeit zwischen Auftraggeber und Werbeagentur, Unterlagen zum Seminar für höhere Werbelehre, St. Gallen 1973.

Grochla, E. (Unternehmungsorganisation) Unternehmungsorganisation, Reinbeck bei Hamburg 1972.

Gross, I. (Aspects) The Creative Aspects of Advertising, Sloan Management Review, Monash University, Australia o. J., S. 83—109.

Gutjahr, G. (Werbepsychologie) Markt- und Werbepsychologie, Heidelberg 1972.

Habermas, J. (Technik) Technik und Wissenschaft als „Ideologie", Frankfurt am Main 1968.

Hanrieder, M. (Werbeziel) Werbeziel und Briefing (Problemdefinition), in: Werbeleiter-Handbuch (Trauth, P. J. Hrsg.), München 1973.

Haseloff, O. W. (Kommunikationsforschung) Über Fortschritte der Kommunikationsforschung, in: Kommunikation und Wissenschaft, Karlsruhe 1973, S. 148—169.

— (Werbung) Kommunikationstheoretische Probleme der Werbung, in: Handbuch der Werbung (Behrens, K. Ch. Hrsg.), Wiesbaden 1970, S. 157—200.

Haseloff, O. W./Jorswieck, E. (Psychologie) Psychologie des Lernens, Berlin 1971.

Hasenack, W. (Humor) Humor in der Werbung, Stuttgart 1974.

Hasenauer, R./Scheuch, F. (Entscheidungen) Entscheidungen im Marketing, Opladen 1974.

Haug, U./Rammer, G. (Sprachpsychologie) Sprachpsychologie und Theorie der Verständigung, Düsseldorf 1974.

Hax, H. (Koordination) Die Koordination von Entscheidungen, Köln 1965.

Heinen, H. (Betriebswirtschaftslehre) Einführung in die Betriebswirtschaftslehre, Wiesbaden 1974.

— (Entscheidungen) Grundlagen betriebswirtschaftlicher Entscheidungen, Wiesbaden 1971.

— (Wissenschaftsprogramm) Zum Wissenschaftsprogramm der entscheidungsorientierten Betriebswirtschaftslehre, in: ZfB, April 1969, S. 207—220.

Heinen, E./Dietel, B. („Wertfreiheit I") „Wertfreiheit" in der Betriebswirtschaftslehre, in: ZfB, Januar 1976, S. 1—26.

— („Wertfreiheit II") „Wertfreiheit" in der Betriebswirtschaftslehre, in: ZfB, Februar 1976, S. 1—26.

Hera, A. (Erfassung) Erfassung und Planung der Werbewirkung (nach Vidale und Wolfe), Arbeitspapiere des Instituts für Konsum- und Verhaltensforschung an der Universität des Saarlandes, Saarbrücken 1972.

Herrmann, Th. (Psychologie) Einführung in die Psychologie, Frankfurt am Main 1972.

Herrmann, Th./Stäcker, K. H. (Beiträge) Sprachpsychologische Beiträge zur Sozialpsychologie, in: Handbuch der Psychologie VII/1 (Graumann, C. F. Hrsg.), Göttingen 1969.

Hess, E. H./Pold, J. M. (Pupil) Pupil size as related to interest value of visual stimuli, in: Science 132, 1960, S. 349—350.

Hess, E. H./Seltzer, A. L./Shilien, J. M. (Pupil) Pupil response of hetero- and homosexual males to pictures of men and women: A pilot study, in: Journal of Abnormal and Social Psychology, 1965, S. 165—168.

Heuer, G. F. (Werbeplanung) Elemente der Werbeplanung, Köln/Opladen 1968.

Hoffmann, H.-J. (Werbepsychologie) Werbepsychologie, Berlin/New York 1972.

Hofstätter, P. R. (Psychologie) Psychologie, Frankfurt am Main 1972.

— (Sozialpsychologie) Einführung in die Sozialpsychologie, Stuttgart 1966.

Holzschuher, L. (Werbung) Psychologische Grundlagen der Werbung, Essen 1969.

Hör-zu-Service (Media-Planungs-Guide) Media-Planungs-Guide, 3 Bände, o. O., o. J.

Hörmann, H. (Sprache) Psychologie der Sprache, Berlin/Heidelberg/New York 1970.

Hörschgen, H. (Einsatz) Der zeitliche Einsatz der Werbung, Stuttgart 1967.

— (Kontrolle) Kontrolle des Werbeerfolges, in: Erfolgskontrolle im Marketing, Böcker, F./Dichtl, E. Hrsg.), Berlin 1975, S. 273—286.

Hovland, C. J./Janis, J. L./Kelley, H. H. (Communication) Communication and Peruasion, Yale University 1953.

194

Howard, J. A./Sheth, J. N. (Theory) The Theory of Buyer Behavior, New York 1969.

Hübner, J. (Kreative) Gelenkte Kreative machen es billiger, in: Absatzwirtschaft 1/1974, S. 12—16.

Hülf, L. (Bestimmungsfaktoren) Die wirtschaftlichen Bestimmungsfaktoren der Werbung, Nürnberg 1940.

Hummel, H. P. (Marktkommunikation) Marktkommunikation und Verbraucherverhalten, Frankfurt am Main 1975.

Hundt, S. (Rationalprinzip) Das Rationalprinzip in der Betriebswirtschaftslehre, in: ZfbF, März 1975, S. 165—186.

Ingarden, R. (Struktur) Über die kausale Struktur der realen Welt, Tübingen 1974.

Jackobson, R. (Kommunikation) Sprachliche Kommunikation, in: Kommunikation (Steinbuch, K. Hrsg.), Frankfurt am Main 1973, S. 59—72.

Jacobi, H. (Werbepsychologie) Werbepsychologie, Ganzheits- und gestaltpsychologische Grundlagen der Werbung, Wiesbaden 1963.

Jaensch, G./Korndörfer, W. (Werbebudgets) Ansätze zur Theorie der optimalen Werbebudgets, in: ZfB, Heft 7, 1967, S. 437—458.

Janis, I. L./Feshbach, S. (Fear Rousing) Effects of Fear Rousing Communications, in: Journal of Abnormal and Sozial Psychology, 1953, S. 78—92.

Jaspert, F. (Methoden) Methoden zur Erforschung der Werbewirkung, Stuttgart 1963.

Jensen, St. (Planung) Der Begriff der Planung im Rahmen der Theorie sozialer Systeme, in: Kommunikation, Zeitschrift für Planung und Organisation, Nr. 3, 1970, S. 115—125.

Johansson, B. (Kreativität) Kreativität und Marketing. Die Anwendung von Kreativitätstechniken im Marketingbereich (in Vorbereitung), St. Gallen 1976.

Johnson, R. M. (Segmentation) Market Segmentation; A Strategic Management Tool, in: Multivariate Analyse in Marketing: Theory and Application (Aaker, A. D. ed.), Belmont, California 1971.

Junk, J. (Werbeprogrammplanung) Optimale Werbeprogrammplanung, Essen 1973.

Kaas, K. P. (Diffusion) Diffusion und Marketing, Stuttgart 1973.

Kamlah, W./Lorenzen, P. (Propädeutik) Logische Propädeutik. Vorschule des vernünftigen Redens, Mannheim 1973.

Karo, J. (Design) Graphic Design, problems, methods, solutions, New York 1975.

Kästing, F. (Zielung) Die Zielung der Werbung, Stuttgart 1966.

Katz, E. (Two-Step Flow) The Two-Step Flow of Communication: An Up-to-Date Report of an Hypothesis, in: Public Opinion Quarterly (1957).

Katz, E./Lazarsfeld, P. F. (Einfluss) Persönlicher Einfluss und Meinungsbildung, Wien 1962.

Keller, A. (Gemeinschaftswerbung) Die Gemeinschaftswerbung — Wesen, Arten und betriebliche Bedeutung, Zürich/St. Gallen 1965.

Kerlinger, F. N. (Sozialwissenschaften) Grundlagen der Sozialwissenschaften, Band I, Weinheim/Basel 1975.

Kiefer, K. (Diffusion) Die Diffusion von Neuerungen, Tübingen 1967.

King, Ch. W. (Fashion Adoption) Fashion Adoption: A Rebuttal to the „Trickle Down" Theory, Persue University, Reprint Series No. 119.

King, Ch. W./Summers, J. O. (Overlap) Overlap of Opinion Leadership Across Consumer Product Categories, in: JMR 1970, S. 43—50.

Kirsch, W. (Entscheidungsprozesse I) Entscheidungsprozesse, Band I, Verhaltenswissenschaftliche Ansätze der Entscheidungstheorie, Wiesbaden 1970.

— (Entscheidungsprozesse II) Entscheidungsprozesse, Band II, Informationsverarbeitungstheorie des Entscheidungsverhaltens, Wiesbaden 1971.

— (Entscheidungsprozesse III) Entscheidungsprozesse, Band III, Entscheidungen in Organisationen, Wiesbaden 1971.

— (Führungsprobleme) Führungsprobleme bei der Entwicklung von Informationssystemen, St. Gallen 1973 (unveröffentlicht).

— (Koordination) Die Koordination von Entscheidungen in Organisationen, in: ZfbF 1971, S. 61—83.

Klapper, J. T. (effects) The effects of mass Communication, Glencoe 1964.

Klein, H. K./Wahl, A. (Koordination) Zur „Logik" der Koordination interdependenter Entscheidungen in komplexen Organisationen, in: Kommunikation, Zeitschrift für Planung und Organisation, Vol. 2 und Vol. 3, 1970.

Klenger, F./Krautter, J. (Werbewirkung) Simulation des Käuferverhaltens, Teil I: Werbewirkung und Käuferverhalten, Wiesbaden 1972.

Kloepfer, R. (Poetik) Poetik und Linguistik, München 1975.

Knapp, H. G. (Logik) Zur Logik des entscheidungsorientierten Ansatzes, in: ZfB 1972, S. 601—618.

Koch, H. (Betriebswirtschaftslehre) Die Betriebswirtschaftslehre als Wissenschaft vom Handeln, Tübingen 1975.

Köhler, R. (Marketingziele) Operationale Marketingziele im Rahmen des „Management by Objectives", in: Neue Betriebswirtschaft 1971, S. 19—29.

— (Methoden) „Inexakte Methoden" in der Betriebswirtschaftslehre, in: ZfB 1976, Nr. 1, S. 27—47.

Korndörfer, W. (Aufstellung) Die Aufstellung und Aufteilung von Werbebudgets, Stuttgart 1966.

— (Werbebudget) Optimales Werbebudget, in: Handwörterbuch der Absatzwirtschaft (Tietz, B. Hrsg.), Stuttgart 1974, S. 2215—2224.

Kosiol, E. (Problematik) Zur Problematik der Planung in der Unternehmung, in: Unternehmungsplanung (Wild, J. Hrsg.), Reinbeck bei Hamburg 1975, S. 38—57.

Kotler, Ph. (Marketing) Marketing Management, Englewood Cliffs, New Jersey 1974.

Kraak, B. (Entstehung) Entstehung, Auswirkungen und Änderung von Einstellung, in: Aktuelle Themen der Psychologie (Schick, A. Hrsg.), Stuttgart 1972, S. 45—65.

Krautter, J. (Marketing) Marketing-Entscheidungsmodelle, Wiesbaden 1973.

Krieg, W. (Grundlagen) Kybernetische Grundlagen der Unternehmergestaltung, Bern 1971.

Kroeber-Riel, W. (Beeinflussung) Psychologie der Beeinflussung, in: Kommunikation und Wissenschaft, Karlsruhe 1973, S. 76—103.

— (emotionale Werbung) Grundlagen und Technik der emotionalen Werbung, in: Neuere Ansätze der Marketingtheorie (Hammann, P./Kroeber-Riel, W./Meyer, C. W. Hrsg.), Tübingen 1974.

— (kognitives Gleichgewicht) Konsumentenverhalten und kognitives Gleichgewicht, in: ZfbF 1971, S. 395—417.

— (Konsumentenverhalten) Konsumentenverhalten, München 1975.

— (Schönfärberei) Über die Schönfärberei in der Werbelehre, in: WIST, 1972, Nr. 3, S. 127—129.

— (Werbung) Werbung als beeinflussende Kommunikation, in: Konsumentenverhalten und Marketing (Kroeber-Riel, W. Hrsg.), Opladen 1973, S. 150—162.

— (Hrsg.) (Marketingtheorie) Marketingtheorie, Köln 1972.

Kroeber-Riel, W./Barg, C. D./Bernhard, U. (Reizstärke) Die Reizstärke politischer Schlagworte im Wahlkampf (Heft 29), Saarbrücken 1975.

Kropff, H. F. J. (Werbung) Angewandte Psychologie und Soziologie in Werbung und Vertrieb, Stuttgart 1960.

Kuehn, A. A. (Advertising) How Advertising Performance Depends on Other Marketing Factors, in: Readings in Advertising and Promotion Strategy (Barban, A. M./Sandog, C. H. eds.), Homewood, Illinois 1968, S. 277—289.

— (Model) A Model for Budgeting Advertising, in: Mathematical Models and Methods in Marketing, Homewood, Illinois 1961.

Kuhn, A. (Logic) The Logic of Social Systems, San Francisco/Washington 1974.

Kühn, R. (Werbezielgruppen) Die Bestimmung der Werbezielgruppen, in: Unterlagen zum Seminar für höhere Werbelehre, St. Gallen 1975.

Kutschera von, F. (Logik) Einführung in die Logik der Normen, Werte und Entscheidungen, Freiburg/München 1973.

Landert, G. (Presse- und Media-Selektion) Systematische Presse- und Media-Selektion für den schweizerischen Konsumgütermarkt als Instrument des modernen Marketing, Zürich 1974.

Lavidge, R. J./Steiner, G. A. (Model) A Model for Predictive Measurement of Advertising Effectiveness, in: JM, October 1961, S. 61 ff.

Lazarsfeld, P. F./Berelson, B./Gaudet, H. (Wahlen) Wahlen und Wähler, Soziologie des Wahlverhaltens, Berlin 1969.

Leuk, H. (Erklärung) Erklärung· Prognose· Planung, Freiburg 1972.

Little, J. D. C. (Model) A Model of Adaptive Control of Promotional Spending, in: Operations Research, 14. Nov.-Dec. 1966, S. 175–197.

Löber, W. (Marktkommunikation) Marktkommunikation, Wiesbaden 1973.

Longman, K. A. (Advertising) Advertising, New York/Harcourt/Brace Jovanovich 1971.

Lucas, D. B./Britt, St. H. (Messung) Messung der Werbewirkung (deutsche Übersetzung), Essen 1966.

Luhmann, N. (Systemrationalität) Zweckbegriff und Systemrationalität, Tübingen 1968.

Mayntz, R./Holm, K./Hübner, P. (Methoden) Einführung in die Methoden der empirischen Soziologie, Opladen 1972.

Mazanec, J. (Objekte) Objekte der Wirtschaftswerbung, Stuttgart 1975.

Meffert, H. (Marketing-Informationssysteme) Computergestützte Marketing-Informationssysteme, Wiesbaden 1975.

Meffert, H./Freter, H./Schmidt-Grohe, J./Steffenhagen, H. (Anwendung) Die Anwendung mathematischer Modelle im Marketing — Teil 2, in: Rationeller Einsatz der Marketinginstrumente, Schriften zur Unternehmensführung, Band 15 (Jacob, H. Hrsg.), Wiesbaden 1971, S. 35 ff.

Meier, E. (Marktleistungsgestaltung) Das System der Marktleistungsgestaltung, St. Gallen 1974.

Meyer-Eppler, W. (Informationstheorie) Grundlagen und Anwendung der Informationstheorie, Berlin 1969.

Möller, C. (Funktionen) Gesellschaftliche Funktionen der Konsumwerbung, Stuttgart 1970.

Müller, O. (Semiotik) Semiotik und Kommunikation, Mannheim 1974.

Mulvaney, J. E. (Model) Model Based Systems for Corporate Planning and Control, in: Modell- und Computergestützte Unternehmungsplanung (Grachla, E./Szyperski, N. Hrsg.), Wiesbaden 1973.

Neidell, L. A. (Scaling) The Use of Nonmetric Multidimensional Scaling in Marketing Analysis, in: Multivariate Analysis in Marketing (Aaker, A. D. ed.), Belmont, California 1971, S. 270–282.

Neisser, U. (Psychologie) Kognitive Psychologie, Stuttgart 1974.

Nicosia, F. M. (Consumer) Consumer Decision Processes, Englewood Cliffs, New Jersey 1966.

Nieschlag, R./Dichtl, E./Hörschgen, H. (Marketing) Marketing, Berlin 1972.

Oevermann, U. (Herkunft) Sprache und soziale Herkunft, Frankfurt am Main 1972.

Odgen, C. K./Richards, J. A. (meaning) The meaning of meaning, London 1966.

Osgood, C. E./Suci, G. J./Tannenbaum, P. H. (measurement) The measurement of meaning, Urbana: University of Illinois 1957.

Packard, V. (Verführer) Die geheimen Verführer. Der Griff nach dem Unbewussten in Jedermann, Düsseldorf 1958.

Parsons, L. J. (Product) The Product Life Cycle and Time-Varying Advertising Elasticies, in: JMR, November 1975. S. 476—480.

Pawlik, K. (Wahrnehmung) Wahrnehmung und Lernen, in: Kommunikation und Wissenschaft, Karlsruhe 1973, S. 106—146.

Penzhofer, P./Kölblinger, M. (Kommunikation) Kommunikation und soziale Aspekte der Diffusionsforschung, in: ZfB 1973, Nr. 1, S. 1—28.

Piaget, J. (Strukturalismus) Der Strukturalismus, Olten/Freiburg im Br. 1973.

Pinson, Ch./Roberto, E. L. (Changes) Do Attitude Changes Precede Behavior Change, in: JAR, August 1973, S. 33—38.

Pompl, M. (Werbestil) Werbestil, in: Handwörterbuch der Absatzwirtschaft (Tietz, B. Hrsg.), Stuttgart 1974, S. 2235—2241.

Popper, K. R. (Logik) Logik der Forschung (deutsche Übersetzung), Tübingen 1971.

Pümpin, C. (Information) Information und Marketing, St. Gallen 1973.

— (Marketingplanung) Langfristige Marketingplanung, Bern 1968.

Ray, M./Sawyer, A. G./Strom, E. C. (Frequency) Frequency Effects Revisited, in: JAR, February 1971, S. 14—20.

Rehorn, J. (Werbung) Wann ist Werbung verbraucht?, in: Marketing Journal 4/1973, S. 5—11.

Rieke, R. D./Sillars, M. O. (Argumentation) Argumentation und Decision making process, Canada 1975.

Robertson, Th. S. (Behavior) Innovative Behavior and Communication, New York/Chicago, usw. 1971.

Rohracher, H. (Psychologie) Einführung in die Psychologie, Wien 1971.

Roloff, S. (Media-Selektionsmodell) Ein Media-Selektionsmodell, in: Konsumverhalten und Marketing (Kroeber-Riel, W. Hrsg.), Opladen 1973, S. 191—211.

Rosenberg, M. J. (Structure) Cognitive Structure and Attitudinal Affect, in: Journal of Abnormal and Social Psychology, 1956, S. 369—372.

Roth, E. (Faktorenanalyse) Die Faktorenanalyse in der Marktforschung, in: Psychologische Marktanalyse (Bergler, R. Hrsg.), Bern 1965.

Ruch, F. L./Zimbardo, P. G. (Psychologie) Lehrbuch der Psychologie, Berlin/Heidelberg/New York 1974.

Rüegge, F. (Distributions-Logistik) Distributions-Logistik aus entscheidungs- und systemtheoretischer Sicht, St. Gallen 1975.

Rühli, E. (Beiträge) Beiträge zur Unternehmungsführung und Unternehmungspolitik, Bern 1971.

Rütschi, K. (Modelle) Marketing-Modelle. Systemanalyse, Formalisierung und Aufbau, St. Gallen 1972.

Sandig, C. (Führung) Die Führung des Betriebes, Stuttgart 1959.

Seiffert, H. (Wissenschaftstheorie) Einführung in die Wissenschaftstheorie, Band I und II, München 1969.

Seyffert, R. (Werbelehre) Werbelehre. Theorie und Praxis der Werbung, Band I und II, Stuttgart 1966.

Shannon, C./Weaver, W. (theory) The mathematical theory of communication, Urbana 1949.

Sheth, J. N. (Beliefs) Brand Profiles From Beliefs and Importances, in: JAR, February 1973, S. 37—42.

— (Investigation) An Investigation of Relationsship among Evaluative Beliefs, Affect, Behavioral Intention and Behavior, University of Illinois 1970.

— (Käuferverhalten) Eine zusammenfassende Übersicht zum Käuferverhalten, in: Marktpsychologie (Bergler, R. Hrsg.), Bern 1972, S. 143—192.

- (Marktsegmentierung) Marktsegmentierung als relevante Planungshilfe des Marketing, in: Jahrbuch der Absatz- und Verbrauchsforschung, 2/1972, S. 129–145.
- (Reply) Reply to Comments on the Nature and Uses of Expectancy-Value Models in Consumer Attitude Research, in: JMR, November 1972, S. 462–465.

Sheth, J. N./Talarzyk, W. W. (Instrumentality) Perceived Instrumentality and Value Importance as Determinants of Attitudes, in: JMR, February 1972, S. 6–9.

Simon, H. A. (Concept) On the Concept of Organizational Goal, in: Management and the Bevavioral Sciences (Wadia, M. S. ed.), Boston 1968.

Skowronnek, K. (Stil) Vom Stil der Werbung, in: Wirtschaft und Werbung, Nr. 2, Essen 1963.

Spickschen, Th. (Werbeplanung) Werbeplanung in der Pharmaindustrie, Wiesbaden 1973.

Spiegel, B. (Untersuchungsmethoden) Werbepsychologische Untersuchungsmethoden, Berlin 1970.

Szyperski, N. (Planungswissenschaft) Planungswissenschaft und Planungspraxis, in: ZfB 1974, S. 667.

Schaff, A. (Semantik) Einführung in die Semantik, Reinbeck bei Hamburg 1973.

Schäfer, B. (Eindrucksdifferential) Das Eindrucksdifferential als Instrument zur Einstellungsmessung, in: Das Eindrucksdifferential (Bergler, R. Hrsg.), Bern 1975, S. 101–137.

Scharmann, Th. (Teamarbeit) Teamarbeit in der Unternehmung, Bern/Stuttgart 1972.

Scherrer, A. P. (Phänomen) Das Phänomen der Mund-zu-Mund-Werbung und seine Bedeutung für das Konsumentenverhalten, Freiburg 1975.

Scheuch, F. (Struktur) Logische Struktur und pragmatische Bedeutung der Marktsegmentierung, in: Die Unternehmung, 1974, S. 213–230.

Scheuing, E. E. (Marketing) Das Marketing neuer Produkte, Wiesbaden 1970.

Schmidt, H. (Wörterbuch) Philosophisches Wörterbuch, Stuttgart 1969.

Schönpflug, W. (Hrsg.) (Aktivierungsforschung) Methoden der Aktivierungsforschung, Bern/Stuttgart/Wien 1969.

Schreiber, K. (Fragen) Aktuelle Fragen der Werbeerfolgskontrolle, in: Modernes Marketing, Moderner Handel (Bidlingmaier, J. Hrsg.), Wiesbaden 1972.

Schweiger, G. (Mediaselektion) Mediaselektion – Daten und Modelle, Wiesbaden 1975.
- (Mediaselektionsmodelle) Mediaselektionsmodelle – Verfahren der Mediaselektion, in: Computergestützte Marketing-Planung (Hansen, H. R. Hrsg.), München 1974, S. 219–250.

Stachowiak, H. (Denken) Denken und Erkennen im kybernetischen Modell, Wien 1969.
- (Planungstheorie) Grundriss einer Planungstheorie, in: Kommunikation, Zeitschrift für Planung und Organisation, Nr. 1, 1970, S. 1–18.

Stählin, W. (Forschung) Theoretische und technologische Forschung in der Betriebswirtschaftslehre, Stuttgart 1973.

Stegmüller, E. (Erklärung) Historische, psychologische und rationale Erklärung, Berlin, usw. 1969.
- (Hauptströmungen I) Hauptströmungen der Gegenwartsphilosophie, Band I, Stuttgart 1969.
- (Hauptströmungen II) Hauptströmungen der Gegenwartsphilosophie, Band II, Stuttgart 1975.
- (Logik) Das ABC der modernen Logik und Semantik. Der Begriff der Erklärung und seine Spielarten. Berlin, usw. 1974.

Steinbuch, K. (Automat) Automat und Mensch, Heidelberg/New York 1971.

Teigeler, P. (Kommunikation) Verbale Kommunikation, in: Kommunikation und Wissenschaft, Karlsruhe 1973, S. 172–218.
- (Satzstruktur) Satzstruktur und Lernverhalten, Bern 1972.
- (Verständlichkeit) Verständlichkeit und Wirksamkeit von Sprache und Text, Karlsruhe 1968.

Tichelli, M. (Produktwahl) Produktwahl und Markentreue des Konsumenten (in Vorbereitung).

Topritzhofer, E. (Aspekte) Qualitative und stochastische Aspekte diffusionsorientierter Werbestrategien, in: Betriebswirtschaftliche Forschung und Praxis, Berlin 1971, S. 203—220.

— (Modell) Modell des Kaufverhaltens. Ein kritischer Überblick, in: Computergestützte Marketing-Planung (Hansen, H. R. Hrsg.), München 1974, S. 36—69.

Treichler, P./Jakob, H. J. (Problemlösungsmethodik) Grundlagen einer sprachorientierten Problemlösungsmethodik, Teil I: Der Absatz, Teil II: Das Gestaltungsmodell, St. Gallen 1974.

Triandis, H. C. (Einstellung) Einstellung und Einstellungsänderung, Weinheim 1975.

Trommsdorff, V. (Werbung) Werbung, psychologische Grundlagen, in: Handwörterbuch der Absatzwirtschaft (Tietz, B. Hrsg.), Stuttgart 1974, S. 2269—2281.

Truppen Ch. J. (Dimensions) Dimensions of communicator credibility: An oblique solution, Vancouver, Canada 1974.

Uherek, E. W. (Planung) Die Planung des Werbebudgets, in: Handbuch der Werbung (Behrens, K. Chr. Hrsg.), Wiesbaden 1970, S. 417—434.

Ullmann, S. (Semantik) Semantik. Eine Einführung in die Bedeutungslehre, Frankfurt am Main 1973.

Ulrich, H. (Unternehmung) Die Unternehmung als produktives soziales System, Bern 1968.

Ulrich, H./Krieg, W. (Management-Modell) Das St. Galler Management-Modell, St. Gallen 1973.

Ulrich, W. (Kreativitätsförderung) Kreativitätsförderung in der Unternehmung, Bern/Stuttgart 1975.

Veblen, Th. (Theory) The Theory of the Leisure Class, London 1949.

Vester, F. (Denken) Denken, Lernen, Vergessen, Stuttgart 1975.

Vidale, L. M./Wolfe, H. B. (Operations-Research) An Operations-Research Study of Sales Response to Advertising, in: Operations Research, Band 5, 1957, S. 370—381.

Walther, E. (Zeichenlehre) Allgemeine Zeichenlehre, Stuttgart 1974.

Wärneryd, K. E./Nowak, K. (Communication) Mass Communication and Advertising, Stockholm 1967.

Wegner, E. R. (Werbeagentur) Die Werbeagentur in Deutschland — Entwicklung, Wesen, Funktion, Organisation, Nürnberg 1966.

Weidemann, K. (Kommunikation) Visuelle Kommunikation, in: Kommunikation und Wissenschaft, Karlsruhe 1973, S. 220—265.

Weinberg, G.-M. (Einzelhandel) Werbung im Einzelhandel. Ein Beitrag zu offenen Fragen der Werbeforschung, Berlin 1970.

— (Werbung) Werbung im Handel, in: Handbuch der Werbung (Behrens, K. Chr. Hrsg.), Wiesbaden 1970, S. 905—918.

Weinberg, R. S. (approach) An analytic approach to advertising expenditure strategy, New York 1960.

Weinhold-Stünzi, H. (Absatzführung) Grundlagen wirtschaftlicher Absatzführung, Bern 1974.

— (Definitionen) Marketing und Distribution II. Begriffe und Definitionen aus dem Bereich des Absatzes, St. Gallen 1971.

— (Freiheit) Werbung und Freiheit, in: Beilage Werbewirtschaft, Neue Zürcher Zeitung, 29. 11. 1973, S. 43.

— (Marketing) Marketing — Ein Lehrgang in 12 Lektionen, Kilchberg/Zürich, Frankfurt, Wien 1970.

— (Marketingkonzepte) Grundlagen moderner Marketingkonzepte, St. Gallen 1972.

— (System-Marketing) System-Marketing. Kompendium für die Teilnehmer am 2. Seminar für System-Marketing 1974—1975.

– (Werbeplanung) Werbeplanung als Beitrag zur „konzertierten Aktion" im Absatzbereich der Unternehmung, in: Unternehmerische Planung und Entscheidung (Busse v. Colbe, W./Meyer-Dohm Hrsg.), Bielefeld 1969.

Weinhold-Stünzi, H./Tichelli, M. (Kaufentscheid) Der Kaufentscheid des Konsumenten im Blickfeld des Marketing, in: Unterlagen zum 2. Seminar über Marktpsychologie und Marktsoziologie des Forschungsinstituts für Absatz und Handel der Hochschule St. Gallen, St. Gallen 1973.

– (Wahrnehmungsprozesse) Die Wahrnehmungsprozesse des Käufers – Selektive Informationsaufnahme und Informationssuche, in: Unterlagen zum 2. Seminar über Marktpsychologie des Forschungsinstitutes für Absatz und Handel der Hochschule St. Gallen, St. Gallen 1973.

Weinhold-Stünzi, H./Tichelli, M./Rutschmann, M. (Wirkungen) Die Wirkungen der Marktbearbeitungsmassnahmen auf den Kaufentscheid des Konsumenten, in: Die Absatzwirtschaft, Nr. 10, 1975, S. 36–42.

Weiss, W. (Opinion) Opinion congruence with a negative source on issue as a factor influencing agreement on another issue, in: Journal of Abnormal and Sozial Psychology, 1957, S. 180–186.

Widmer, B. (Werbeagenturen) Sind Werbeagenturen richtig organisiert? , in Schweizerische Handelszeitung, 4. April 1974.

Wild, J. (Aufbauprinzipien) Bestandteile, Aufbauprinzipien und Entwicklungsstufen von Planungssystemen, in: Modell- und computergestützte Unternehmungsplanung (Grochla, E./Szyperski, N. Hrsg.), Wiesbaden 1973.

– (Deduktion) Probleme der theoretischen Deduktion von Prognosen, in: Zeitschrift für die gesamte Staatswissenschaft, 1970, S. 553–576.

– (Unternehmungsplanung) Grundlagen der Unternehmungsplanung, Reinbeck bei Hamburg 1974.

Wiswede, G. (Motivation) Motivation und Verbraucherverhalten, München 1965.

Witte, E. (Phasen-Theorem) Phasen-Theorem und Organisation komplexer Entscheidungsverläufe, in: ZfbF 1968, S. 625–647.

Wittgenstein, L. (Tractatus) Tractatus logico-philosophicus, Basil Blackwell, Oxford 1959.

– (Untersuchungen) Philosophische Untersuchungen, Frankfurt am Main 1971.

Wittmann, W. (Unternehmung) Unternehmung und unvollkommene Information, Köln/Opladen 1959.

Wotjak, G. (Bedeutung) Untersuchung zur Struktur der Bedeutung, Leipzig 1968.

Yngve, V. H. (hypothesis) A model and a hypothesis for language structure, Proc. Amer. Phil. Soc. 1960, S. 444–466.

Young, S./Feigen, B. (Benefit Chain) Using the Benefit Chain for Improved Strategy Formulation, in: JM, July 1975, S. 72–74.

Zagona, S./Harter, M. (Credibility) Credibility of source and recipient's attitude, New York 1966.

Zaltman, G./Burger, Ph. C. (Marketing) Marketing research, Hinsdale, Illinois 1975.

Zielske, H. A. (Remembering) The Remembering and Forgetting of Advertising, in: JM, January 1952, S. 239–243.

Zimmerli, H. (Verkaufsplanung) Verkaufsplanung. Eine modelltheoretische Betrachtung, St. Gallen 1972.

Stichwortverzeichnis